A Spice Odyssey

香料漂流記

——孜然、駱駝、旅行商隊的全球化之旅——

Cumin, Camels, and Caravans

GARY PAUL NABHAN

蓋瑞・保羅・納卜漢——著　呂奕欣——譯

獻給啟發我的恩師，讓我知道新舊大陸之間的文化，如何深深連結：安涅絲．賀瑞（Agnese Haury）、華恩．伊斯塔凡．亞賀蘭諾（Juan Estevan Arellano）與麥克．波寧（Michael Bonine）。

目錄

【彩圖列表】本書192頁之後

【圖說】

【地圖】

食譜列表

本書中的食譜猶如一扇窗，讓我們一窺如今仍製作這些食物的民族與社群。這些菜色的名稱相當多樣，恰好反映出數個世紀以來的沿革變化。這些食譜也記錄香料在各地傳播時，會融入諸多文化元素與演變，例如雞肉莫雷醬就蘊含著波斯、阿拉伯與摩爾料理的元素；而阿拉伯半島的塔里德麵包沾湯，衍生出葡萄牙麵包湯、西班牙冷湯，甚至墨西哥玉米餅湯。羊肉奶酪飯是世上最古老的料理，這道美索不達米亞的燉菜以孜然、薑黃、肉桂調味，且流傳至今。

香料列表

本書中提到的香料包羅萬象，有香草、薰香、樹膠、果實、麝香與茶。有些具有神祕色彩，例如乳香與薰陸香，有些則是大家熟知且愛用的產品，例如孜然與巧克力。有些可能令人覺得驚訝，因為一般人通常不把這些東西當成香料，例如石榴、續隨子、大馬士革玫瑰。但這些東西都有個共同點：在漫長歷史中是需求很高的調味品、香料與藥品。由於許多香料源自於特定的地理區域，因此必須仰賴貿易，無法在地生產。古代商路的名稱往往來自這些珍貴商品商路，而所有的商路通稱為「香料之路」。在各章節會訴說各種香料的資訊，包括俗名、民俗用途、藥用，以及與這些傳遍世界各地的香料相關的民俗傳說。

引言

香料的起源，以及遍布天涯海角的香料貿易

我這輩子深深迷戀香料，從多香果（allspice，亦稱為牙買加胡椒，詳見十二章）到扎塔（za'atar，北非與土耳其常見的綜合香料）莫不令我醉心，總不斷思索與探詢關於香料的一切。但在此過程中，我發現若無法體認到人們在使用香料時，會受政治、經濟甚至文化上的影響，就說不上是真正愛香料。思考香料的意義與歷史時，勢必得承認就連小小一毫克的小豆蔻、肉桂或孜然，都有帝國主義、文化競合、宗教信仰與社會地位的意涵。

由此觀之，本書並非談論某一種香料或香料貿易商的故事，而是討論哪些文化、經濟與政治因素，促成香料橫渡千里，某些種類枯竭之餘，其他種類卻繁榮茂盛。這是多層次的敘事，是鍊金術也是化學、是文化史也是自然史，是飲食帝國主義，也是跨大陸與跨文化的合作。簡言之，香料貿易史是個借鑑，訴說全球化如何步步發展，為以往世上多元民族在商業與跨文化交涉時的常見做法，畫下句點。

若故事主軸偶爾偏離某種薰香、樹膠、食用或藥用香草環遊世界的軌跡，則請順其自然，因為我最終的目的是回答一連串更廣的問題。全球化過程究竟是在何時何地，以何種方式、透過何人之手展開？加入浮士德交易之後，究竟有何得失？最後，全球化究竟如何改變人類處境，無法回頭？全球化（globalization）這十三個字母的詞，為何堪稱當今文化趨勢中最無所不在的詞彙，把只存在於某個地方的東西，變成幾乎不再有地域性？

我會開始深思這個議題，是因為讀了〈同種新世的開端〉（The Dawn of the Homogenocene）這篇精采的文章。這篇文章的作者，是思想深刻的環境歷史學家查爾斯．曼恩（Charles C. Mann，出生於一九五五年的美國記者與作家，專門探討科學主題）。[1] 曼恩和另一名當代優秀作家大衛．逵曼（David Quammen，出生於一九四八年的美國作家）一樣，愛用生態學家高登．歐利恩斯（Gordon Orians，出生於一九三二年的鳥類學家與生態學家）的「同種新世」（homogenocene）。這個詞是指從地質史的發展階段來看，目前的年代全球各地的生物群漸漸單調乏味，原因在於，「近期」各大陸都發生生物與文化入侵的情況。曼恩在文章中指出，全球化與同質化的起源，可追溯回一四九三年哥倫布（Cristóbal Colón）在伊斯帕尼奧拉島（Hispaniola）上的司令家（Casa Almirante，哥倫布在美洲的第一個住所）。

的確，哥倫布時代促成舊大陸與新大陸之間的動植物與微生物交換，代表「環境帝國主義」的發軔，不僅重新塑造美洲的生活，其他大陸也一樣發生巨變。[2] 這是歷史的「斷裂」時刻，我曾在其他地方把這時期稱為「哥倫布大切除」（Great Colónoscopy）。[3]

然而，曼恩雖理解和全球化有關的社會經濟與生態過程，也針對這主題寫過長篇大論，但他指出的全球化起始時間卻大錯特錯。菲立普．費南德茲—阿梅斯托（Felipe Fernández-Armesto）在其大作《一四九二：那一年，我們的世界展開了》（*1492: The Year Our World Began*）[4]也犯了相同的錯誤。人類致力於發展經濟，絕非西元一四九三年才開始，甚至比西元「前」一四九三年還早得多。若以各區域、各大陸何時開始交易香料（或銅）的證據來看，即使費南德茲—阿梅斯托、曼恩和我推測的年代各有不同，[5]但都會同意，至少在三千五百年前，全球化初期階段就已經展開，並發展成日後無可逆轉、無孔不入的過程。

我認為，殖民美洲的心態、能力與經濟動力，早在中東居民殖民非洲、亞洲與南歐區域時已很明顯。在一四九二年之後，這些人只是運用過去各大陸買賣新大陸香料時的商業與政治策略，把根據地擴張到另外兩個大陸，也延伸其他經濟活動範圍的霸權。雖然我們未必都認為這「發明者」是義大利出生的移民（例如哥倫布），但相信我們可以同意，閃族人（例如腓尼基人、納巴泰人、阿拉伯人與猶太人）在航海、地理探險、飲食帝國主義與全球化方面所留下的資產，顯然影響了哥倫布。

四千年來，誰都難以想像壁爐或住家沒有任何外來香草、香料、薰香、浸劑與藥品。那些東西的香氣似乎總能飄進文化建構的空間，讓來到這空間的聖人或罪人、先知或天才都得到療癒，或享受聚餐。香草葉、乾果、碎種子、磨碎的根與樹膠珠子的香氣，早已深藏在我們的記憶中。即使我們覺得各種香氣的獨特之處難以言喻，然而最雋永的香氣已輾轉進入人類最崇高的口述歷史，以及最神聖的經典。

「物種」（species）與「香料」（spices）來自相同的拉丁字根「spec」（單數）與「species」（複數），意思是種類、形式，或五花八門的東西裡某些物品的外觀。詞源學家沃特．威廉．史基特（Walter W. Skeat, 1835-1912）指出，中世紀英文通用時，「spis」、「spyses」或「species」多指交易時的各種芳香植物或藥物。[6]若照史基特的說法來看，目前使用的現代英文中，「species」的意義演變過程，是讓人先能指出肉桂、丁香、肉豆蔻與番紅花的整體，之後再分辨出各種香料植物。再後來，「species」的意義才延伸到不屬於香料的植物與動物。因此，「species」在英語中的構成，很可能源自於需要分辨各種香料在經濟或美學上的不同。香料和人類一起遊走各地，形塑彼此，這過程可遠遠追溯回現存的最早神話那麼久。

在希伯來《聖經》，一位名叫約夫的猶太人被賣給商隊。這商隊從巴勒斯坦取得香料，賣給尼羅河畔的各埃及古城。基督教《聖經》中，古英語系的基督教徒所稱的「福音書」裡提到了「好消息」：來自東方的三位薰香商人，遇見另一名約瑟與他的妻子馬利亞，而他們的新生兒耶穌（Yeshu）在星星明亮的冬夜出生。在《古蘭經》中，穆罕默德獲得啟示、成為先知之前，曾在叔父阿布．塔里布（Abu Talib）與穆聖本人的第一任妻子赫蒂徹（Khadijah）商隊幫忙，騎單峰駱駝，從麥加前往大馬士革與阿勒頗。他們在駱駝毛行囊裝滿香草、椰棗、乳香與其他異國香料，早已熟知如何避開海盜與競爭者的覬覦，把這些貨品留在身邊夠久，並等待機會出現，在價格上揚到心中預期的水準時賣出。這做法可說是目前投機買賣的先驅。香料投機者可說很有遠見，能預期新故事（或市場）出現，協助這故事與市場成形。

每回聽見這樣的故事，我總覺得這些踏上香料冒險的遠見之士也不能與現實生活脫節。畢竟他們得冒險犯難，穿過荒涼貧瘠的沙漠、戰亂蹂躪的邊界，還要度過洶湧大海。他們的故事對今天的我們來說具有意義，記錄著人類當初如何爭相踏入這些「未發現」或必爭之地，促成貿易全球化，創造出新文化與飲食的融合。

但是光靠這些故事所透露出的訊息，仍不足以證實買賣香料的人如何度過日常生活。我們只能透過隻字片語，稍微一瞥。例如在十九世紀末，開羅藏經室經卷（Cairo Geniza）發現一批準備丟棄的手稿，那是阿拉伯化的猶太人在十一世紀時所留下，[7] 其內容看出「塔吉爾」（tajir，亦即富商）如何重新塑造地中海盆地的生活。

我曾有短暫時間穿梭於美墨邊境，運送野生辣椒與墨西哥奧勒岡，藉此賺點外快。但我最近才想到，那一小段時間的買賣，和終身（甚至代代相傳）投入香料貿易的多數商人有何不同。跨文化買賣香料，是不是罕見且有風險性質的活動，只適合少數極具冒險精神、通曉多種語言的人？多數的香料商人是否一心只想發財，像馬可波羅的父親尼科洛（Niccolò）與叔父馬菲歐

（Maffeo）那樣，長年離鄉背井，只為了從遙遠之島取得異國珍寶，大賺一筆？會不會有些是出於精神層次的旅程，就像神祕的東方三賢士，據說是跟著某地的星星前往他方，尋找世上的新聲音？

我們看待歷史上香料貿易的眼光，經常被浪漫傳奇的陳腔濫調遮掩。我們想到的，可能是初次從十九世紀平板印刷或波斯地毯上看到的畫面，上頭描繪商人來到海港城市的城門堡壘之內，進駐商隊旅社。圖裡的商人慎重其事從單峰駱駝下來，帶著大批香料貨物，前往附近的露天市場。市集上擠滿來自摩鹿加群島（Molucca Islands）、馬拉巴爾海岸（Malabar Coast）或尚吉巴（Zanzibar）的香料買家與賣家，還有越過非洲之角或阿拉伯半島魯卜哈利沙漠（Empty Quarter，字面意思為「空曠的四分之一」，因為這片沙漠占了阿拉伯半島的四分之一面積）取得的薰香。

毫無疑義，我們對於香料貿易最難忘的印象，是來自中東的地中海海岸，也就是東方與西方世界相遇、競爭與融合之處。突厥人、波斯人、葡萄牙人、柏柏爾人、粟特人、古吉拉特人、中國人、希臘與羅馬人顯然都曾碰過香料袋、香料籃與香料桶。但說到全球香料貿易的發展與掌控，地位格外關鍵的似乎是閃語族——阿拉伯人與猶太人、腓尼基人與納巴泰人。

若要證明香料商人（尤其是阿拉伯人與猶太人後代），在促成跨大陸的全球化過程中重要性遠超過其他人，必須在中東交叉路口集結的露天市場之外尋找證據。確切地說，阿拉伯人與猶太人並非唱獨角戲，而是在這些交匯點上，與波斯人、粟特人、柏柏爾人、維吾爾人、古吉拉特人、漢人、西班牙人、葡萄牙人、義大利人與荷蘭人互動。我們必須沿著絲路、乳香之路、香料之路、辣椒與巧克力皇家之路（Camino Real）前進到天涯海角，回到這些道路只是偏荒小徑的地方。

我們必須來到這些路線的末端，才能真正衡量香料貿易如何影響今日的全球化，及阿拉伯和猶太人的影響多麼無遠弗屆。

為滿足我們眼前的目的，先想像一下有條香料貿易路線的最東端是蒙古烏蘭巴托、中國泉州和西安，最西端是新墨西哥州的陶斯（Taos）、聖塔菲及拉斯維加斯。先從烏蘭巴托談起，這裡過去稱為「大庫倫」，意思是「以柵欄圍起的大型草地」。根據歷史記載，烏蘭巴托離阿拉伯料理影響最遠之地不遠。西元一三二八到一三三二年，從西安以北到蒙古，是由元文宗圖帖睦爾統治。元文宗短暫的在位期間體弱多病，遂尋求某醫師的飲食建議。這位醫生對波斯和阿拉伯的藥用與食用香草相當熟悉。

這位御醫名叫忽思慧，他是回族穆斯林，曾廣遊中亞、小亞細亞與阿拉伯半島，之後才定居中國北部與中部。忽思慧請御膳房多採用有益健康的波斯、阿拉伯與突厥料理，這些料理中大量採用的某些乾燥香料，在中國與蒙古已日漸普遍。忽思慧還與御廚合作，撰寫出中國第一本飲膳手冊。但是，這項壯舉終究無法讓忽必略的後嗣圖帖睦爾延年益壽，多掌權幾年。

雖然元文宗不久即駕崩，但忽思慧的食譜《飲膳正要》流傳下來。飲食歷史學家包保羅（Paul Buell）與民族植物學家尤金．安德森（Eugene Anderson），近年把這本書翻譯成英文。有趣的是，在忽思慧與蒙古人買賣香料的大半個地球之外，竟出現其中一份食譜的分身。[8]

二〇一三年五月的一場民族植物學家會議上，安德森告訴我，他在新墨西哥州銀城（Silver City）的二手書店尋寶時，發現一本一九三九年的小書《美味濃湯》（*Potajes Sabrosos*），裡面有一份燉羊肉食譜。他把這份食譜拿給保羅看，兩人馬上明白這與忽思慧七百年前留在中國的一份食譜幾乎完全一樣——他倆在翻譯《飲膳正要》時曾譯過此篇。兩份食譜都是將羊肉與鷹嘴豆燉煮。《美味濃湯》是由克麗歐法．哈拉米歐（Cleofas Jaramillo）以西班牙文寫成，後來被翻譯為英文版的《正宗新墨西哥美味食譜》（*The Genuine New Mexico Tasty Recipe*）。[9]在哈拉米歐的食譜中，和忽思慧記下的阿拉伯波斯燉菜相比，只少了一項食材——薰陸香（mastic）。這是野生黃連木的樹膠，地中海人用來當食物黏稠劑。西班牙裔的新墨西哥人顯然發現當地有其他的東西，可替代這種樹膠當成黏稠劑。

兩份食譜這麼相似，實在太巧。飲食歷史學家認為，這應該是文化融合的現象，而非各自發明。這代表如何運用香料來搭配羊肉與鷹嘴豆的核心知識，分別傳到世界的不同角落嗎？為什麼相同食譜會來到香料之路的一端，又抵達大半個地球外，而這兩個地方都離阿拉伯人與猶太人買賣香料的中東如此遙遠？

哈利拉湯：燉羊肉與鷹嘴豆 Harira: Carne de Cordero en la Olla

這道古老的料理曾在不同時間，出現在不同的地方，但顯然都是隨著阿拉伯與波斯人，往東傳到蒙古，也跟著猶太人、阿拉伯人與柏柏爾人，往西傳至墨西哥北部的西班牙後裔社群。這道菜的做法很多，最常見的是摩洛哥與其他馬格里布地區的多種哈利拉湯與巧巴羊肉湯（chorba），居民常在齋戒月（Ramadan）的傍晚吃。以下這份食譜所列出的食材與做法，是依據一九三九年哈拉米歐記錄的新墨西哥州阿羅約翁多鎮（Arroyo Hondo）的西班牙裔傳統，也參照寶拉．沃菲特（Paula Wolfert，一九三八年出生的知名美國食譜作家）記錄的各種摩洛哥哈利拉湯。我認為沃菲特的建議沒錯，鷹嘴豆應先泡水再去皮。雖然這道食譜傳入的地方未必會進行這個步驟。但是，這步驟做出的口感較柔軟。她在兩份哈拉利湯的食譜中，運用兩種不同的黏稠劑，其中一種是將粗粒小麥粉（semolina）和水混合，另一種則是使用蛋汁。為了讓這道融合各地特色的料理更豐富，我使用薰陸香當作黏稠劑。在一三〇〇年代初期的《飲膳正要》，忽思慧正是使用薰陸香。想要取得薰陸香（有時會標示為樹脂薰陸香），可到希臘、土耳其或中東食材店購買，或上網訂購。

吃的時候可搭配無發酵的扁平麵餅，例如黎巴嫩或約旦的扎塔麵包、佛卡夏，或全麥捲餅皮。不妨用蘿蔓生菜心、水田芥（西洋菜）或馬齒莧（俗稱豬母奶），撒些乾燥薄荷、檸檬汁與橄欖油做一小份沙拉，搭配這道料理。四人份。

材料：

乾燥鷹嘴豆／三分之一杯
水／一杯半
新鮮檸檬汁／一小匙
橄欖油或摩洛哥發酵含鹽奶油（smen）／四分之一杯
去骨羊肩肉／四五〇公克（切成二．五公分的骰子肉塊）
白洋蔥／一大個，切丁
聖女番茄／四個，切丁
薰陸香粉／一小匙
鹽與黑胡椒或白胡椒
新鮮芫荽葉／半杯，切末
新鮮肉桂粉／一小匙
去皮新鮮薑末／半小匙
去皮新鮮薑黃末／半一小匙

新鮮孜然粉／半小匙
新鮮肉豆蔻粉／四分之一小匙
番紅花絲少許
檸檬／兩個，切塊

做法：

將鷹嘴豆放入碗中，加水蓋過，並加入檸檬汁攪拌。浸泡八到二十四小時，可放在溫暖處，亦可放在冰箱。瀝乾、洗淨，以指尖搓洗豆子，讓表皮脫落。之後將鷹嘴豆靜置一旁。

在大鍋中，以中小火加熱橄欖油。加入羊肉，將每一面煎出棕色。用漏勺把羊肉撈到盤裡。把洋蔥放進還有油的鍋中，以中小火炒到透明（大約四到五分鐘）。加入番茄開始煮，偶爾攪拌，讓番茄出水。

將羊肉放回鍋中，加入鷹嘴豆與薰陸香，以鹽巴和胡椒調味，拌勻。加入約五、六公分深的水，開中大火，煮滾之後，再以文火開蓋煮，偶爾攪拌，把豆子煮至微軟（約四十五分鐘）。視需要加水，讓豆子煮熟，並維持燉菜的濃稠度。

加入芫荽、肉桂、薑、薑黃、肉豆蔻與番紅花。拌勻後繼續煮至鷹嘴豆變軟（大約再二十分鐘）。

將燉菜舀入碗中，即可使用。可自行取用檸檬塊，擠至碗中。

Buell, Paul D., and Eugene N. Anderson, eds. *A Soup for the Qan: Chinese Dietary Medicine of the Mongol Era as Seen in Hu Szu-hui's Yin-Shan Cheng-yao*. London and New York: Keegan Paul International, 2000.

Jaramillo, Cleofas M. *New Mexico Tasty Recipes*. Layton, UT: Gibbs Smith, 2008, p. 2.

Wolfert, Paula. *Couscous and Other Good Food from Morocco*. New York: Harper & Row, 1973, pp. 58–61.

*

哈拉米歐在大蕭條期間曾參與聯邦作家計畫，擔任民俗學研究者，那時她就刻意向新墨西哥州北部里奧阿里巴郡（Rio Arriba）附近的村民，收集食譜與傳說。這些說西班牙語的人會特別指出自己是西班牙裔，不是墨西哥裔，也不是猶太或阿拉伯裔。有些人或許知道，他們說西班牙語的祖先曾隨著埃爾南·科爾特斯（Hernán Cortés）在一五一九年，從西班牙來到墨西哥的維拉克魯茲（Veracruz），但並不想在墨西哥中部停留太久，因為西班牙宗教審判已開始波及這裡。他們的文化認同要追溯到一五九〇年代里奧阿里巴的「新開端」，亦即賈斯柏·卡斯塔尼奧·

德・索沙（Gaspar Castaño de Sosa）與璜・德・歐尼亞特（Juan de Oñate）招募西班牙移民，加入北方高地的屯墾行列。那處高地即為今日的新墨西哥州。許多隨著歐尼亞特前去屯墾的人，一開始被當成是「猶太皈依者」（converso），亦即剛從安達魯西亞、加納利群島或葡萄牙逃過來，家族世代信仰猶太教（有些則信仰伊斯蘭教），直到近年才改信天主教的人。然而，他們或許只是名義上皈依，私底下仍保有先前信仰，暗中採用過去的烹飪傳統。雖然歷史學家托馬斯・安特齊歐（Tomás Atencio）把這些人稱為祕密猶太教徒，但另一名學者華恩・伊斯塔凡・亞賀蘭諾（Juan Estevan Arellano）表示，新墨西哥州最早的「西班牙」殖民者中，也可能有祕密穆斯林。

這些原本說西班牙語的居民後代，仍住在新墨西哥州北邊的偏遠高地，且急於表示自己與後來從自墨西哥來的移民在語言、外表與風俗都不同。值得玩味的是，西班牙後裔的烹飪風俗，和日後來自墨西哥的移民相較，前者不愛吃豬肉，偏好羊肉，結束齋戒時會吃麵包布丁（capirotada）與賽米塔麵包（pan de semita，用麥麩、芝麻或堅果做成的麵包，以前的做法是不發酵，但如今也會發酵）。墨西哥後裔比較晚來這乾燥多風的里奧阿里巴區，卻沒有這些做法，且其來有自。

薰陸香 Mastic

薰陸香是來自栽種的乳香黃連木（*Pistacia lentiscus* var. *chia*），這種樹木和會結出開心果的樹木是近親。樹幹傷口流出的樹膠經日曬乾燥後，即是薰陸香。雖然這種樹在整個地中海盆地與島嶼都找得到，但樹膠聞起來最甜、具有最獨特風土特色的，是來自希臘愛琴海的希俄斯島（Chios）。這裡的居民會在這種葉子茂密的灌木上切出傷口，使它流出透明如花蜜的樹膠，稱為「希俄斯之淚」（Tears of Chios）。之後，他們會小心採收，曬乾成透明的硬物，看起來像花生糖。樹膠在咀嚼或在鍋中加熱之後會軟化，恢復彈性，變成珍珠白，有不透明光澤。

在希俄斯島石灰岩山區的中世紀「乳脂村」（Mastichochoria）一帶，就是優質的薰陸香產地。這裡生產的樹脂有產地名稱保護，還有一間公司專門監督薰陸香的採集與銷售。黎巴嫩人也種植相同的植物，不僅用它類似堅果的果實幫香腸調味，也使用薰陸香，只是無法合法在飲食市場販賣這種樹脂。另一種孟買薰陸香則是取自於孟買乳香樹（*Pistacia atlantica* ssp. *Cabulica*）。

英文的薰陸香（mastic）一詞，是源自希臘文的 *mastiha*，和古希臘與腓尼基文 *mastichan* 有關，意思是「咀嚼」。薰陸香在過去兩千四百年來，曾被當作口香糖、口腔芬芳劑、香水、亮光漆與助消化劑。後來，地中海文化發現這有彈性的樹脂可用在烹飪與釀酒，因此今天希俄斯生產的薰陸香，多用在利口酒、酥皮糕點與糖果上。

許多以大茴香蒸餾的飲料中，都以薰陸香為材料，例如希臘烏佐酒（ouzo）、土耳其和克里特島人的拉克酒（raki）。薰陸香除了用在烏佐酒之外，希俄斯島的居民也用以製作香氣甜美的薰陸香利口酒（mastichato）。我出生於黎巴嫩裔美國家庭，小時候住在希臘裔美國人的社區。我身邊的人喝上好的中東亞力酒（arak）與烏佐酒時，會在酒中加入冰水，讓酒嚐起來有甜甜的乳味。我總好奇，薰陸香會不會是種神奇原料，使飲料結出白色晶體，讓飲料有了顏色。但答案其實很簡單：薰陸香中的茴香腦（anethole，也就是大茴香籽的精油）可溶在酒精中，但無法溶在水中。希臘人還會用薰陸香做成兩種夏日的消暑飲料。其中一種是杏仁飲（soumada），這是把薰陸香、蔗糖、杏仁奶與濃烈的利口酒奇普羅酒（tsipouro，一種渣釀白蘭地）混合。另一種則是「潛水艇」（hypovrihio），是用薰陸香、蜂蜜與冷水調成。

即使滴酒不沾的人，在吃中東隨處可見的土耳其軟糖（loukoumia）時，也可品嚐到薰陸香的滋味。薰陸香還可在製作布丁、糖果、甜點、冰淇淋、果醬與乳酪時使用，可增添風味與濃稠度。在燒烤或油炸禽肉時，若先在外皮上搓揉些薰陸香粉，酥皮會有更獨特的滋味。和乳香和沒藥的樹脂一比，是不是顯得有些俗氣？但別忘了，希臘正教徒每年都有好幾回慶典盛宴與齋戒，經常將薰陸香用在希臘慶典麵包，例如聖巴西略麵包（vasilopita）。在絲路飲食歷史的經典之作《給可汗上湯》（*A Soup for the Qan*），也提到忽思慧推薦給元朝皇帝的燉羊肉與鷹嘴豆，薰陸香正是這道料理的重要材料。許多人知道，我書桌上有幾個薰陸香，每當我要找點靈感，想像地中海東邊的生活時，就會拿來嚼一嚼。

Davidson, Alan, ed. *The Oxford Companion to Food.* Oxford: Oxford University Press, 1999.

Green, Aliza. *Field Guide to Herbs and Spices.* Philadelphia: Quirk Books, 2006.

Katzer, Gernot. "Gernot Katzer's Spice Pages." http://gernot-katzers-spice- pages.com/engl/index.html. Accessed May 8, 2013.

Sherman, Deborah Rothman. "The Magic Tree." *Epikouria Magazine of Fine Food and Drink from Greece* 1 (2005). www.epikkouria.com.

Sortun, Ana, with Nicole Chaison. Spice: *Flavors of the Eastern Mediterranean.* New York: Regan Books, 2006.

我們如今知道，許多新墨西哥州的西葡後裔經過基因鑑定，證實他們有閃族的根源，包括塞法迪猶太人或阿拉伯人，或兩者兼有。多虧何德斯（Hordes）、阿藤齊歐（Atencio）與亞雷蘭諾（Arellano）的突破性之作，如今可以確知的是，來自中東的閃族社群在全球流離時，最遠抵達新墨西哥州的北部，且血脈與文化實踐也保留了下來。暗中信奉的猶太教、伊斯蘭教與真正皈依天主教的人，在一五九一年抵達「天涯海角」，這時新大陸的「大切除時代」展開還不到一百年。[10]

不過，先回來談談偶然發現食譜的民俗學家哈拉米歐。哈拉米歐這個姓氏，和許多來自新墨西哥北部的其他姓氏一樣（例如羅布雷多[Robledo]、馬丁尼茲[Martinez]、高梅茲[Gómez]、歐尼亞特[Oñate]、撒拉斯[Salas]與梅蒂納[Medina]），如今是猶太或穆斯林家族的常見姓氏，這些家族為了躲避墨西哥宗教審判，遂逃到美洲人口較少之處。從系譜學與歷史的證據來看，新墨西哥最早的牧羊人、鷹嘴豆農與香料商人中都有祕密猶太教徒與祕密穆斯林，他們在以天主教徒為主的社群中，對外表現出已皈依天主教，但私下在家時，仍維持塞法迪猶太人、阿拉伯人與摩爾人的宗教與烹飪傳統。

一九三八年，哈拉米歐去新墨西哥州阿羅約翁多鎮的里奧阿里巴村落，造訪兄弟的鄰居。她是要收集十九世紀西班牙後裔的料理傳統。但他們的文化與飲食實踐，得直接與間接追溯到更久遠處。阿拉伯人、塞法迪猶太人甚至腓尼基人對於「西班牙」料理的影響，已經有數百年甚至數千年歷史，或許可以追溯回西元前十二世紀的西班牙。從哈拉米歐那年代的歷史研究情況來看，她或任何同時代的人，都無法將阿拉伯或塞法迪猶太人的細膩之處，與其他新墨西哥州、墨西哥甚至西班牙本身的影響區分開來。

局面會如此錯綜複雜，部分原因在於，西班牙的料理藝術發展是由腓尼基人推動的。腓尼基人在大約西元前一一〇〇年，來到西班牙卡迪斯（Cádiz）。後來西班牙的飲食藝術，又更受到西元八二二年來到這裡的波斯人與阿拉伯人影響。當時有個名叫澤亞布（Ziryab）的謎樣人物，抵達西班牙的哥多華（Córdoba）。後文會談到，澤亞布不僅革新西班牙的農耕與烹飪，還將西班牙的餐桌禮儀、季節穿著與室內樂推向嶄新的軌道。當然，他對西班牙料理的一大貢獻，是沿襲大馬士革與巴格達的宮廷與廚房行之有年的做法，將氣味濃重芬芳的香料巧妙融合。

在一九七〇年代晚期的聖塔菲，我有幸走在一條通往市場的小路，那裡有間「洛伊柏雜貨店」（Roybal's General Store）。店內有數以百計的袋子與桶子，裡面裝著食用與藥用香料。我在這裡找到哈拉米歐在羊肉與鷹嘴豆燉菜中用的香草。洛伊柏雜貨店很像黎巴嫩與敘利亞市集裡的香料攤，讓我想起我黎巴嫩的叔叔伯伯剛來美國時會去的商店。店裡有些香料（例如孜然與芫荽籽）顯然是從中東與北非的地中海環境移植過來的。但是，經營這家商店的洛伊柏知不知道他們的家族根源，可以追溯回西班牙加利西亞（Galicia）的伊格納西亞・洛伊柏（Ignacio Roybal）？她在一六九四年，嫁給住在聖塔菲的祕密猶太教信徒法蘭契斯卡・高梅茲・羅布雷多（Francisca Gómez Robledo）。

在哈拉米歐記錄了一道食譜後的半個世紀（這道食譜毫無疑問是源自於阿拉伯或塞法迪猶太人），也是我初次在洛伊柏雜貨店購買香料後的四分之一個世紀，許多新墨西哥的西語系後裔開始承認家族長久以來保持的祕密：他們仍保留著猶太教或穆斯林習俗，包括飲食禁忌、香料配方，有時候甚至不能為這配方命名。然而這些習俗一脈相傳，綿延好幾個世紀未曾間斷。

在這條穿過大西洋、抵達新大陸的路線終點，我發現阿拉伯與猶太香料貿易傳統多麼無所不在。這發現並未抹去路線上許多其他文化的飲食貢獻，甚至強化其他文化的重要性。

從馬斯喀特、麥加、馬里卜、耶路撒冷、大馬士革、阿勒頗或亞歷山卓，往東延伸蒙古的烏蘭巴托與中國的西安與泉州；往西澤延伸到新墨西哥州聖塔菲、阿羅約翁多鎮與陶斯，是無比漫長的道路。然而，大約在二〇〇一年的九一一事件之後，我認為我必須追溯阿拉伯人與猶太人數個世紀以來，如何在延伸到天涯海角的香料貿易上合作與競爭。我感覺得到，這旅程會說明我們過去是什麼樣的人、哪些地方出了錯（或維持穩定），以及我們在全球化過程經歷過什麼。如果我預料的沒錯，這旅程也會透露出謎一般與前所未見的影響，如今世上幾乎每種料理都無法置身於外。有些影響顯然令分享食譜與食材的人高興，但這交流鮮少是公平的；大部分是透過飲食帝國主義過程而產生。

雖然在這個故事中，芬芳香草、荊棘般的樹木流出的樹膠，以及乾燥沙漠中取出的扮演要角，然而故事主軸仍是帝國主義的政治，及跨文化交易的經濟霸權，而不是植物。這本書可說是關於全球化起源與後果的寓言與道德劇，目的是幫我們看出慢食運動的創辦人卡洛．佩特里尼（Carlo Petrini）所稱的「良性全球化」（virtuous globalization），和較為資本主義、遠謀深算與粗暴的全球化有何不同。

當然，多數香料更具體呈現出移動性的精髓：以最輕盈的形式，創造出最高的價值。因此這個故事本質上透過跨文化的漫長旅程，帶我們前往天涯海角。

然而，這故事還有另一層啟示。我們能從中體認到數個世紀，甚至數千年以來，許多阿拉伯與猶太社群分工合作，把香料運送到認識的世界。這不是否認他們在經濟上會彼此競爭，或在某些時間與地點得承受對方的殘暴行為，但也不忽視阿梅里克．卡斯楚（Américo Castro）在一九四〇年代晚期，首度稱為「和平共存」（convivencia）的漫長時光。過去十年，部分社會科學家在用到這個詞時稍嫌浪漫天真，但顯然猶太與穆斯林的文化傳統融合，在某些時候會和平發生，有時候卻很不容易，甚至水火不容。[11]在阿拉伯穆斯林與塞法迪猶太人在世上屢遭中傷，成為越來越多的仇恨罪主題的歷史時刻，世上其他人最好體認我們仍得感謝這兩支民族留下的資產，無論這遺產多麼複雜，甚至矛盾。（「喜不喜歡」全球化是另一個議題，就像問魚「喜不喜歡」水。）更重要的或許是，如今我們更該思考「和平共存」的要素（例如跨文化文明），從中看出人類能做些什麼，而非假定人類只能身陷暴戾之氣，撕裂原本共有的生命紋理。和平共存是延續數個世紀的常態，絕非特例，不僅在安達魯西亞如此，在費茲、亞歷山卓、開羅、耶路撒冷、貝魯特、大馬士革、巴格達、阿勒頗、士麥那、君士坦丁堡、塞薩洛尼基、布哈拉、吐魯番、長安（西安）與泉州等古城亦是如此。在綿延五千哩路的商隊之路上，多數香料商人之間的合作究竟是常態，或總有明顯或幽微的力量在脅迫與主宰？為什麼這群商人的後代所居住的世界，使最神聖的耶路撒冷之城如今滿是仇恨暴力，徒留分裂與絕望的陰影？

此刻我只會給予暗示，不會直接提出答案。若你在接下來的幾頁中，能跟我在這條香料之路上走得夠久，答案就會宛如燃燒乳香時淨化心靈的香氣，慢慢飄向你。

但首先，我要往哪裡去？如今人人的日常生活皆受全球化影響，而在我即將踏上的香料之路中，有些地方在全球化過程扮演著舉足輕重的歷史角色。我尤其要造訪具有歷史意義的中東市集、西班牙市場、其他市集與港口。全球化過程最初就是在這些地方實際測試，之後才應用並延伸到其他無數環境。我將停留在商隊旅館，以及各式各樣的旅店與大莊園，商人們曾在這些地方進行過無數的重要協商、償還債務，因此我或許會聽到「香料人」如何跨越不同的貨幣與文化進行交易，有沒有共同的語言。我會把田野研究或隨手記在餐巾紙上的對話，去蕪存菁告訴你。我的探索之旅歷經十二年，途中曾前往世界各地的市場，包括阿富汗、峇里島、中國、埃及、衣索比亞、以色列、黎巴嫩、墨西哥、摩洛哥、阿曼、巴勒斯坦、葡萄牙、西班牙、敘利亞、塔吉克、土耳其與阿拉伯聯合大公國。

許多香料交易的模式，經過數個世紀確實已起了變化。近年來，敘利亞阿勒頗的大市場遭內戰摧毀泰半，而有些市集則改頭換面，成了觀光景點，例如耶路撒冷舊城的阿塔林市集（Souk al-Attarin）。為了解這些地方的過往光景，我必須造訪私人檔案館、公共圖書館與附近博物館。有時候，這些古老市集過往的活動仍在角落徘徊，富有歷史的香氣與滋味、合作模式、衝突元素或殖民色彩，可能依然普遍。

因此，這故事會以兩股經緯反覆交織。我會從歷史、考古、民族植物學與語言學的角度，看出古代人如何收集與買賣香料，並融入各種不同的料理。我也會描述在這些地方，親眼看到過往做法如今殘存的痕跡。事實上，許多風俗能追溯回我阿拉伯祖先參與的香料交易，或跨文化合作與衝突。我會踏上旅程，確實有個人與學術動機，想了解家族先人在全球化過程中所扮演的歷史角色，如何影響到我的行為、價值觀與消費模式。我會想問祖先一些問題，或許那也是你的祖先。正如某位巡遊各地的英國地理學家在一六二五年所言：「讓我們的商人回答吧，畢竟他們的香料來自阿拉伯。」

第一章

來自乾荒之地的芳香

我循著一股香氣穿越沙漠，在斜坡上蜿蜒而行。周圍的石灰巨岩燙極了，根本碰不得。我一路閃躲著矮樹與葉子濃密的灌木，那些植物的枝枒細小彎曲，小小的葉散發著芬芳的油香。身邊岩壁上有幾株細細的乳草，淌著有毒汁液。

我停下腳步稍喘口氣，環顧乾燥之地，地勢往南升高，成為沙漠山（Jabal Samhan）高原。放眼望去，大地一片光禿，幾乎不見人居。其實，這裡不完全荒蕪，但世上多數農人與城市居民認為此處空蕩蕩的一片。他們的意思是，這裡難以耕種、不宜人居，對今天的人類沒有多少用處。

但可別以為這片大地對人類共同的資產毫無價值。數千年來，這片乾燥大地出現了極有價值的東西，再加上其他力量介入之後，遂改變人類的歷史進程。問題在於，我們如今能不能以深刻的方式，珍視從這片土地上生長與採收的東西。

我這趟朝聖之行，就是為了解答前述問題。我登上朵法爾區（Dhofar）的高地，這片高原比阿拉伯海高出六百多公尺，散布著賈巴里族（Jabbali tribe）的沙哈利人（Shahri），他們逐水草而居，據說有本事「讓山說話」。

但此刻萬籟俱寂，沒有人說話，連一絲風也沒有。我吞下一口熱氣，深吸口氣，頓時聞到一股幽微宜人的獨特芬芳。

這股氣味讓我想起，古希臘地理學家稱這芬芳的國度為「幸福阿拉伯」（Eudaimôn Arabia）。希羅多德（Herodotus, B.C. 484-B.C.425）便曾說：「整個國度散發出奇妙的甜香。」[1]後來，越來越多人稱這國度為「阿拉伯福地」（Arabia Felix），是在周圍艱困的環境中匯聚幸福的中心。這裡最初只有幾株芬芳的沙漠植物與動物製品，希臘人把這些東西一律稱為*aromatikos*。長久以來，許多文化認為這些芬芳的物質能為世人帶來幸福、療癒、健康與和諧感。

我在羊腸小徑上蜿蜒前進，不知這「幸福」的沙漠山坡在烈日下曝曬了多久。我的腳步揚起塵土，看來這裡已好幾週沒下過雨，大地又熱又乾。

化學生態學家認為，高溫與乾燥的氣候，對含有苯環化合物的芳香植物演化來說，是利多於弊。[2]數千年來，阿拉伯半島上的沙漠已成為最適合世上效力最強的芳香植物生長地。這些芳香植物的香氣、滋味與神祕效力，彌補了產量不多的缺點。

許多芳香植物的葉子所散發出的香氣，或許能幫助它們抵抗炎熱、乾旱與草食性動物的傷害。乾燥氣候帶的植物中，這種芬芳、揮發性甚高、稍縱即逝的化學物質含量，比其他地方的植物更濃縮集中。

雖然朵法爾的大部分地區沒什麼發展農業的潛力，有用的野生植物也分布不均，但「阿拉伯福地」作為全球芳香植物貿易的誕生之處，是當之無愧。就像阿拉丁的神奇指環，只要好好摩擦，這塊土地就會變成薰香、食用香料、香水與藥草構成的迷幻世界，讓疲憊的人心曠神怡。

雖然阿拉伯福地缺少植被，卻充滿馨香與味道濃厚的調味品。這裡有類似番紅花的草原番紅花（wild crocuses）、類似肉桂的樹皮、野生茴香、韭菜、蔥蒜、芬芳樹膠與大量樹脂。阿曼人用各種植物組成綜合香料，與椰棗製成醬（khall al-mazza），塗抹在窯烤羔羊或山羊肉上。[3]愛好咖哩風味燉菜的人，肯定會更喜歡口味比咖哩繁複的綜合香料「比札阿舒瓦」（bizar a'shuwa）。長久以來，阿拉伯半島居民都喜歡這種香草與香料綜合而成的調味料。

朵法爾是個生產大量香草的多岩之地。古閃語系的「山語者」，包括卡蘇里族（al-Kathiri）、卡拉族（Qara）與馬拉族（Mahra），把這裡稱為「尼亞德」（nejd）。沙漠山高地文化中，居民對環境的偏好，和廣為人知的阿拉伯沙漠貝都因人很不同。這一帶的植物即使生長環境距離不遠，植物群卻有強烈的對比，生態學家稱為「β多樣性」（beta diversity）。[4]植物採集者從一處沙漠前進到另一塊沙漠時，便會發現植物出現明顯差異。大致上，沙漠中的各乾燥區，有很高的「物種更替率」（species turnover）。若走上一天的路，從一個沙漠山頭走到另一處沙漠山頭時，就會發現已找不太到原本愛吃的食用與藥用植物。因此自古以來，植物就會從原產地賣到其他地方，讓別人也能品嚐。

在東南邊，多風的沙漠山坡順勢而下，變成涼爽、微風吹拂、氣候較為潮溼的葉門海岸。西邊是屬於真正遊牧民族貝都因人的地盤，是惡名昭彰的「空曠的四分之一」，阿拉伯人稱這氣候嚴峻的大片沙漠為「魯卜哈利」。幾個世紀以來，這是阿拉伯半島上最少人造訪的地區，即使是最剽悍的遊牧民族也不來。最能幹、經常穿越阿拉伯半島諸多沙漠的貝都因遊牧民族，也擔心這裡一滴水也沒有，還得當心會要人命的流沙。

在朵法爾高地，至少石灰岩間還有足夠的紅色石灰土，可供零星的矮灌木、硬草、有樹脂的岩薔薇叢與看起來乾枯多刺的薊草梗生長。強悍的山羊和駱駝等家畜，會季節性來到這沙漠中的矮樹植被。許多人認為，只有這幾種家畜才夠堅毅，能在尼亞德地區存活，事實上，牠們並非這裡僅有的動物群。

我在西邊的岩石山頂邊緣看見一些小洞穴，裡頭偶爾棲息收集樹枝的蹄兔，以及會攀岩的蜥蜴。我也注意到在懸崖下方有較大的洞穴與岩架，那是卡拉遊牧民族收藏著珍稀香料之處。他們將一桶桶與成捆的收穫，存放在陰影中。

綠扁豆咖哩（含乳香、薑與阿曼香料） Marak Minj

乳香現已很少食用，但以前乳香不僅有醫療與宗教價值，也是烹飪材料。不過，阿曼人至今仍喜歡在主菜與甜點中加入乳香、玫瑰水，及顏色鮮豔的香料，例如番紅花與阿拉伯番紅花（shouranah，與番紅花有親屬關係，為阿拉伯半島的野生種）。在這道食譜中，我把乳香溫暖、豐富的中段香氣，與薑和薑黃的強烈香調，和類似咖哩的比札阿舒瓦綜合香料結合，做成阿曼中部省（al-Wusta）在晚餐時很常享用的傳統扁豆料理。這道菜色會使用鮮嫩多汁的馬齒莧，世界各地都很容易找到野生馬齒莧，在歐洲、中東、墨西哥與亞洲許多地方也有馴化品種，有些葉子和中東水田芥差不多大。馬齒莧味道豐富，富含omega-3脂肪酸，在美國的農夫市集與專門食品行都買得到，也可在夏天到野外採集。我參考拉米斯・阿布杜拉・泰伊（Lamees Abdullah Al Taie）的做法，加入朵法爾南部的乳香。

可搭配米飯與水果酸甜醬食用，也可搭配以芒果、杏桃、無花果與李子切片製成的綜合水果沙拉，淋上檸檬汁。二到四人份。

材料：

綠扁豆／一杯

新鮮檸檬汁／一又二分之一小匙
水／兩杯
橄欖油／四分之一杯
嫩薑末（去皮），或去皮新鮮薑黃末／一小匙
芫荽葉／一把，切碎
馬齒莧（去梗）／約四五〇公克，切碎
乳香／一小匙（磨好後以兩杯水浸泡）
海鹽／半小匙
阿曼綜合香料／一大匙（參見備註）
泰國青檸汁（Kaffir Lime）或泰國青檸皮末／兩大匙
椰奶／兩大匙

做法：

將扁豆放入碗中，以水蓋過，並加入檸檬汁攪拌，於室溫浸泡七小時。瀝乾、洗淨，放入平底鍋。加水後以中火煮。之後轉小火，開蓋煮，偶爾攪拌，視需要加更多水，以免燒焦。大約煮三十到六十分鐘，將扁豆煮軟。離火，這時鍋中的水應該很少。把多餘的水倒掉，將扁豆靜置

一旁。

同時在炒鍋中，以中小火熱橄欖油。加入薑末、芫荽葉與馬齒莧葉，大約炒三到五分鐘，將馬齒莧葉炒軟後離火。

以食物調理機，把扁豆、乳香水、鹽打成質地均勻的糊，再放回煮扁豆的平底鍋，加入炒過的馬齒莧與綜合香料拌勻。（如不立刻食用，則放到加蓋容器中冷藏。）

食用前，先以小火慢慢加熱，再放入碗中，加入青檸汁攪拌。加入椰奶，趁熱食用。

備註：綜合香料比札阿舒瓦的做法，是將各一小匙的烤孜然粉、芫荽籽粉與小豆蔻粉混合，並加入各半小匙的粗磨黑胡椒、茴香籽、黑櫻桃子（或乾的阿勒頗辣椒粉）、肉桂粉與薑黃粉。把這些香料與兩瓣壓碎的大蒜混合，並灑上幾滴蒸餾白醋，做成濃稠的糊狀。這道菜用量為一大匙，剩下的放進玻璃密封罐冷藏，可保存兩週。可抹在羊肉等肉類，或用來幫燒烤或燉煮料理提味。

Al Taie, Lamees Abdullah. *Al-Azaf: The Omani Cookbook*. Muscat: Oman Bookshop, 1995, p. 49.

*

沒有人會說朵法爾高地的環境豐饒。整體而言，這裡的棲地不肥沃、無法多產，缺乏多樣性。居民若無法把握偶然降雨、植物茂盛生長的短暫時間，便很容易陷入飢荒。在朵法爾地區，尼亞德堪稱最乾燥的棲地。但這裡有一項珍寶，一種會散發獨特香氣的沙漠植物。

很久以前，這獨特的寶藏讓部分閃語系的遊牧民族後裔，離開荒蕪的半島南部，前往世界各個角落。他們把芬芳的香草、薰香與香料，賣到氣候較為潮溼的地區，用香料與調味料交換乾旱的家鄉無法時時提供的糧食與貨物。他們明白，各生長地的自然資源並不平等。

這些閃語系部落早就明白，他們不應該重新改造某個地方、模仿其他部族，而是要把自己最獨一無二的貨物，和缺乏這些貨物的人交換。雖然各地的動植物產品分布不均，但他們反而靠著故鄉固有的缺點致富。這麼一來，他們建立出一套各區交易的經濟模式，開啟先河，重新分配各地居民的財富與寶物。

後來，此模式出現變化，因為香料交易促發經濟與生態的革命，影響遍及所有有人居住的世界。這項革命如今稱為全球化。然而，許多人很難想像全球化的起源，畢竟我們無意識地在全球化的環境中生活與呼吸，彷彿全球化一直存在，未來也不會消失。

我行思至此，赫然發現目的地就在前方。那正是全球化革新過程中的重要地帶，也是促使我離鄉背井，踏上九千哩旅途的地方。我在山坡走得夠遠了，終於初次摸到點燃全球化引擎的火花。

我將手掌小心翼翼放在一棵樹的柔弱枝枒。這棵樹與我差不多高，誘人的樹幹覆著灰燼色的樹皮。我手伸長，碰觸樹冠，抓了根比較粗的樹枝，彷彿在感受朋友舉重時鼓起的二頭肌。多瘤的樹枝上布滿一叢叢小葉子，摸起來有點粗糙，卻香氣四溢。我發現樹幹上有抹不去的痕跡，是有人刻意用刀子在樹皮上劃下的。這些傷疤上有乾了的白色樹脂珠子，形狀是完美的淚珠型。

在樹皮下方有宛如淚痕的微小結構，促成樹脂流下。靈長類祖先也是用這種方法，收集阿拉伯樹膠（acacia gum）、黃蓍樹膠（gum tragacanth）、薰陸香、沒藥等其他木質植物的產物。就和那些植物一樣，這種樹脂備受重視，具有醫療、驅蟲、食用、香料與薰香的效用。

但是，各種膠狀薰香的類似之處僅止於此。近四千年來，這種特殊的樹膠被視為世上最優質的薰香。它曾是全球最有經濟價值、最廣為分布的植物產品：乳香（frankincense），神的食物。

即使是最古板的科學家，每回唸到阿拉伯乳香的學名「Boswellia sacra」，也得承認這種樹的神聖性。我倒是挺熟悉阿拉伯乳香的遠親，也就是美洲常看見的大象樹（elephant tree），常收集它樹幹流出的科巴脂（copal）。每到冬天，若以前騎馬摔傷的舊傷發炎疼痛，我也會用印度乳香（B. serrata，亦即 salai）的藥膏塗抹肌肉。

我將手探進這多瘤之樹的樹冠深處，在中央枝幹上的小疤痕上，捏下一粒剛結晶的小樹膠隆起物。這樹幹上有兩三個地方出現疤痕，看來是在今年春天，某個來自索馬利亞的採集者留下的。他可能用外觀類似油灰刀的短刃刀，在樹皮上劃幾刀，一個月後再回來清理傷口。到了春末，他會重複一次，這傷口會繼續哭泣幾個星期。

從乳香樹韌皮部流出的乳狀汁液，已開始凝結成半液態的樹脂乳膠。乳香採集者稱這種乳狀樹脂為「奶」，阿拉伯文為*lubān*、山區方言則為*shehaz*。但我眼前是最甜、潔白、濃郁的乳香，是國際間最為推崇的頂級霍傑伊乳香（hojari fusoos，hojari是頂級的意思）。它的品質無與倫比，只在朵法爾的高地生長。

羅馬帝國時期，霍傑伊乳香最炙手可熱。那時的人為取得這種高級乳香，不惜砸下重金，靠陸路或海路長途運送，耗費的金額超過其他芳香產品（包括薰香、香料或藥草）。在巴比倫，夠有錢的人會讓自己沉浸在焚燒乳香的煙，享受魚水之歡前不忘用乳香之煙來淨化與薰香身體。

我找到另一塊開始變硬的樹膠，捏起宛如太妃糖般的黏稠物，從樹幹上拔起。我把它放在手上，讓陽光照射在這乾燥小球。它呈現琥珀色，不太反光，像剛做好的山羊酪凝乳一樣，是一小塊霧霧的油性樹脂。裡頭珍珠色的霧狀之物中還隱約透露出藍色，宛如蒼穹掉下的碎片，等待被送回天空。

數千年來，人們的確會把它送回天上：將這神聖之乳當作供品，燒出裊裊薰煙，上升至凡世之外。有些人認為，最好的乳香會成為一條白色柱子，直達天際。若煙的軌跡能抵達天堂，這份禮物一定能夠送到上帝、先知或特定聖人身邊（端視於向誰祈願），並滋養與取悅祂們。

我怯生生，把一小塊樹汁放入口中，當成口香糖那樣咀嚼。於是蜂蜜、萊姆、馬鞭草與香草的味道一湧而出，擴散到整個口腔。貝都因孕婦也會嚼乳香樹膠，期盼子宮裡的孩子能聰明有靈性，我想到這裡，不免莞爾。沙赫利（Shahri）與索馬利亞採集者，在採集樹奶時也會咀嚼這樹膠，並把採集到的樹膠放入有兩個提把、以椰棗葉編成的籃子。

我旋即愛上這薰香、駱駝與椰棗的世界，心中隱然有股深刻的熟悉感。我的血脈可追溯回葉門與阿曼的納卜漢尼家族（Banu Nebhani）香料商人，一千四百多年前，我的祖先可能在這片山區遊走，後來往北穿越阿拉伯半島，前往其他地方。光是這種可能性，我就得到動機，甚至注定要來到世上最乾燥偏遠的地方。但坦白說，我的目的不僅於此。

我來到這裡，是為了追尋全球化的根源──但願這古老且普遍的現象可追本溯源。我希望能追溯到那稀少的芬芳樹脂最早的交易情況，例如薰陸香、懷特沒藥（bdellium）、乳香與沒藥；還有以石研磨的孜然與大茴香籽；從鹿的腺體萃取的麝香；味道鮮明的薄荷或奧勒岡葉；中國肉桂與斯里蘭卡的真肉桂；日曬泰國青檸皮；肉豆蔻樹蛋形種子上刮下的東西；番紅花乾萎的橘紅色柱頭；香草藤柳樹般的種子，以及味道濃烈的各種辣椒。

整體而言，各式各樣的植物與動物產品，在英文中都稱為「香料」（spice），就像古希臘人也只粗略通稱為aromatikos（芳香之物）。或許這概念是來自於古阿拉伯shadhan，這個詞是用來描述一種味道特別刺鼻的香草，也可以和其他詞結合，指很香與味道重的物質，動植物來源皆然。另一個相關的字al-shadw，則是用來描述胡椒、肉桂樹皮或一塊頂級阿拉伯乳香味道的強烈程度。

第三個阿拉伯詞彙al-adhfar則和任何強烈氣味有關，包括麝香與人的汗臭。[5]的確，有些學者認為，炎熱地區的居民經常用麝香、氣味強烈的軟膏與玫瑰水，以遮掩汗味，否則在沙漠的營地與擁擠的城市，恐怕一年到頭都是汗臭瀰漫。

歷史學家派翠西亞·克隆（Patricia Crone）曾描述芳香物質的諸多面向與香氣：「芳香物質包括薰香，或是燃燒後會散發出宜人氣味的物質；還有香水、軟膏與其他甜香物質。人們會沾取、塗抹或噴灑這些物質在身上或衣物。這些東西還可放進食物或飲料中，以提升飲食的滋味、延長保存期限，或使飲食具有療效等神奇特性。芳香物質當然也包括解藥。」[6]

到了十四世紀初期，義大利商人法蘭西斯柯·迪波杜奇歐·佩格羅提（Francesco di Balduccio Pegolotti）曾記錄，至少有兩百八十八種香料進入歐洲，大部分是透過閃語系的商人，有些人會強調自己來自阿拉伯、非洲或亞洲等地。這些香料從阿魏（asafetida）到莪朮（zedoary）無所不包，還有阿拉伯膠、嗎哪（manna）、亞歷山卓的茜草。[7]

這些香料是感官性的線索，訴說全球化最初經過哪些羊腸小徑與鄉間道路發展起來，也提醒我們為何當初曾如此迷戀這些芳香產物。因此，在設法了解全球化語彙時，得先把香料解讀成深層慾望或疾病的象徵，那象徵數千年來，根植於人類的某個部分。

多年前，我一心一意，苦苦探尋為何有些個人、社群或文化的人民甘願於留守家鄉，品嚐身邊既有之物，但有些則有難以滿足的渴望，想品味、觀看、甚至擁有來自遙遠他鄉的物產。我也在想，為何從文化與基因來看，閃族人（例如邁因人[Minaean]與納巴泰人；腓尼基人與其他迦南人；古萊什[Quraysh]與卡利米阿拉伯人[Karimi Arabs]）；拉特納猶太行會[Radhanite]與塞法迪猶太人[Sephardic Jews]）在全球化貿易中扮演極為重要的角色，且期間不僅是短短數十年或幾個世紀，而是長達數千年。

我站在這乾燥的山脊，氣喘吁吁，汗流浹背，身體的水分全蒸發到空中。我提醒自己當初為何踏上這旅程，來到阿曼南部的山脊，即使只有幾個住在沙漠山一帶的部落居民知道這裡的名字。這一帶大約兩百五十畝的土地，被阿曼蘇丹卡布斯（Qaboos）的政府劃定為乳香保護區。我心中的這兩百五十畝，越來越大了。

這個地點是漫長香料之旅的完美推手，把人們推向古代中國的泉州港、中國與哈薩克邊境天山山脈下、戈壁沙漠旁的吐魯番窪地；以及分隔巴基斯坦興都庫什山與塔吉克帕米爾高原的噴赤河。人們也從這裡前往阿曼、埃及、土耳其與墨西哥的海岸；到約旦佩特拉的狹長峽谷，以及敘利亞、衣索比亞、土耳其、摩洛哥、葡萄牙、西班牙與墨西哥形形色色的市集。我們會在中東的薰香之路（Incense Trails）、亞洲絲路、非洲香料之路、中美洲與北美洲的皇家大道（Camino Real，西班牙帝國在美洲殖民地的道路）遊走。這地方會領我們回到過去，展望未來。

乳香　Frankincense

乳香屬（*Boswellia*）的植物有好幾種，樹幹能採集到芬芳的薰香。其中葉門與阿曼南部的阿拉伯乳香所生產的乳狀樹脂（lubān），為世上價格最昂貴的一種。霍傑伊乳香的香氣帶有松脂、香草的氣味，甚至有人說那就是天堂的氣味。最好的乳香在焚燒時，煙能直線往上升。乳香是從糖漿狀的乳膠製成，但要取得這種乳膠，小樹得受天氣或牲畜打傷，或由採集者刻傷。流動緩慢的乳膠在樹皮傷口開始乾燥，變成膠狀樹脂，之後成為硬硬的琥珀粒，大小與淚珠相仿。無怪乎人們說乳香樹在受傷時會哭。

乳香的芬芳與滋味，能喚醒人的精神與情感反應，因此《聖經》裡至少提過乳香一百四十次，但《古蘭經》卻隻字未提乳香的價值。乳香引進到巴比倫、希臘、羅馬與埃及之後，就成為純潔、永生與財富的象徵。乳香會用來薰香遺體，而愛侶在享受魚水之歡前也會使用。希臘羅馬的神殿、猶太會堂、清真寺與大教堂，都有乳香的蹤影。

駱駝商隊往北前進，把乳香送到希臘羅馬的仲介手上時，每單位的價格已翻漲好幾倍。在羅馬帝國時期，運一次葉門乳香的費用相當於地中海東部農民或工匠整年所得的五倍。當然，運送時絕大部分的錢財，都進了邁因人、納巴泰人與腓尼基人的口袋。他們每年運送多達三千噸的乳香，主要沿著三條運送道路，送往巴比倫與地中海。正如絲路其實不只是一條路，乳香路也同樣不只一條。

如今，乳香主要有四大用途。第一，哈德拉毛省（Hadhramaut）與朵法爾高地的人，依舊用它來當作薰香、空氣芳香劑，以及傳統止血藥。第二，乳香也是宗教場所中的重要薰香，在東正教教堂與某些佛教儀式中尤其如此。此外，乳香可蒸餾成香精，製成香水、化妝品與芳療產品。最後，乳香也化身為富歷史色彩的玩意兒，可賣給觀光客，也可讓世界各地頂級餐廳的烹飪藝術家，以新奇的方式，增加糖果與烘焙食品的滋味。乳香風光了數千年，如今或許不再是世上最珍貴的商品，但許多人每回說到這個字時，仍會感受到神祕的力量，心中神聖之感油然而生。

Farah, Mohamud Haji. “Non-Timber Forest Product (NTFP) Extraction in Arid Environments: Land-Use Change, Frankincense Production and the Sustainability of *Boswellia sacra* in Dhofar (Oman).” PhD diss., University of Arizona, 2008.

Musselman, Lytton John. *Figs, Dates, Laurel, and Myrrh: Plants of the Bible and the Quran*. Portland, OR: Timber Press, 2005.

Shackley, Myra. “Frankincense and Myrrh Today.” In *Food for the Gods: New Light on the Ancient Incense Trade*, edited by David Peacock and David Williams, 141–47. Oxford, UK: Oxbow Books, 2007.

但首先，我們得先向位於最初生長在尼亞德的細長乳香樹致敬，因為這曾是世上最昂貴、運送範圍最廣的貨物。許多文化都珍視乳香的殺菌、食用、藥用、神奇與宗教用途。

怪的是，乳香令人難忘的香氣並非來自花朵或果實，而是傷口。它反而更像亞西西的聖方濟（Francis of Assisi）或萬世救主（Jesus of Nazareth）這樣的聖人，身上的聖傷淌著血汗，臉上流著淚水。無論是季節性暴風雨降臨時樹枝的鞭笞、行經此地覓食的駱駝撞擊，或阿曼、葉門與索馬利亞的採收者以粗糙的短刀劃開，這受傷的灌木都會給予幾公克的樹膠，那是它唯一有用的產物。但如果傷勢太重，或是採集者太貪婪，過於頻繁採乳，這灌木就會早夭。這些發育不良的多年生植物，在雨水稀少、烈日高掛的碎石坡上已生存得很辛苦，不必太多額外的壓力便會加速它們死亡。

正因如此，加上朵法爾高地尼亞德的荒蕪環境中沒多少有利可圖的產物，因此乳香千年來備受呵護，人們會小心採集，勤加管理。老普林尼在巨著《博物誌》（*Naturalis Historiae*）中，曾將乳香林描述為「阿拉伯福地的森林」：「森林劃分成明確的區塊，各區塊的擁有者都很誠實，不會侵占他人田地。樹上切口之後，即使沒有人守護，也不會有人竊取屬於鄰人的物產。」[8]

我來到朵法爾外，聆聽一名阿曼的森林巡守員說明他的工作。他說，他的任務是「看管珍貴的東西」，聽起來和狩獵管理員差不多。

這名森林巡守員叫做阿里·薩倫·貝特·薩德（Ali Salem Bait Said），來自賈巴里部落的一個家族。這家族過去曾擁有某乳香採集場，直到一九六〇年代才出現變化。這裡自古以來，土地被分成一塊塊的「門則拉」（menzelas）來控管，而管理與採收樹園（門則拉）的權利是父系繼承制。後來，這個系統瓦解了，幾個世紀以來的土地持有傳統也跟著告終。不過阿里．薩倫．貝特．薩德還記得家族的故事，知道如何適當照料乳香樹，確保乳香產量：「以前我們族人自認為是樹的朋友，不會殺到見骨。他們會刻樹皮，但不會刻太深，以免傷了樹木。現在，傳統的樹園所有權不見了，沒有人好好照料這些樹。來到這裡的人以為反正沒人管，就把樹木乳汁榨個精光，導致樹木死亡。那些遷徙的採集者甚至不知道乳香的傳統歌謠，也就是我們用來歌頌上帝的曲子。」

阿里指著被野生駱駝弄斷的枝枒，以及他認為被濫採的其他樹枝。他說，在延續了好幾個世紀的「門則拉」傳統還在時，他族人很少做這種事。

後來，我有機會向知名的田野科學家與乳香文化觀察者，學習更多古代乳香採集與管理的傳統知識。這位學者叫莫哈姆德．哈吉．法拉（Mohamud Haji Farah），他和我一樣在亞利桑那大學取得學位，博士論文是研究沙漠。法拉博士出生在索馬利亞，但在朵法爾附近待了許多年，記錄阿曼當地部落的畜牧者與索馬利亞前來的採集者如何處理乳香。巧的是，他把焦點放在沙漠山，也就是我有幸造訪的一帶。他個子不高、聲音平靜，言論和著作都具有權威地位。乳香自古以來，就是備受重視的宗教與經濟資源，他說明本地人從過去以來，演變出哪些處理方式。他指

圖一：一名蘇哈爾（Sohar）附近的阿曼森林巡守員，朝著乳香樹前進。蘇哈爾港是阿拉伯香料的輸出港口。（攝影：作者）

出：「乳香樹被視為擁有超自然力量，或裡頭住著超自然力量，與善惡之靈都有關聯……因此，乳香是神聖商品，採集者在收集時得遵守儀式限制。」[9]

我聽說在乳香採收季節時，採收者不得與妻子共枕，也不能吃某些食物。法拉對這說法不置可否。但他發現在採收季節開始時，人們還是會吟誦祈禱與焚香。部分採收者認為，乳香樹若非具備神聖力量，否則無法在這嚴苛乾荒的環境下生存、茁壯，還產生薰香。[10]

法拉推測，這些儀式是要對樹木表達敬意，甚至安撫樹木。他發現，這想法在阿拉伯採收者之間廣為流傳，不僅在阿曼如此，葉門與沙烏地阿拉伯也不例外。法拉與其他科學家調查這項傳統時，猜測這些信念與儀式可強化採收者的自制力。透過這些儀式，能避免潛在侵入者進入別人的門則拉，竊取別人家的樹木乳汁。

在聽了薩德與法拉的說法之後，我想到乳香在故鄉如此脆弱，薰香採集史又綿延如此悠遠（或許已有四千年之久），但群落未遭到嚴重傷害，實在了不起。我在想，在採集珍貴的乳香樹脂之前先進行儀式與祈禱，能產生克制之效，避免乳香樹膠遭到濫採，即使乳香已經跨大陸運送有數千年歷史。

葉門、阿曼與沙烏地阿拉伯的採集者大概知道，若消滅了最珍貴的資源，就沒多少其他沙漠植物、動物或礦物可用來換取食物。尤其在乾旱或政治動盪期間，乳香交易可能是少數可仰賴的資源。然而，乳香能如此長壽的另一個理由，則是另一個阿曼巡林者告訴我的：「我們不能不保護這種植物，因為我們的歷史就是來自乳香樹。」

於是，我想到其他沙漠居民，尤其在時機最差時，無法靠著灌溉綠洲來取得食物的畜牧者與狩獵採集者。擁有可買賣的神祕藥物、香料或薰香，或許能讓他們在最艱困的時期免於飢餓。

我曾在墨西哥沙漠，與遊牧的塞里印地安人（Seri Indian）一起生活與工作。他們就是這樣的例子。[11]歐洲傳教士一來到印地安人傳統的地盤時，印地安人就會使出計謀，讓耶穌會教士不知不覺中，支撐了塞里人的兩項經濟策略。首先，塞里人會把柯巴脂等薰香、荷荷芭等藥物及奧勒岡等香料和傳教士交換食物，而傳教士就把這些東西送回歐洲。之後，塞里人得知這些外來者有什麼存貨時，就悄悄搶劫這些外來交易夥伴的倉庫，奪取更多食糧。

我離開沙漠山高地，前往港口城市薩拉拉（Salalah）。我帶著一把乳香珠子，準備在夜晚焚香。我手上這些晶亮的珠子不大，但據說在阿曼灣與阿拉伯海的沿岸市場與觀光商店，乳香要價不菲，每公斤可高達五十美元，比沙漠採集者賣出價格高了二十到二十五倍。我決定親自走一趟市場，看看這說法是否真確。

我一進入市場，就發現我過去推測乳香的貿易祕密正確無誤：小小的乳香珠子和一粒麥子差不多輕盈，最適合長途買賣。當然，乳香在經濟與神祕的價值，必然大於交易物本身。我想，這就是過去四千年來，諸多香料商人都使用的祕訣：盡量把輕如鴻羽、卻令人永難忘懷的東西帶到天涯海角，但不要帶沉重如鉛的無趣之物。換言之，要盡量交易力量大的香料與調味品，因為這些東西是理想與夢想的實體化身。這些東西是介於實體與精神層次，提醒人世上除了看得見的事物之外，還有其他東西存在。

這些虛無縹緲的東西，遠比多數實體之物還深植於我們的想像。三千五百年來，甚至長達五千五百年的時間，薰香、香料與香草能引起人類注意，激發人類想像。[12]這些東西不僅是值得買賣，甚至賠上性命也在所不惜。

薩拉拉是朵法爾高地附近地勢最險要的港口。這裡的人靠乳香過活，偶爾也有人因乳香送命。來到位於海岸平原邊的古城遺跡，可眺望阿拉伯海，而這一帶就是古代貿易中心佐法兒（Zhafar）。這處有自然地勢防護的港口，距離高地僅僅十八哩，若騎駱駝往來並不遠，因此除了水手與送貨者之外，還吸引了許多其他行業的人。來到港口的人包括磨香者、製香者、混香者、薰香盒或香爐的雕刻師，[13]還有駱駝夫、剝製騾皮的人，他們把芳香貨物從沙漠中帶到海邊的歷史，長達三千五百年。

我一到薩拉拉，沒多久便找到城裡最大的市集，這裡買賣的東西有的很神聖，有的很淫穢，但最吸引人的當然永遠是乳香。我行經十幾間商店，店內飄出的煙不僅直達天際，也往外招攬顧客。我很難不流連忘返。

這些商店小小的，看上去稍嫌俗豔，卻比中東其他市集的香料商店優雅得多。商店焚著薰香，喇叭同時播放刺耳的阿拉伯音樂。我以為顧客只買得到乳香，實際上還買得到沒藥、檀香與麝香。這裡販售的各種薰香、本地產香水與芬芳香草其實不下數十種，不僅僅招攬觀光客，連阿曼人也經常光顧。

西方人或許不知道，阿拉伯半島南部的居民視薰香為滋補之道。阿曼商店與市場中，最受歡迎的食譜書《阿札夫》（*Al-Azaf*）中，收錄二、三十種薰香配方與香草香料。[14]這些食譜把沉香木（oud）油與黑麝香搭配、龍涎香與檀香搭配、番紅花配蝸牛、丁香配玫瑰水，混合出許多馨香的配方。不過在市集販售的所有芳香商品中，唯有乳香是單獨存在的。乳香是獨奏家，其嗅覺旋律太脫俗，阿曼人不願以其他調性遮掩。

一時間，我產生了幻覺。我在一條露天走道上的各家薰香商店進進出出，漸漸覺得難以動彈，感官從來沒有這樣被各種意象轟炸。這確實是煙與鏡的土地。商店放置鏡子，讓空間看起來更大，增加彩色的光更多，還能映出薰香陶爐裊裊上升的煙霧。幾乎每間薰香店都擺設造型時髦的香水噴瓶與瓶子、香爐與熏爐、一袋袋質樸的乾燥薰香，還有晶亮小碗裡裝著的樣本。但除此之外，烏德琴樂音、南腔北調、女人身穿顏色絕美的絲袍搭配漂亮的珠寶與圍巾，看上去美極了。一切是那麼和諧。六、七種薰香的煙慢慢盈滿我的肺，我眼前的世界似乎成了幻覺。

一名年長的索馬利亞阿曼店主，發現我一臉茫然。她手上與手肘以下布滿細密的指甲花彩繪，臉上露出微笑，以優雅的英國腔邀我進入她的小店。她喚我坐下，要我好好學習如何分辨五種等級的乳香。她說，她會告訴我如何把乳香妥善放在傳統陶製焚香器的炭火上，讓香氣蒸發，而不是「燒掉」絕大部分的香氣。

她解釋，對於外行的觀光客來說，一開始可能分不出各等級的乳香細膩差異，但花點時間學習分辨絕對值得。最貴的是霍傑伊乳香，價格是次一級尼亞迪（nejdi）的三、四倍。店家的技巧在於能多快看穿客人對於乳香的了解。

她假裝示警，杏眼透過細膩的眼影線條而加大，她說有些同業競爭者擺出等級低的「礦物」，那顏色與質地和頂級乳香差不多。她悄悄告訴我，有些無良商人會把一塊塊的尼亞迪乳香，甚至品質更差的夏茲里（shazri）乳香當成頂級乳香販售。

「他們用幾個乳香珠子，大敲你竹槓，」她皺起眉頭。她發誓，自己從沒幹過這種事，我可把信任交到她以指甲花彩繪的手上。

我開始恍神，沒仔細聽她接下來的銷售話術，反倒想起歷史學家在談到沒藥與香料在古代經濟中所扮演的角色時，所整理出的片段。

最上等的霍傑伊乳香或產自葉門附近的同等級乳香，每一磅在古羅馬要價六個迪納爾（denarii），和薑差不多，比黑胡椒昂貴，更是小豆蔻的兩倍價格。相同重量的沒藥價格又比乳香貴一倍，因為沒藥會乾燥縮小。不過，羅馬人的沒藥進口量與使用量，遠不及乳香。在羅馬時期晚期，從阿拉伯半島南部以駱駝商隊運送乳香到地中海區，一匹駱駝的費用為六百八十到一千迪

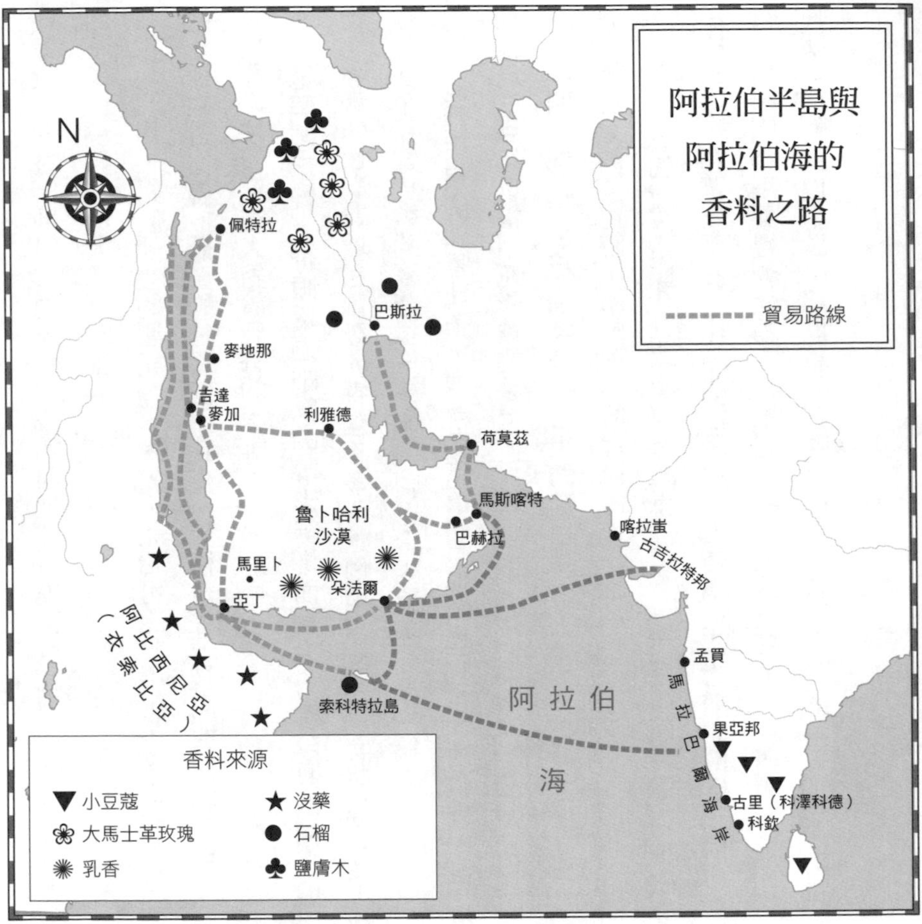

地圖一：阿拉伯半島與阿拉伯海的香料之路

納爾，比同時期在巴勒斯坦的全年生活費還貴五倍以上。在乳香交易中，每年從地中海岸、波斯與印度有近一千萬迪納爾的貨物，從一千七百哩路流回。[15]

在沙漠地區，只有不到千分之一的地表可耕種。乳香促進貨物從水源相對豐富的地區，流入朵法爾與哈德拉毛。阿拉伯福地的閃族，用乳香（羅馬人稱為「olibanum」）交換各種他們無法生產的實體物品，包括絲質束帶、薄紗、藥用軟膏、不甜的白酒、二粒小麥、銅器皿與銀盤。當然，阿拉伯福地仍有小小的灌溉綠洲分散在各處，因此多數部落能有椰棗、穀類與其他栽種食物，但對遊牧民族而言，乳香交易仍是取得這些東西的方式。

在阿拉伯與腓尼基航海家取得航海優勢之前，要在這麼漫長的距離運送乳香與其他貨品，只能仰賴駱駝。單峰駱駝最初馴化之地，可能是在阿拉伯東部，距離今天薩拉拉不遠的海岸聚落。最初單峰駱駝可能被當成野生資源，因為駱駝奶可抵擋眼部微生物感染。早在亞伯拉罕的時代以前，閃族人就會用有殺菌功效的乳香治療發炎、癌症與眼部腫瘤。葉門曾發現近三千年前的駱駝泥像，意味著駱駝很快成為阿拉伯經濟體的基礎物種，也是靈性的代表，因為駱駝不僅可以提供奶，還有毛、肉、可燃燒的糞便、有藥效的尿液、皮革，又能幫忙運輸。一頭成年駱駝可扛起多達一百三十磅重（約六十公斤）的貨物，還可在沙漠中每天行走二十二哩路（約三十五公里）。在狂風呼嘯的沙漠中，沒有其他馱獸能與之匹敵。駱駝隆起的背部，在短路程中可以扛得比馬還多，扛起六百五十磅（約兩百九十五公斤）也是稀鬆平常。[16]

無怪乎乳香最初出現的地方，會離原產地那麼遠——在三千到三千五百年前的埃及。那時駱駝大概已馴化為能擔任長途運輸的可靠動物了。阿拉伯語中，大約有九百個詞彙和駱駝有關，而阿拉伯人也以許多美妙的隱喻，把駱駝視為夥伴、來自阿拉的贈禮及航行工具。在駱駝歷史活動範圍中，被稱為「沙漠之舟」，沒有其他動物能和駱駝一樣，穿越廣大的黃沙之海。駱駝、香料商隊與薰香交易，不僅有共同的歷史，還將閃族推向相同的經濟軌道。無怪乎在薩拉拉市集中，隨處可見駱駝商隊的圖片，還有小小的單峰駱駝複製品。

那名年長的店主拍拍我的肩膀。「抱歉，先生。你怎麼了？睡著了嗎？回去休息之前，要不要跟我買東西啊？」

我甩甩頭，讓自己清醒。我決定跟她買四分之一磅的霍傑伊乳香，及裝飾素樸的薰香爐，以免繼續出糗。

「真抱歉，」我回答，「我長途跋涉才來到這裡，實在累壞了。」說完便趕緊付錢，購買夢寐以求的乳香香氣。

我有幸一睹乳香在野外的生長情況、如何收集乳香樹脂，還有數千年來，乳香仍在同一處港口的露天市集出售。顯然，只要拿採收的一小部分乳香，就能在外界換取更多東西，或販售到更高價格。光是這一點，就足以使山語者投入更多外地香料交易——即使在史前時代，世界各地的人都是如此。

不過乳香交易立刻變成了更廣大、更普遍的東西，世界上其他三百種香料交易只能望其項背。它培養了人對「他方」、對異國或外地難以滿足的渴望，促使一些人離開平凡枯燥的日常生活。它刺激人類去想像眼前境況、想像他們想產生連結的地方。這最初的刺激，或許導致了無可抵擋的全球化。一切的起源，是三千年前閃族人漫遊的乾荒偏遠之境。

想到這裡，我覺得更疲憊了。我拖著勞累的身體，回到住宿之處，在簡單薰香爐點起小小炭火，讓幾滴霍傑伊乳香之淚揮發。我躺在床上，便明白光是在空間穿越九千哩的路途並不足夠。我必須設法回到過去。我閉上眼，讓乳香超脫世俗的煙霧帶我離開。

第二章

商隊離開阿拉伯福地

我順著乳香之淚與沒藥的裊裊薰煙，離開阿拉伯半島，越過非洲之角（Horn of Africa），最後在藍尼羅河峽谷（Blue Nile Gorge）的火山邊緣雙腳落地，四周是火山岩大地。在近七百年歷史的德布雷利巴諾斯（Debre Libanos）修道院附近，我聞到多種香料共同散發出的氣味，那些香料全部位於大樹下的古老市集。在這樹下，能望見藍尼羅河的支流阿貝河（Abay River）。眼前的迷人色彩與陌生話語，迎接我進入晨間的香料市集。聚集在此的商人有些住在附近，也有人遠道而來，共襄盛舉。

我聞到一股夾雜泥土與芥末的氣味，直覺那是薑黃（*Curcuma longa*），一種和薑類似的根莖。世界各地都有人會用薑黃，幫助身體疲憊與年邁者減少感染。孩童生病時服用薑黃，也可刺激免疫系統發揮功效。

薑黃 Turmeric

薑黃（*Curcuma longa*）是薑與南薑的親戚，會散發出帶有土味的濃烈香氣，還有頗為討喜的苦味。嫩的薑黃根莖是淡淡的綠色，和鉛筆一樣細，乾燥之後會呈現橘黃色，而表皮底下的顏色更深。薑黃源自南亞，今天多在印度種植。以前，薑黃靠著橫跨陸地的駱駝商隊，送到印度次大陸以外，抵達小亞細亞的亞述與蘇美。

到了西元八世紀，阿拉伯獨桅帆船往西跨越印度洋與阿拉伯海，把薑黃送到葉門與東非，包括由留尼旺、模里西斯和羅德里格斯島組成的馬斯克林群島（Mascarene Islands），還沿著柏柏爾人、貝都因人與猶太商人控制的商隊路線，送到撒哈拉沙漠以南的非洲。阿拉伯帆船也往東航行，在西元七世紀把薑黃送到中國，並在中國逐漸廣為栽培與使用。馬可波羅就看過不只中國栽種薑黃，連蘇門答臘與印度的馬拉巴爾海岸也有種植。

不過，薑黃名稱的傳播路線似乎不同。這可能與阿什肯納茲猶太人（Ashkenazi Jew）在較北邊的商路有關。希伯來文的薑黃稱為kurkum，同源詞包括意第緒語、希臘文、義大利文、保加利亞文、俄文、烏克蘭文、芬蘭文、挪威文、德文、愛沙尼亞文、捷克文、克羅埃西亞文、荷蘭文、布列塔尼文、加泰隆文、西班牙文甚至韓文。英文的薑黃turmeric，概念則是源自法文，並源自於拉丁文的terra merita，意思是「值得讚揚的泥土」，難怪有人說薑黃粉的外觀，看起來和貴重礦物不無類似。Turmeric與kurkum的詞源相近，都是指黃色的根，其他語言的薑黃也有類似的意思。

Green, Aliza. *Field Guide to Herbs and Spices.* Philadelphia: Quirk Books, 2006.

Hill, Tony. *The Contemporary Encyclopedia of Herbs and Spices.* Hoboken, NJ: John Wiley and Sons, 2004.

Katzer, Gernot. "Gernot Katzer's Spice Pages." http://gernot-katzers-spice- pages.com/engl/index.html. Accessed May 8, 2013.

Sortun, Ana, with Nicole Chaison. *Spice: Flavors of the Eastern Mediterranean.* New York: Regan Books, 2006.

為了尋找這強烈氣味的來源，我在臨時市集的擁擠走道上穿梭。這裡像是一群人在開跳蚤市場或野餐，反倒不像真正的市集。我瞥見一名年輕黑人女性朝我打招呼——這來到市集的外地人，惹得她吃吃笑。

我看著她，以及她賣的東西。她席地而坐，身穿藍灰色長袍，上頭以新月和六角星裝飾。她頭上披著一塊長長的紫色布料，眼神窺視我，示意我停下腳步，品嚐堆著她面前的毛巾上類似金粉的東西。我彎下腰，捏了一小撮，並舔舔食指。我真喜歡那帶點土味、胡椒、微苦卻美妙的滋味。這正是我在尋找的薑黃。

突然間，我彷彿連結到比我誕生前還要久遠得多的貿易傳統。在這一帶，香料、薰香、藥用茶與芳香植物的採收與買賣，歷史長達上萬年。這些產物跨文化的交易經過時間考驗，重要性不言自明，遂延續至今日。薑與薑黃源自於遙遠的地方，後來進入了家家戶戶的院子菜園。如今，本地人以為這些香料本來就生長在他們的土地上，彷彿祖先能唾手可得這些芬芳植物的根部。

這個每週一次的香料市集，是由說阿姆哈拉語（Amharic）的衣索比亞人舉行，他們成群居住在阿貝河上方的斜坡上。外地人知道，峽谷底下的這條河是藍尼羅河支流。香料商人聚集在這堅硬的大地上，峽谷邊緣顫巍而立的巨大無花果樹為他們遮蔭。婦女來自步行可及的德布雷利巴諾斯（意思是「黎巴嫩兄弟」），也就是科普特修道院（Coptic monastery）。她們以披肩裝滿剛採收的農作物，每週爬上山，前來大樹下一次，把貨物攤開在手工織成的布料或織籃中，放在大腿前。

我踮著腳，在販賣五花八門商品的小攤子間行走。我的前後左右盡是成堆的辣椒、薑黃粉、薑、沒藥與葫蘆巴（fenugreek），實在沒什麼空間讓我落腳。我嗅到附近烤葫蘆巴種子飄來的淡淡焦糖苦味。我遇到的衣索比亞人，都喜歡把烤過的葫蘆巴子（abesh）磨成粉，加入許多食物，例如在類似可麗餅的因傑拉（injera），一種用發酵苔麩（teff）粉做成的餅。

我環顧四周，這棵無花果樹下人潮洶湧。我總覺得，早在人類開始用瓦罐煮野菜時，這處露天廣場就存在了。那時人類會圍著營火，彼此訴說故事，交換食物。這為商人遮蔭的傘狀古老大樹，說不定就是傳說中那棵「人類誕生的樹木」。[1]

如此古老的市集，為什麼仍如此朝氣蓬勃，不只向我這臨時造訪的人招手，也引來許多當地人？人類是不是藏著某種基因，致使我們想品嚐有異國風味、味道強烈的芬芳之物？這樣堆滿香料、薰香、綠色咖啡豆、穀類、豆類、膏藥與茶的市集，似乎是讓各路人馬從附近山谷、河谷與山上前來，齊聚一處的原始方式。

三千五百年前，附近香料交易出現新變化，雖然那種嶄新的發展，是在四千八百年前就從諸多各自獨立的經濟體慢慢發生，累積而成。這變化最早可能是發生在非洲東部，或在阿拉伯半島南岸。我不知道最初發生的地點或是從哪個民族浮現，但這現象傳播後，改變了世界經濟與生態的軌道。

我在阿曼南部時，曾有機會造訪半島上最古老的香料交易中心之一。先前提到的轉變應該早在史前時代就發生，並使市集的性質成為我們今天熟知的模樣。這處香料交易中心比阿拉伯海略高，周圍有火山露頭包圍的小河灣。有人獨具慧眼，知道這河灣既美觀又實用，是極佳的天然屏障。

我是在那地方開始有人居住後的數千年才抵達，發現船隻不再進入這港口。河灣已成了蒼鷺、白鷺與鸏的避風港。禽鳥來到此地的原因，或許和最早的人類居民一樣。一條鬣狗從河口邊往火山上跑，消失在洞穴中。港口有豐富的魚貝、適宜居住，容易從海上進入，又有屏障。野生單峰駱駝來到岸邊的水潭，尋找淡水。這位置絕佳的地點曾是佐法兒港（Zhafar），位於史前的海港小鎮巴里（al-Balid）。朵法爾省的名稱來源正是古代的佐法兒，如今是阿曼最南邊的貿易樞紐。我曾在幾哩外買到霍傑伊乳香。

傍晚，夕陽餘暉在海面灑下檸檬與玫瑰色的波光。我在巴里鎮附近遊走，以前駱駝商隊就在此處與海上的阿拉伯帆船相遇。知名的旅行作家伊本．巴圖塔（Ibn Battuta, 1304-1377，出生於摩洛哥，史上最偉大的旅行作家之一）在十四世紀，便曾見識過這景象。阿拉伯帆船之後會載著乳香與其他芳香植物，離開山區原生地，穿越海灣，前往遙遠的其他大陸。

「巴里」這個名字，是早期阿拉伯文中永久城鎮的意思，和過去季節性的營地截然不同。不意外地，考古學家已確定這一百六十畝的遺址，確實是四千年前的重要人口中心。[2]那時的阿曼稱為「馬干」（Land of Magan），外地人也知道這裡的人會把銅送到北邊的繁榮城邦迪爾門（Dilmun）。迪爾門是古代貿易中心，位於肥沃的農業谷地，離島國巴林的巴林堡（Qalat al-Bahrain）不遠。

值得注意的是，學者已解讀出巴里發現的部分古代楔形文字，確認了早在西元前二八〇〇

圖二：巴里遺跡。這是印度洋跨大陸交易最早的海港之一。（攝影：作者）

年，人們就會長途運送數以噸計的食糧來交易。同時期的蘇美與阿卡德（Akkadian）碑文也顯示，當時的人會進行海上貿易，路線從美索不達米亞往北到迪爾門島、往南到阿拉伯半島的馬干，往東則到梅路克哈（Melukhha）水域——這可能就是傳說中的香料島，也就是今天的摩鹿加群島。[3]

蘇美與阿卡德的部分碑文，可能是最早關於全球長程貿易的文字紀錄。這些紀錄顯示，閃族中的馬干人會以銅（或許還有薰香藥品或香料），換取數百噸的大麥。數量如此龐大的穀類會沿著波斯灣海岸往南運送，經過荷莫茲海峽，沿著阿拉伯海的海岸，遠達佐法兒港。[4]

人的想法也會跟著移動。商人可能開始動腦筋，思考某地生產的阿魏，說不定與故鄉的優質莪朮一樣有價值；於是他們鉅細靡遺比較出不同的物品之間的相對價值，思索如何利用。

簡言之，來自世上最乾旱土地的閃族，已學會如何用手中的少量貴重金屬、寶石與有功效的植物產品（樹脂、種子、類似肉桂的樹皮、花朵的繽紛柱頭、苞片或花苞），交換世上其他水源較豐之處所盛產的糧食。

讓我姑且推測「學會如何交易」的重要性。香料商人學會基本行銷技巧後，就知道該運用心理策略，說服農夫買個銅鈴鐺送給妻子當項鍊；買個抗發炎的東西來治療背部很重要，就像他需要足夠的苔麩或小米來維持家人溫飽，以免在接下來的歉收季節挨餓。人們會不會以為，來自世界另一個角落的人所擁有的東西，和他在自家土地上所採收或生產的最優質產品，一樣值得渴望、有功效與值得擁有？或許香料商人當初就是靠著這種方式，找到他們無法輕易種植的食糧，例如高粱、大麥、小麥與苔麩，以及蠶豆、鷹嘴豆與扁豆。他們在沙漠之海中，如島嶼般的灌溉土地上發現這些穀類與豆類。住在綠洲的居民表達出他們想要香料的慾望，為日復一日的枯燥糧食帶來變化，為吃膩的餐食增添不同滋味。

椰棗配羊肉、羊肉配小米、小米與椰棗。高粱與羊肉、羔羊肉與高粱。碎麥與鵪鶉肉、鵪鶉蛋與鷹嘴豆燉煮。若某種香料（shadhan）有令人難忘的濃重滋味，能不能為千篇一律的糧食增加些許樂趣？該用什麼東西打破飲食的單調乏味，避免每天處理、烹調與吃東西淪為苦差事？

可以想見，若心中總是掛念著些問題，會出現何種情況。這問題可能使人更不滿意眼前境況、更渴望難以得到的東西。閃米人（至少有一部分），似乎臣服於某種永遠無法滿足的渴望——沙漠另一邊的草總是比較綠。這渴望是無法滿足的，理由很簡單：他們無論到了哪裡，就會創造出某種心靈沙漠，因此永遠到不了「草地」，得不到幸福。

椰棗蝗蟲香料餅

阿拉伯沙漠的遊牧民族在尋找食物時常抱著碰運氣的心態，盼能碰到意外之財或是意外大豐收，讓他們能採收、乾燥，並儲存起來，供日後必會發生的歉收月份食用。這樣的食物必須精巧，不會腐壞，畢竟得在駱駝鞍袋中放幾個月。遊牧民族會把這些食物和邁因人等綠洲居民，交換穀類糧食。

接下來這道料理，參考了伊本・薩亞爾・沃拉克（Ibn Sayyār al-Warrāq）的蝗蟲食譜。作家莉莉亞・札亞利（Lilia Zaouali）認為，沃拉克的著作是世上現存最古老的阿拉伯烹飪書之一。這道食譜是把蝗蟲揉進棗椰糊中，而我加入阿拉伯半島上找到的香料，或數千年來與印度貿易時取得的香料（尤其是茴香與阿魏）。廚師阿娜・索頓（Ana Sortun）認為，加入茴香子可為蔬果增加溫潤、類似薄荷的甜味。世界香料商場（World Spice Merchants）香料公司的東尼・希爾（Tony Hill）說，阿魏（和洋香菜同科）磨成粉之後，會散發出強烈的硫磺臭味，但加熱後能轉化為豐富可口的洋蔥與蒜香。在這食譜中，以前人通常使用野生椰棗，但使用較常見的大椰棗（Medjool）或其他容易買到的栽培品種亦可。盡量別用較珍稀的種類，例如黑斯芬尼克棗（Black Sphinx）。如果找不到（或不敢抓）大量蝗蟲，可改用加鹽的烤蚱蜢（部分墨裔香料行，可買到從墨西哥城進口的蚱蜢）。

搭配熱薄荷茶或冰芙蓉茶。六到八人份。

材料：

活蝗蟲／四杯
水／四杯
海鹽／四分之一杯
芫荽籽／兩大匙
茴香籽／兩大匙
阿魏粉／兩大匙

滷水

水／五夸特（五六五毫升）又一杯

玫瑰水／三杯

鹽／六大匙

椰棗（去皮切碎）／八杯

做法：

抓一群飛行很久後休息的蝗蟲，放進加蓋的籃子。在椰棗樹蔭下，小心將死蝗蟲挑出來丟掉。把活的蝗蟲放進大碗中，加入水與鹽淹過蝗蟲，之後把水倒掉，把蝗蟲放回籃子。

在石研磨缽中，將芫荽籽和茴香籽混合，磨成略微細緻的粉末。加入阿魏粉攪拌。

製作滷水時，將水、玫瑰水與鹽放到七百毫升的容器中，並加入鹽攪拌，讓鹽融化。在瓷盤或陶盤中，把蝗蟲鋪成一公分厚。舀出四杯滷水，淋到蝗蟲上，並在上方均勻撒一大匙混合香料。用重盤子壓在上面，把盤子往下壓，靜置十分鐘。將滷水瀝乾，重新鋪上蝗蟲，澆淋滷水與綜合香料、以重盤子壓，反覆這過程五次，每次靜置十分鐘。每次瀝出的醃醬顏色應該越來越淺，最後一次應差不多清澈了。將滷水沖過的蝗蟲放進陶鍋，加蓋密封，讓容器氣密。讓蝗蟲在室溫中發酵至少幾天或數週。

把蝗蟲放進大碗中，加入椰棗，以手揉成柔軟的混合物。將混合物拍成直徑五公分、厚度半公分的圓餅。放進駱駝皮鞍袋中。

Hill, Tony. *The Contemporary Encyclopedia of Herbs and Spices: Seasonings for the Global Kitchen*. Hoboken, NJ: John Wiley and Sons, 2004, pp. 42–43.

Sortun, Ana, with Nicole Chaison. *Spice: Flavors of the Eastern Mediterranean*. New York: Regan Books, 2006, pp. 72–73.

Zaouali, Lilia. *Medieval Cuisine of the Islamic World: A Concise History with 174 Recipes*. Translated by M.B. DeBevoise. Berkeley: University of California Press, 2007, p. 140.

*

因此，商人和遊牧民族一樣，也有走向天涯海角的動機，原因不光是幫自家的食物儲藏室增添食物，更要讓這些食物能有香料搭配。經濟歷史學家近年確認，閃族商人確實運用奇妙的方式，適應阿拉伯半島的農業與野生資源零星分布的情況。他們遊走在環境迥異的零星田地間，成為有效率的商人，重新分配多樣性與財富。[5] 他們不僅得採用某種移動方式，更須具備當時世上其他地方的居民鮮少具備的心態，才能做成生意。

我離開朵法爾、遠離乳香的生長區，造訪阿曼北部的露天市集時，才明白這些早期商人多麼重要。那時我與妻子蘿莉（Laurie）和優秀的農業科學家蘇萊曼．康嘉里（Sulaiman Al-Khanjari）一同旅行。他與許多阿曼人一樣，家族來自尚吉巴。我們一到海岸大都會馬斯喀特，蘇萊曼就問我們願不願意再去一趟香料市集。「你們看到的東西會和在薩拉拉看到的差不多，但我希望你們見見今天可能會在市集出現的某個人。」我隱約覺得，蘇萊曼說這段話時眼睛閃閃發光。

我們到了露天市集之後，在狹窄的走道上寸步難行，成群的阿拉伯年輕人想要買衣服、珠寶、電子用品、手錶、拖鞋、鞋子，當然還有香料。蘿莉和我想跟上蘇萊曼的腳步，無奈總是被阿曼擁擠的人潮沖散，因此落後朋友兼導遊幾公尺。好不容易趕上之後，蘇萊曼把我們拉到一旁，解釋下一步。「我先去和一個朋友見面，他的店面在那邊的小階梯上……看見了嗎？對，就是那間。如果他在上面的話，我會跟他聊一下。等我招手示意，你們再過來。」

我看見蘇萊曼向一名身穿白色長袍、頭戴白色小圓帽，腳上穿類似拖鞋的男子招手。他們兩個人穿著一樣的服裝，彼此擁抱一下，便開始悄悄聊了一會兒。終於，蘇萊曼朝我們揮手，示意我們過去。

「來自美國亞利桑那州的納卜漢博士，來見見你失散多年的堂兄吧——阿曼馬斯喀特的乳香商人納卜漢先生。」蘇萊曼咧嘴一笑。之後，他把方才的英文翻譯成海灣阿拉伯語，給身旁的中年男子聽。這名男子比我矮，有一頭黑髮，眼袋和我的近親不無類似。他的皮膚和我父親一樣是橄欖色的。

「Al-hamdu lilah!」（讚美神！）這名香料與薰香商人對我微笑，之後握起我的手。他請蘿莉一起來照個相，還送我們乳香當禮物。我們開始問彼此問題，薩萊曼慷慨當起翻譯，自行增加一些背景說明。

「阿曼是不是有很多納卜漢尼家族的人？」我問。

這位商人點點頭。「對，他認為如此，」蘇萊曼解釋。商人繼續說阿拉伯語，蘇萊曼聽完，再翻譯給我聽。「你們這個姓氏的人在這裡已經很久了……或許有一千四百年，甚至兩千年。所以囉，住在這兒的納卜漢尼家族人數眾多……就在附近的村子裡。」蘇萊曼之後加上顯然是他自己的說法：「他們就像是你們國家姓史密斯或瓊斯的人！他們說，納卜漢尼家族是和其他哈德爾族（al-Hadr）的人一起從葉門來的；我不知道是多久以前。」

這位可能我遠房堂兄的乳香商人滔滔不絕解釋，蘇萊曼試著翻譯得更精確些：「是很古老的部族……你們怎麼說的？開枝散葉吧！有許多謝赫（sheikh，阿拉伯語常見的尊稱，是部落首領的頭銜）呢。」主人之後問，在我們國家是不是有許多納卜漢尼家的人？如果有，他們是從哪裡過去的？

蘇萊曼把我的回答翻譯成海灣阿拉伯語：「我的祖父母和姑姑是在黎巴嫩靠近敘利亞邊界出生。他們在一百年前搭船，從貝魯特出發前往馬賽，之後到美國紐約。還有人去了墨西哥或巴西。」

蘇萊曼翻譯完我的回答之後，便與納卜漢先生你來我往，聊了幾分鐘。終於，蘇萊曼回過頭，對蘿莉與我咧嘴一笑。「他想知道你們家在美國的商店裡，賣些什麼東西。」

我在想如何回答阿曼商人納卜漢先生時，也想起最早抵達紐約埃利斯島（Ellis Island）的家族成員，曾挨家挨戶兜售香料、包裝香料，或在布魯克林的亞特蘭大大道（Atlantic Avenue）的街角雜貨店販賣香料。

我小時候為了賺零用錢，曾挖掘番紅花的根，並在墨西哥的索諾拉州（Sonora），與原住民朋友一同採收野生的奇特品辣椒（chiltepin）與墨西哥奧勒岡，然後當中介人，賣給零售商店。現在我在亞利桑那州沙漠高地的小農場上還種了二十多種椒類、薄荷與奧勒岡。

我抬起頭，看見納卜漢先生與康嘉里博士還在等我回答。我知道自己無法以阿拉伯人能理解的方式來解釋，遂簡單回答：「對，我的家人曾在美國買賣香料，不過我自己是老師……與農夫。」我請蘇萊曼向主人解釋。「一開始，我祖父與叔叔伯伯們賣過香料。我在美國採收過 fulful（辣椒）與 za'atar（香草），裝滿一卡車之後，賣到其他國家。」

納卜漢先生是從未離開過故鄉的乳香商人，露出會心一笑，好像總算確信我是他的遠房堂兄弟。

我在葉門資料館找不到任何阿拉伯系譜，因此無法輕易得知我們的親緣到底有多近，或者到

圖三：肯亞拉穆海域附近的獨桅帆船。這是早期香料商人重要的航海工具。（攝影：卡爾．雷格納．吉爾森 [Karl Ragnar Gjertsen]）

底幾代以前的納卜漢尼家部落祖先，進入傳統香料這一行（其實是種偏好）。我們只知道，數千年前出現的嶄新發展，影響閃族人在薰香、藥草、麝香、染料與香料集結處的行為。

商人最初是靠著半馴化的駱駝與小帆船，把這些貨物送到離產地十分遙遠之處。他們橫跨大陸，來到相異的文化環境，那裡的人說的語言是他們從未聽過的。起初，商人們只能騎駱駝旅行，因為駱駝一天能在平地上走上二十二哩路。後來，商人終於找出辦法搬移較重的香料、薰香與藥草等貨物，且搬運得更遠，超出馱獸的負擔範圍。

商人開始打造小型阿拉伯帆船，在阿拉伯海與印度洋的遠海航行。他們的目標是，在順風的情況下，每天要比最強健的駱駝走得更遠。當然，在這個時期，許多文化已經想出如何在海岸的淺灘與附近礁島後方的潟湖航行。他們的小船是靠著動物皮囊浮起，並使用縫製獸皮、蘆葦束，或挖空的棕櫚或樹幹做成。

但我認為，來自阿拉伯南邊與東邊的水手更有企圖心。他們架起船桅，並在船桅上掛起可操控的大船帆，使水手們能順著風向，改變船帆方向。他們穿越海洋，靠著季節風向讓小帆船往返。不久之後，在半島的海灣或淺灘航行已不能滿足他們，於是他們開始用遙遠的地標與星斗，在更遼闊的水域辨識方向。

半個多世紀以前，歷史學家喬治．法德洛．胡朗尼（George Fadlo Hourani, 1913-1984，是黎巴嫩船商之子）開始思考，為何阿拉伯人最早通曉航海探險之道。胡拉尼在文筆優美的經典之作《古代與中世紀早期印度洋的阿拉伯航海人》（*Arab Seafaring in the Indian Ocean in Ancient and Early Medieval Times*）中，大膽提出主張：

> 阿拉伯海岸的地理條件有利於航海發展。阿拉伯半島三面環海，海岸線甚長，從蘇伊士灣（Gulf of Suez）開始延伸，繞至波斯灣（Persian Gulf）。海岸線附近是阿拉伯最富饒的地方：葉門（al-Yaman）、哈德拉毛與阿曼（Umān，原書應為誤植）。從海上往返這幾個地

方，並不比跨越這幾處間的沙漠與翻山越嶺危險。許多阿拉伯人想和鄰國做生意，只要穿越紅海與波斯灣所包圍的水域，就能聯繫兩個古代財富與文明中心——埃及與伊朗，以及美索不達米亞。最重要的是，紅海與波斯灣有尼羅河、幼發拉底河與底格里斯河注入，成了進入地中海盆地與東亞的最佳管道。於是，阿拉伯人能跨足世界兩大貿易路線。[6]

有些阿拉伯半島南方與東方的閃族顯然不再滿足現狀，因為他們更常透過長途貿易，與其他文化的人接觸。這或許只是一種臆測，但他們的信仰體系似乎與當時眾多泛神信仰與多神信仰分道揚鑣。

這些不安定的靈魂或許是放眼世界，但同時情感與道德也較為「居無定所」。人類生態學先驅保羅・雪帕德（Paul Shepard, 1925-1996）曾指出，中東沙漠的獨特閃族心理，代表人類史上的轉捩點。「這些舊約聖經中的先祖們是史上最有企圖心的人，懂得善用居無定所的情況……閃米人的暴風雨神是會四處遊歷的神祇，能在任何地方出現，不局限於某個地點。」[7]

有趣的是，他們無論旅行至何處，甚至定居他鄉之時，都不遺忘他們的神。因此閃族的各族群不會因為遠離故鄉，便失去文化認同。換言之，他們的身分認同似乎與實際生活地點無關，即使心中仍多多少少眷戀著祖先的老家。

猶太神學家亞伯拉罕・約書亞・赫舍爾（Abraham Joshua Heschel, 1907-1972，出生於波蘭，後移居美國的拉比）雖然不像生態學家夏帕德那樣，提出居無定所那麼尖銳的說法，但赫舍爾承認，閃族的核心信仰在某種程度上，和其他近東文化大不相同。赫舍爾指出，在他們心中，有些閃族否認這個觀念：「神居住在空間，例如在山脈、森林、樹木或岩石等特定的神聖地點；神局限在某個特定地點。」

相對地，赫舍爾推測，多數閃族宗教漸漸接受的概念是「空間（或者聖地）和神的性質是不同」。[8]如果神在任何時空都會出現，而不局限在特定地方，那麼經濟機會也是。

阿曼的閃族航海人似乎打算落實這可能性，遂展開六、七十天的長途跋涉，前往異鄉，而異鄉居民總渴望購買他們的新奇貨物。一、兩千哩長的旅程突然變得稀鬆平常。從三千兩百年前美索不達米亞的文字紀錄來看，阿曼與葉門的乳香已更頻繁、更大量出現。

為了迎向商隊及商船的長途運輸，以及跨文化交流等諸多新挑戰，因此能說多種語言的獨特商人階級興起。這些商人設法克服了商隊或航海上的運輸困難，還能靈活學習不同的語言，能以吸引人的方式，向其他人訴說產品有何神奇妙用，以及運送過程中曾發生哪些冒險。他們也開始談買賣，且不只一次性的買賣，而是大量買賣。

有些人固然天生就是語言天才，各文化中也不乏有說故事天分的人。不過閃族的香料商人會培養年輕人的這兩種能力，這樣常駐在遙遠異鄉的成員便能以外國語言，訴說商人經歷的神祕層面。頂尖的香料商人太了解，他們不只是販賣熱量、藥品或香氣，更是販賣這些商品所附帶的故事，因此要以故事來強化每種品項的價值。

如今能喊出名字的最早商人文化，是來自龐特（Punt）國的邁因人。部分歐洲人以龐特國稱呼古阿拉伯南邊的薰香王國，包括今天葉門與阿曼南方的朵法爾區。龐特也是聖經學者認為傳說中示巴女王（Queen of Sheba）的居住地，雖然這個薰香王國的正確名稱是薩巴（Saba），而非示巴。最好的乳香來自哈德拉毛與朵法爾高地，不過這些地區西邊、邁因國（Ma'in）的邁因人，是最早把乳香賣到更廣區域的商人。他們最初可能在靠近季節性紮營之處，用乳香換取灌溉綠洲所生產的糧食作物。後來他們在更廣大的區域，以乳香換取其他產品。

當然，他們長久以來，已與其他人交易的當地物產包括野生茴香籽、肉桂類樹皮、靛青染料甚至沒藥。位於北邊的邁因國營地，只要幾天的時間就能取得這些商品，之後把這些野外的產品，換取南邊薩巴、提姆納（Timna）與夏布瓦（Shabwa）國度中，水源較豐富的綠洲村落所生產的穀類、豆類、椰棗與藥草。皮製品與金屬也從不同的貿易路線送來，不光是從一條乳香之路而已。[9] 多數邁因人住在偏遠的內陸，位於阿拉伯福地與阿拉伯沙漠（Arabia Deserta）之間的交界。

歷史上有很長一段時間，邁因人控制了最後幾處以石牆包圍的小型綠洲，也就是定居的阿拉伯人所居住的地方：雅什里布（Yathrib，後來改稱為「先知之城」[Madinat Rasul Allah] 或是麥地那 [Medina]）與蓋爾諾（Qarnaw）。這時，邁因人的商隊還沒開始前往遊牧民族漫遊的魯卜哈利沙漠之海，也尚未到尼亞德邊緣的乳香或沒藥樹林收集乳膠。

不久之後，邁因人經常往返兩個極為不同的世界：一是在沙漠野地採集香草、薰香與有用藥物的遊牧民族，另一則是栽種小米、椰棗、芝麻與亞麻，還會用番紅花與槐藍為生活增色的定居部落。

善於說故事的邁因人想出無數方式，讓定居農民覺得遊牧文化相當神祕，反正這些定居者忙著灌溉，根本無暇探索外界。同樣地，邁因吟遊詩人也設法讓遊牧民族羨慕農人在永久的農莊與村落所累積的財富。邁因人遊走於這兩個世界，學會如何輕輕鬆鬆，將兩者玩弄於股掌間。

西元前一二〇〇年到前六五〇年，這群擔任中介者的邁因人逐漸牢牢掌握早期半島南邊的香料交易。雖然他們的勢力從未擴張到整個半島，卻替未來的跨區交易鋪好路。歷史學家卡洛琳·辛格（Caroline Singer）指出，邁因人在熱鬧的交界社群扮演樞紐角色，包括夏布瓦綠洲哈德拉毛人與馬里卜綠洲的薩巴族群，及航海時期運送香料的主要港口坎納（Qana）：

> 商人本身或許並非夏布瓦的本地人；沒有證據顯示，哈德拉毛人或薩巴人曾當過香料商人。顯然，有個非常特定的南方阿拉伯人群體，扮演著長途商人的角色——他們來自邁因國。根據老普林尼記載，邁因人是羅馬世界最知名的南方阿拉伯人。他們會帶著薰香商品到敘利亞、埃及與亞述，還會到希臘與羅馬世界。他們還建立起活躍的商人網路，在商路上

的各個關鍵點，都有行政長官監督。在卡塔班首都提姆納、哈德拉毛的夏布瓦、偏遠的底但（Dedan）綠洲，還有埃及的亞歷山卓等諸多城市，都有邁因商人的聚落。[10]

值得玩味的是，整個阿拉伯半島的薰香與香料商人（例如邁因人），常把最珍貴的香料藏在遠離港口小城的地方。好港口固然很難得，卻也難以防守，容易被不懷好意的外來者入侵。比方說，行蹤不定的納巴泰人就住在佩特拉這座隱密的城市。多數香料商人都會造訪這處內陸綠洲，畢竟掠奪者若想前來此地，得先穿越環境嚴苛、毫無變化的沙漠，之後又得進入堡壘，才能找到最珍貴的貨物。如今的阿曼與葉門，過去都有這樣隱密的香料儲藏處。

蘿莉和我在阿曼時，曾造訪巴赫拉要塞（Bahla Fort），那是過去香料商人使用過的堡壘中，最具代表性、最完整的一座；我的納卜漢尼家族祖先也曾來到這裡。這神祕的堡壘城市深居內陸，距離我祖先曾掌控交易的幾處港口相當遙遠。我們往內陸前進，先穿過荒涼的海岸平原，來到布滿碎石的乾涸河床，又在低矮的石灰岩小山上山下山，才看見如今仍令人震撼的巴赫拉要塞。它位於陡峭的石灰岩高原「綠山」（Jabal al-Akhdar）旁。當年我的親族曾掌控肥沃的河谷，失去霸權之後也曾避居在此。首先映入我眼簾的，是濃密高大的棗椰樹林，之後才看見其他聳立在地平面上的輪廓，乍看之下，宛如炙人驕陽下的海市蜃樓。高聳的石牆綿延十哩，城堡般的堡

圖四：巴赫拉要塞是個內陸樞紐，貨物會經荷莫茲海峽、阿曼灣與印度洋，賣到世界各地，如今已列為世界遺產。（攝影：作者）

壘在原野與樹林中拔地而起。

以前人把香料、薰香、椰棗與貴重金屬都藏在這，之後才由駱駝商隊，趁夜晚涼爽時送到海邊。肉桂與小豆蔻、黑胡椒與白胡椒、番紅花與檀香也都囤積在這裡——這些貨物是向冒險犯難、遠道而來的水手購買，他們來自索科特拉島（Socotra）、印度馬拉巴爾海岸、斯里蘭卡或印尼。

我們那天在灌溉溝渠間逛了很久，附近有蠶豆田、玫瑰叢、棗椰園，還有柑橘、石榴與無花果園。這些地方是靠著「阿夫拉賈」灌溉體系（falaj）滋養，從荒蕪的石灰岩山坡收集雨水，儲存起來供城牆內的綠洲使用。我們造訪過鋪著石頭的祈禱池、浴池，還有蜿蜒的運河穿過蔭涼蒼翠的世界。這裡和城牆外被烈日燒灼的沙漠有如天壤之別。

後來，我們來到尼茲瓦（Nizwa）附近一處有販賣蔬果的市場，當地居民阿里．馬蘇德．蘇比（Ali Masoud al-Subhi）加入我們的行列。阿里告訴我們，他有個特別的東西要讓我們瞧瞧。他帶領我們來到一處果菜攤，顧攤子的老人在打瞌睡，臉被白袍（jalabiyah）遮著，彷彿正午暑氣使他沒力氣招呼顧客。他前面的白色檯面上放著兩呎長的棕櫚穗狀花序，上頭結著剛採收的椰棗。「吃看看，」阿里悄聲告訴我，「別擔心，我們不是在行竊。我會把錢留給老人家，他醒來就會看見。」

我從棕櫚花序上掐下幾個成熟的棗子，一個給蘇萊曼、一個給蘿莉，第三個給自己。我牙齒咬破深巧克力色的皮，焦糖色果肉真是甜美無比。

我抬起頭，看見阿里已經在櫃檯上放了幾個銅板，又摘了個椰棗。他以拇指和食指捏起，好像把椰棗當成了科學標本。「朋友，這叫做『納卜漢尼』椰棗，只在這裡生長，其他綠洲可能都找不到。或許是很久以前，為你的家族命名的。」

在阿拉伯半島上，所有有灌溉水源的棗椰綠洲，對阿拉伯民族歷史而言，這些綠洲的重要性不言而喻。尼茲瓦、巴赫拉，以及葉門中北部阿德漢納谷（Wadi Adhanah）的馬里卜都是例子。一般認為，這些地方是最早採用水利系統的文明。這些水利系統是在四千年前興建，為當時最浩大的灌溉工程，為超過四千畝的食物與纖維作物供水。

小豆蔻 Cardamom

小豆蔻（*Elettaria cardamomum*）價格昂貴，僅次於番紅花與香草。它含有萜品烯（terpinene）、桉油醇（cineol）與檸烯（limonene）精油，因此香氣濃郁。小豆蔻長在如燈籠般的白綠色豆莢，裡面有二十五個烏黑的種子，散發出兼具檫木屬植物、尤加利、多香果、丁香、樟腦與胡椒的氣味。小豆蔻的香氣刺鼻，卻不失細緻溫暖。

小豆蔻是薑的遠親，可能源自於印度南部西高止山脈（Western Ghats）的喀拉拉山丘（Kerala Hills），在五千年前的古梵語文本中到吠陀時代晚期都曾提過。小豆蔻在西元前七〇〇〇年傳到巴比倫，在西元五〇年之前已經抵達希臘。如今，小豆蔻從印度到瓜地馬拉廣為種植，在斯里蘭卡還有果實較大的品種。

從語言上來看，小豆蔻的陸路貿易可追溯到小亞細亞，海上貿易則到阿拉伯半島與東非。在中東與東非語言中，小豆蔻的名稱相當類似：阿拉伯文稱之為 *habbu al-hayl*；希伯來文、波斯文與阿姆哈拉文稱為 *hel*；亞塞拜然語和提格利尼亞語稱之為 *hil*。這些同源詞是源自於梵語的 *eli*、*ela* 或 *ellka*，可能也影響到印度與喀什米爾語的 *elaichi*、孟加拉語的 *elach*，還有古吉拉特語的 *elchi* 或 *ilaychi*。有趣的是，歐洲語言中（尤其是羅曼語系）和東非、中東與印度次大陸的詞彙截然不同。歐洲語系皆源自於古希臘文的 *kardamomom*，香料學者葛諾・卡策爾（Gernot Katzer）表示，這個詞的來源不明，就和目前尚無法辨認的香料 amomon，以及肉桂（kinnamomon）一樣。其中一種可能的假設是，*amomon* 指的是香豆蔻（*Amomum subulatum*），也就是在印度東北部尼泊爾與錫金生長的大型小豆蔻，但是歐洲羅馬時代之後就不再食用。

阿拉伯半島貝都因人使用小豆蔻的歷史相當古老，今天依然經常使用。其實今天許多貝都因遊牧民族所使用的咖啡壺，在壺嘴都有個小空間用來裝小豆蔻莢。雖然我在中東的阿拉伯近親並非貝都因人，但他們也一樣喜愛小豆蔻。我在黎巴嫩貝卡谷地（Bekáa Valley）的任何人家中，小豆蔻好像會飄進每一個咖啡杯、米布丁（roz bi haleeb），甚至部分早餐吃的麵點（man'oushé）。在黎巴嫩，普通咖啡稱為「mazbûta」，通常搭配點小豆蔻粉，以及一兩滴的橙花水。

小豆蔻是許多重要的混合香料的主要原料，包括葉門的左格香料，敘利亞、土耳其和伊拉克的巴哈拉特（Baharat），印度咖哩粉、印度奶茶與腰果醬，以及馬來西亞的馬薩拉都少不了小豆蔻。小豆蔻莢可和杜松子、肉桂搭配，加入特製的琴酒中。

Gambrelle, Fabienne. *The Flavor of Spices.* Paris: Flammarion, 2008.

Green, Aliza. *Field Guide to Herbs and Spices.* Philadelphia: Quirk Books, 2006.

Hill, Tony. *The Contemporary Encyclopedia of Herbs and Spices*. Hoboken, NJ: John Wiley and Sons, 2004.

Karaoglan, Aida. *Food for the Vegetarian: Traditional Lebanese Recipes*. Beirut: Naufal Press, 1987.

Katzer, Gernot. "Gernot Katzer's Spice Pages." http://gernot-katzers-spice-pages.com/engl/index.html. Accessed September 1, 2011.

Ravindran, P.N., and K.J. Madhusoodanan. *Cardamom: The Genus Elettaria*. London: Taylor and Francis, 2002.

歷史學家聲稱，世界各地許多靠灌溉而發展農業的傳統文化，皆是發源於馬里卜。灌溉系統先傳到阿曼與美索不達米亞，之後跨越地中海傳入西方，往東傳至中國，最後傳到美洲。西班牙語系廣泛使用的 *acequia* 一詞（意指灌溉溝渠），仍源自於古葉門的阿拉伯語 *al-sāqiya*，指任何一種引水道。

不過，邁因文化能蓬勃發展，是因為和仰賴灌溉農業、趨於定居的哈德爾族，以及偏向遊牧的貝都因與賈巴里族建立起共生關係。哈德爾族投入灌溉農業，而貝都因與賈巴里族則是從事畜牧或交易香料。雖然住在綠洲的農人能為整個阿拉伯福地與眾多阿拉伯沙漠的族群提供穩定的食

圖五：圖中為哈德爾阿拉伯人與波斯人發明的水車（sakieh），是了不起的創新之舉。這種水車通常由牛推動，在中東與埃及進行灌溉。（圖片來源：紐約公共圖書館印刷攝影部，米利安與瓦拉赫藝術部門 [Miriam and Ira D. Wallach Division of Art]）

物來源，但駱駝夫、薰香採集者與香料商人卻帶來財富與物慾。

馬里卜水壩事實上是經過多個階段、耗時數千年才完成，為面積超過九千五百畝的年收作物、果園與棗椰園提供灌溉水源。[11]這水壩後來橫跨阿德漢納谷（Wadi Adhanah），在巴拉克山丘（Balaq Hills）堵住六百碼（約五百五十公尺）的間隙。西元前七一五年，統治者蘇姆胡·阿雷·亞努夫（Sheikh Sumhu' Alay Yanuf）父子完成了水壩的最後階段，那時緊密堆疊的石頭與磚石砌成的牆，比阿德漢納谷的原始河床高出五十呎（約十五公尺）。水壩另一頭的巴拉克山岩床下有處水庫，泄水閘會沿著二十五呎（約七公尺）厚的洪水蓄水庫把水送下來。從這裡開始，綿延數哩的「母運河」會把儲存的洪水，送到次級與三級運河，流進薩巴人種植穀類的田野與果園。[12]農人之後將農作物賣給邁因人。邁因人可以用乳香、茴香、沒藥與野生藥草，換到六、七種穀類、四種豆類與十多種水果，還有藤蔓類瓜果、西瓜與小黃瓜。

多數蔬果是趁新鮮生吃，剩下的則曬乾，供日後食用。穀類甚至豆類會烘烤磨成粉，之後做成哈利拉蔬菜湯，這道菜裡通常有小麥、鷹嘴豆、扁豆，也可能加入香料、洋蔥與野生青蔬。居民也會以柴窯烤無酵大餅，用來沾抹穀類、羔羊肉或山羊肉煮成的湯，當成前菜，之後再吃塔里德燉肉（tharīd，會搭配麵包食用，通常有肉，但有時則為素食）與抓飯（maqluba，用煮熟的穀類、肉與蔬菜燉煮而成）。新鮮椰棗或壓製成厚餅的椰棗隨時都有。這些沙漠農民食物雖然陽春，卻最美味。

邁因人也用薩巴人染的駱駝皮、山羊與綿羊皮，換到棉麻來紡織。在長達兩千八百年的時間長河中，荒野沙漠區與生活在此的遊牧民族找到某種方式，與馬里卜綠洲較為溫和的世界相輔相成，讓區域經濟為雙方帶來繁榮。

但是在蘇姆胡．阿雷．亞努夫與工人設法掌控沙漠自然環境後的千年，馬里卜水壩潰堤，洪水淹沒大地。[13]一夕間，薩巴人目睹四十個世代賴以為生的水庫乾涸。無論薩巴人或相鄰的邁因香料商人，在世界上的角色頓時風雲變色，再也無法復原。

雖然閃語系的部落早已遷出阿拉伯福地，前往半島上的其他地區，但是到了三世紀，馬里卜遭逢洪災的難民也跟著加入流離行列，規模之大前所未見。知名阿拉伯歷史學家亞伯特·胡朗尼（Albert Hourani）指出，這期間來自葉門的原始阿拉伯人（proto-Arabic）中，閃族宗族大幅移出，是阿拉伯史上的關鍵轉捩點。[14] 許多宗族永遠離開南方的故鄉，分散到整個半島，並慢慢轉變成重要的阿拉伯族群，日後演變為主宰整個中東區域的主要阿拉伯部落。有些人往北前進，步上最早的商隊攜帶乳香到美索不達米亞、敘利亞與埃及的道路。他們的許多後代，後來也開始做起香料買賣。

然而，就像某些離開了應許之地的猶太族群一樣，這些原始阿拉伯人離開葉門南部灌溉良好的綠洲之後，腳步再也停不下來。除了神祕的老家之外，他們不歸屬於任何地方。當然，他們夠聰明、順應力夠強，體力與經濟上都足以在任何地方建造新的家園，只是與祖國相繫的心靈臍帶也切斷了。他們能在許多氣候帶建立房屋、王朝與經濟體，卻無法回到家園。

許多人成為冷漠的漂浪人——這大概是香料商人無可避免的個性特色。

在魯卜哈利的沙漠之海中，他們標示出離開葉門的古代路徑，留下和人一樣高的石坊（trilith）。正如石坊的名稱所指，這方尖碑似的石堆數量不一，有的是三個，有的則成群出現，且高度夠高，即使碰上沙漠風暴也不會被累積的沙子淹沒。這些石坊標示出的道路，指示著人們

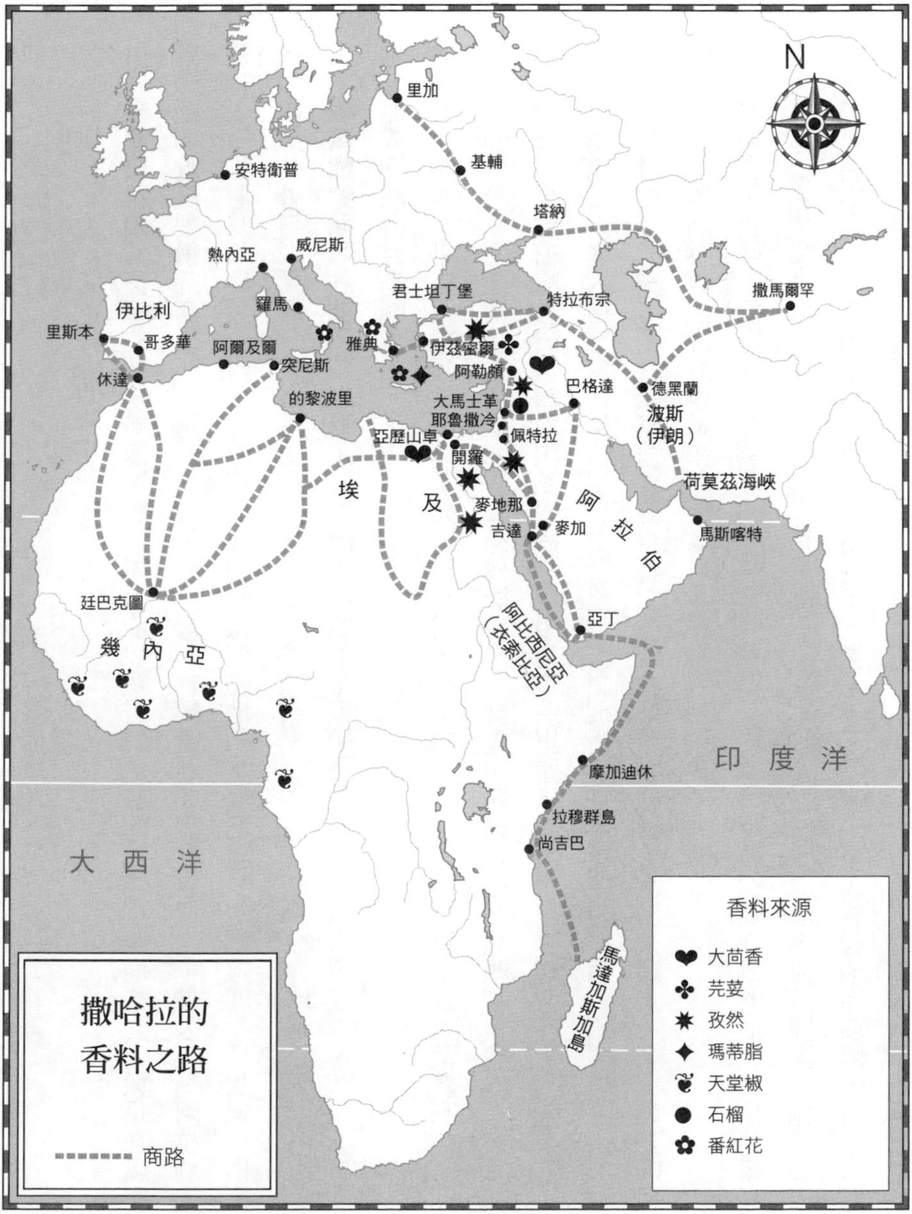

地圖二：撒哈拉的香料之路

如何從阿拉伯福地走向遼闊世界。[15]

縱使經過幾個世紀的沙漠風暴磨蝕，如今依然找得到這些的石坊在原地屹立，只是在風吹日曬之下，線條變得逐漸柔和。這些石坊是史上最大規模遷徙的現存證據——邁因人、阿拉伯人、猶太人、腓尼基人與亞拉姆人等閃族人離開阿拉伯福地。水壩潰堤，他們離開半島故鄉，積極尋找最濃烈的香料與薰香，使這些物品在任何地方都買得到。

香味飄到哪，我就要跟到哪。

第三章
探索沙漠中隱藏的村落

沙漠在我眼前閃閃發光，顯得好不真實。這幾天來，我造訪了亞歷山卓和開羅的香料市場，現在正與戴夫．丹尼（Dave Denny）神父及兩名開羅的駕駛，窩在老舊的福斯小巴裡，穿越西奈半島。每年到了這時節，西奈半島總是炎熱、乾燥、荒蕪，難得見到一朵雲或一輛拖車。我望向窗外，接連幾個小時只看到石漠、礫漠與石灰岩山脊邊緣的低地，每塊石頭在沙漠的烈日下黑得發亮。亮晃晃的四周又把太陽的熱氣反射出來。前方道路突然看起來溼漉漉的，那是海市蜃樓的水潭。我們一靠近，便明白潭中根本沒有聚積近來的降雨，而是從加薩古老礦脈運來的烏黑瀝青。

小巴一路顛簸，我設法將一本沒有封面、早已絕版的英國旅遊書，唸給老友戴夫聽。上面寫著，考古學家如何從埃及發現的石棺，解讀兩千三百年前關於香料交易的銘文。這份銘文詳細描述邁因商人訴說的一條商路，而這條路和我們走的差不多，只是方向相反。商人從阿拉伯半島南邊帶了香水與香料，供知名的埃及神廟使用。

後來，希臘羅德島歷史學家凱利克森努斯（Callixenus of Rhodes，與西元前二世紀的托勒密二世同年代）曾寫道，他見過商隊前往半島以外，為貨物尋找更好的價格：「三百頭阿拉伯綿羊與駱駝大步往前，有些扛著三百磅乳香、三百磅沒藥，尚有兩百磅番紅花、肉桂、鳶尾根（orris）與其他香料。」[1]

我的視線從書上抬起，恰好看見幾個貝都因人騎駱駝，前往紅海海岸。不久，我眺望海岸邊的沙灘與珊瑚礁，望向阿卡巴灣（Gulf of Aqaba），以及更遠的阿拉伯半島的西北邊緣。彼岸低矮的山丘，似乎在熱氣中搖晃扭動。我所在的這條公路與海岸平行，有時離海域近一點，有時比較遠，就這樣又走了一個小時。我搭沒空調的小巴已覺得路途艱辛，那些騎駱駝、直接曝曬於沙漠烈日下的人又作何感想？

不過，從西元前一〇〇〇年之後，幾個世紀以來，邁因商隊就帶著乳香、沒藥與香料，沿著這條路，從阿拉伯福地的哈德拉毛往北前進，穿過阿拉伯沙漠到阿卡巴灣，再往北到佩特拉與加薩，或穿過西奈半島，抵達尼羅河。有些商隊有幸躲過掠劫（ghazw）——貧窮的遊牧民族掠奪較富有部落的食物與其他資源，使財富重新分配。若邁因人遠征順利，貨物大概可送到大馬士革與耶路撒冷，甚至尼羅河另一邊的亞歷山卓與吉薩（今天的開羅附近）。不過，如果當地遊牧民族碰上乾旱或瘟疫，無法飼養牲口或在野外取得食物時，就會偷偷接近香料商人。邁因人為了避免商隊完全失去財物，常寧願賄賂或支付保護費給貧窮的遊牧民族，以求平安通過他們的地盤。

我向來佩服史前商人的毅力與睿智，更佩服他們的勇氣。光想到穿越遼闊沙漠的過程多麼艱險，就讓我裹足不前。要能承受這趟旅程，必然要秉持某種態度——一個多世紀前的美國探險家約翰·洛伊德·史蒂芬斯（John Lloyd Stephens, 1805-1852）便如實反映出這心態。他在貝都因人的陪伴之下，從紅海前往佩特拉，之後他寫道：「這天我們順利度過，周圍的景色一成不變：前面是黃沙滾滾的荒涼谷地，兩邊則是更荒涼的山。到了傍晚紮營時，我和同伴們在營火邊坐了一段時間之後，便回到帳篷（睡覺）。」[2]

小巴開到西奈高速公路的荒涼之處時，輪胎沒氣了，於是我們到休息站停留半小時。我無事可做，便開始思考堅毅不拔的邁因商人產生的廣大影響——他們比史蒂芬斯的年代還早了兩、三千年。在那段時間，邁因人的貿易文化蓬勃發展，使者曾前往希臘提洛島（Delos）、亞歷山卓、帕邁拉（Palmyra）綠洲及迦勒底（Chaldea）聚落，甚至遠達今天印度海岸的古老港口克拉拉普特拉（Keralaputra）。他們在阿拉伯沙漠維持了一連串的綠洲商棧，包括奈季蘭（Najran）與提姆納（Timna）。但是在稱霸香料交易數個世紀之後，邁因人在掌控進出阿拉伯福地的香料、薰香、染料與礦物時出現頹勢。勢力衰微的原因，可能是賄賂金與保護費太沉重。

番紅花 Saffron

世界上最昂貴的香料聽起來或許難以置信，是一種淡紫色小花的性器官。這種花的葉子像草，只有尖銳、類似稻草的苦澀香氣。就算作為金黃色染料，也有更便宜的東西可替代。然而真正的番紅花（*Crocus sativus*）仍是香料界的黃金，絲狀的紅色柱頭每公斤批發價超過一千美元，零售價更是上萬。採收番紅花柱頭很費工：一公斤番紅花絲得靠著手工採集一萬五千朵花朵的柱頭，生產成本相當驚人，畢竟整整一畝的花田，只能生產一磅的乾燥花絲。不過，番紅花身價如此高貴，原因應是沒有其他香料能像它一樣：番紅花總能喚醒愛用者心中無可取代的想像與嗅覺記憶。

番紅花含有神奇的化學物質組合，也是無可取代的：藏花素（crocin）、番紅花醛（safranal）與苦番紅花素（picrocrocin），賦與番紅花美麗的顏色與刺激的滋味。番紅花的金黃色源自於藏花素，是種富含色素的化合物。強烈的香氣則源自番紅花醛精油，滋味則是來自苦番紅花素（一種葡萄糖苷），能產生微苦的尾韻與療效。這是少數水溶性香料，如果把花絲泡水一晚，隔天清晨就能得到金色陽光般的液體。番紅花若加上定染劑，就能將衣服染成金黃色。千年來，許多政教界的達官貴人都以番紅花來染衣服，連佛教僧侶也使用。

番紅花有許多治病的相關記載，藥用功能包括抗痙攣、鎮定與墮胎。若濃度很高可能產生毒性，但如果要致命，代價恐怕相當高昂。

在歷史上，用來當香料、染劑與藥物的番紅花品種不只一種，因此很難認定古代繪畫與著作中提及番紅花時，是否都指真正的番紅花（*C. sativus*），即使這是今天最廣為利用、價格最高昂的一種。長久以來，植物學家不斷討論著馴化的真番紅花起源，因為類似的野生品種，在真番紅花天然產地的地理範圍是找不到的。近年的研究或許稍微解決了疑點，確認真番紅花是其他兩種番紅花屬植物雜交而來。其中一種是卡萊番紅花（*C. cartwrightianus*），這種植物生長在希臘大陸與部分島嶼，包括聖托里尼（Santorini）。如今聖托里尼仍大量採收番紅花。

番紅花的另一親本可能是「托瑪士番紅花」（*C. thomasii*），同樣是在地中海一帶生長，如今在義大利與愛琴海島嶼仍找得到。雖然真番紅花的各種「分身」可能最先在愛琴海附近的番紅花馴化，也可能是從土耳其、經伊拉克與伊朗，再延伸到印度西北部的這條弧線。考古學家在研究伊朗岩石壁畫時，曾發現五千年前番紅花屬的花色素，雖然幾乎可確定那是來自野生品種。伊朗仍是番紅花的最大出口國，但是作家法比安·甘布瑞兒（Fabienne Gambrelle）主張，最好的番紅花品種是來自喀什米爾。

部分歷史學家推測，類似番紅花的植物最初是在克里特島栽種，但如此推論的原因，只因為三千年前克諾索斯（Knossos）的米諾斯宮（Palace of Minos）有類似番紅花的繪圖。不過，光靠著這些圖或宮殿知名的番紅花採集者壁畫，未必能確認早期番紅花在此馴化。番紅花起源之謎仍差那麼臨門一腳。更進一步的資訊，仍有待考古學家與其他歷史偵探探究。

無論我旅行到何處，都會發現番紅花做成的料理往往與種族認同有很強的聯繫。每當移民到歐美的朋友邀請我到家中晚餐時，總會得意洋洋端出加了番紅花的米飯。我的西班牙主廚朋友法蘭西斯柯・佩雷茲（Francisco Pérez）得知我喜歡海鮮燉飯，還特地放棄了三個小時的「週日休假」時間，讓我瞧瞧該怎麼正確製作他的招牌菜，分量之大，足以讓四十個朋友飽餐一頓。不過，我最喜歡的番紅花種族料理，是來自北美西部大盆地的巴斯克移民。我前往愛達荷、內華達或猶他州的巴斯克社區時，常會碰到晚宴聚會，宴會上會端出分量超大的海鮮燉飯，以西班牙巴斯克地區進口的上好番紅花著色與調味。我享受可口的燉飯時總會悄悄思考，番紅花、淡菜、蛤蜊與蝦從伊比利半島海岸，被送到幾千哩外的乾燥北美內陸盆地，代表什麼意義。

十五世紀晚期，猶太人與穆斯林家族開始被逐出西班牙，他們帶著祖母的食譜與香料，逃往歐洲其他地區、北非、中東與美洲。塞法迪猶太人的家庭中，潔食（kosher）料理與阿拉伯的影響，融合出新的傳統，強化他們獨特的身分認同。肉丸（albóndigas）佐番紅花夕陽醬，只是移居威尼斯的塞法迪猶太人把阿拉伯食譜加以變化的其中一個例子。這菜色的阿拉伯名稱為 *chems el aachi*，意思是「夕陽」。那金色醬汁，令人懷念馬格里布與安達魯西亞的燦爛夕陽。

Gambrelle, Fabienne. *The Flavor of Spices.* Paris: Flammarion, 2008.

Goldstein, Joyce. *Saffron Shores: Jewish Cooking of the Southern Mediterranean.* San Francisco: Chronicle Books, 2002.

Green, Aliza. *Field Guide to Herbs and Spices.* Philadelphia: Quirk Books, 2006.

Grilli Caiola, Maria, and Antonelli Canina. "Looking for Saffron's (*Crocus sativus L.*) Parents." *Functional Plant Science and Biotechnology* 4 (2010): 1–14.

Musselman, Lytton John. *Figs, Dates, Laurel, and Myrrh: Plants of the Bible and the Quran.* Portland, OR: Timber Press, 2007.

Schneider, Sally. "From the Saffron Fields of Spain." *Saveur,* March 23, 2007. www.saveur.com/article/Travels/From-the-Saffron-Fields-of-Spain.

但還有另一項原因，也很可能導致邁因人榮景不再：競爭者已學會如何從西邊的紅海與東邊的阿拉伯海航向南方的亞丁港，如此即可避開沙漠的掠奪者。[3]最後，邁因人失去了競爭優勢與經濟利基。到了西元一〇〇年，閃語系中邁因人獨有的邁達比克語（Madhabic tongue）已不再是全球貿易的通用語言，如今更是已經失傳。

司機發動福斯小巴的引擎聲，將我從思緒中拉回現實。雖然輪胎胎紋幾乎磨光，但已充飽氣，老爺車繼續一拐一拐，往埃及最東邊的紅海度假小鎮塔巴（Taba）前進。車停下來之後，我給兩名埃及司機幾鎊，他們馬上駕車西返，連新輪胎或食物都沒買，只急忙往開羅與舒適的尼羅河前進。

戴夫神父與我住在陽春旅館的兩個房間。旅館瀕臨海岸線，我偷閒泡泡阿卡巴灣超鹹的海水。日落前一個小時，暑氣逐漸消退。我們離開海灘，從公路回到側邊峽谷的陰影時，遇見了四、五十個塔拉賓部落（Tarabin）的貝都因人紮營，他們從附近的努威巴鎮（Nuweiba）來到這。

這群貝都因人在帳篷與圍欄旁，搭蓋了臨時遮蔽處與儲藏小屋，建材看起來相當殘破，是靠著打劫、回收，或在這度假小鎮大道旁的旅館工地撿來的。兩個貝都因男孩與一個女孩剛把努比亞山羊與尾巴蓬鬆的綿羊趕進圍欄過夜，看見我便打招呼。

肉桂 Cassia Cinnamon

從香料交易的歷史紀錄，「肉桂」的科學身分與文化起源實在眾說紛紜。不過，肉桂（*Cinnamomum cassia*，過去為 *C. aromaticum*）的滋味與歷史，和許多俗稱類似的植物並不一樣。通常肉桂（cassia）是指中國肉桂，英文過去稱呼其為「雜種肉桂」（bastard cinnamon）實在不恰當，畢竟它絕不遜於其他肉桂。許多人會同意，中國肉桂的滋味雖不如真肉桂豐富，卻比較直接強烈，因為中國肉桂紅棕色的樹皮精油含量比較高。肉桂和樟屬（*Cinnamomum*）一樣，這類樹冠形狀會呈現往上收攏的高大常青樹，萃取物溫潤美味的滋味並非來自木頭本身，而是樹木的內層樹皮，這裡強烈的芳香油脂含量最高。

中國肉桂與多數其他種類肉桂的辛辣甜味，是因為精油中有濃度很高的桂皮醛（*cinnamaldehyde*），但和來自斯里蘭卡的真肉桂不同，中國肉桂也有不少香豆素（coumarin），這是一種抗凝血劑。有些亞洲人的基因已適應飲食中的香豆素，但有些使用抗凝血藥物的人若攝取肉桂，可能會危害健康。多數人僅偶爾攝取香豆素，會覺得滋味細緻而不膩、甜美，並有宜人的木質尾韻。

中國肉桂原本是在中國東南省分（例如廣東與廣西）野生，今天則主要來自栽培區，而非真正的天然生長地。此外，阿薩姆與緬甸也出產肉桂，越南亦有栽種。樹木到了採收樹齡，採收者會掀動一塊方型的內層皮，之後才從樹幹切開。這一條如卷軸的樹皮會捲得類似軟木塞，之後予以乾燥與陳年。中國肉桂的內層樹皮比其他肉桂要厚而粗糙，而粗糙的深棕色表皮，會散發出微苦的樟木香氣。不過和斯里蘭卡或錫蘭肉桂不同，中國肉桂不含丁香酚（eugenol）。在產區之外，肉桂樹類似續隨子般的花苞就比較少見，它除了肉桂香味之外，還有多香果與胡椒味，而葉子也可提煉肉桂油。

在許多中國方言中，中國肉桂的原始名稱可能是桂枝。西元前二一六年，秦始皇重新將甫納入版圖的地點命名。那個地方栽培許多肉桂而深受青睞，遂稱為「桂林」，亦即現在廣西省省會。

中國肉桂外銷的時間得回到古典時期，當時的商路上尚未出現其他肉桂品種。在西元前二、三世紀，肉桂被視為藥草，《聖經》中的肉桂也最可能是中國肉桂，而非真肉桂。西元一世紀中期，以希臘文寫成的《厄立特利亞海航行記》（*The Periplus of the Erythraean Sea*）就提到，中國肉桂運到了印度港口，再送到亞丁灣與索馬利亞，但這些海上商人未必知道肉桂是在何處採收。

後來，絲路上的粟特人（Sogdian）與波斯商人確實知道這種香料的來源，並稱之為「達秦」（dar-chin），其中「秦」是指中國，「達」可能是指芬芳或辛辣的木材。中國西部的維吾爾族如今仍以「達」這個字，當作香料的泛稱。中國肉桂在孟加拉語稱為

darchibi、印度語稱為*dal chini*、東突厥語稱為*tarçin*、喬治亞語稱為*darichini*，阿拉伯語稱為*ad-darsin*。

將肉桂引進歐洲的，顯然是猶太或其他閃族商人。希伯來文的肉桂稱為*ketsiah*（也是約伯女兒「基洗亞」的名字）呼應了希臘文的*kasia*，羅曼語族的多數語言也找得到這個詞。等到中國肉桂與其他肉桂透過中亞與印度，輾轉來到西方之時，商人已經運用神話，美化其來源。希羅多德道聽塗說，在《歷史》中寫道，阿拉伯的巨禽會用肉桂卷來做鳥巢，而阿拉伯人為取得肉桂，就會在鳥巢下放大塊的肉。鳥受到誘惑，會把肉叼回巢，卻使鳥巢太重而坍塌。等到鳥巢材料掉到地上，在下方耐心等待的阿拉伯人即可開心拾起。不僅如此，希羅多德還相信，肉桂是種在阿拉伯淺淺的湖水中，由吵鬧的討厭蝙蝠看守。阿拉伯人冒著眼睛被蝙蝠啄出來的風險，全身裹著防護皮衣，避免蝙蝠攻擊，收集足夠的肉桂賣到歐洲販售。

世上許多美味的綜合香料中，都不乏肉桂的蹤影，例如中國五香粉、中東的巴哈拉特與卡拉達卡（qalat daqqa），以及墨西哥的莫雷醬（mole）與雷卡多醬（recaudo）。我許多黎巴嫩親戚在製作吉布（kibbe）、肉餅（kefta）與羊肉串（lahem meshwi）時，都會先以肉桂來幫羊肉調味。不過我最常見到肉桂的地方並非在原產地，也不是我的家鄉，而是在拉丁美洲。從半乾旱的墨西哥高原到瓜地馬拉，許多社群喝熱咖啡時都少不了肉桂。他們心中的肉桂，就是中國肉桂。

Gambrelle, Fabienne. *The Flavor of Spices.* Paris: Flammarion, 2008.

Green, Aliza. *Field Guide to Herbs and Spices.* Philadelphia: Quirk Books, 2006.

Hill, Tony. *The Contemporary Encyclopedia of Herbs and Spices.* Hoboken, NJ: John Wiley and Sons, 2004.

Katzer, Gernot. "Gernot Katzer's Spice Pages." http://gernot-katzers-spice-pages.com/engl/index.html. Accessed May 4, 2013.

Musselman, Lytton John. *Figs, Dates, Laurel, and Myrrh: Plants of the Bible and the Quran.* Portland, OR: Timber Press, 2007.

Weiss, E.A. *Spice Crops.* Wallingford, UK: CABI Publishing, 2002.

孩子們安頓好綿羊與山羊之後，領我到父母紮營處。一對中年夫婦和一位老先生熱情迎接，在石頭地面上鋪地毯，請我們坐下。一旁有個小柴爐在煮水。他們煮了些薄荷茶（shai nana'a），給我們一杯，也幫自己倒些茶。我們啜飲時，孩子們在身邊遊戲。離開營地時，老人家送我一個砂岩，上頭刻著有斑紋的獵狗吃掉一個不幸旅人的頭。我默默接受禮物，給他幾塊錢與幾條變形蟲大方巾當作回禮。

我們在天黑之前回到旅館，發現能看見海灣對面的燈光——那是以色列艾拉特（Eilat），緊鄰其右的是約旦阿卡巴的燈光。今天度假勝地塔巴的燈光，照亮北邊的地平線。但在以前，海岸邊是許多古老港口。來自印度的貨物在此上岸，改由駱駝商隊轉運到沙漠。

我也看得見對岸屬於沙烏地阿拉伯的海岸。我所在的位置不錯，能看到如今分屬於四個國家的紅海北岸。兩千年前，這裡都屬於某群香料商人的傳奇國度，這沙漠國家沒有固定邊界，猶太歷史學家約瑟夫（Titus Flavius Josephus, 37-100）稱之為納巴泰（Nabatene）王國，這裡的納巴圖（Nabatu）商人定期從馬里卜前往羅馬，而我們稱之為納巴泰人。

西奈半島零星出沒的塔拉賓貝都因人，恰好呼應著我對古納巴泰人的少許認知。雖然在西元前四世紀的考古學紀錄中，即證實納巴泰人的存在，但這群遊牧民族的宗族很小，至少要等幾百年後，才較常出現在書面紀錄。西元前三一二年，歷史學家卡迪亞的希洛尼摩斯（Hieronymus of Cardia）記錄了關於納巴泰人的最早觀察。他看見這群人在寸草不生的死海邊緣附近，做瀝青挖掘的苦工。接著，他們盡量讓駱駝多扛點瀝青，然後跨越沙漠，前往埃及城市，想用瀝青換取在尼羅河沖積平原的沃土上所種植的食物。[4]

那年代的納巴泰人禁止自家人種植作物，據說他們痛恨投入畜牧以外的任何農業型態。不過，他們還是得吃，因此會多採交換的方式，例如以羊皮或野生藥用植物換取糧食。到了西元前二世紀，希臘地理學家阿伽撒爾基德斯（Agatharchides，約活躍於西元前二世紀前後）指出，隨著納巴泰人口增加，僧多粥少的情況下陷入貧困，於是開始搶劫，對象從跨越沙漠的商隊，轉變成另一種商隊——海上船隊。[5]基本上，納巴泰人離開沙漠，成為在整個阿卡巴灣搶奪帆船的海盜，尤其喜歡突襲不幸的埃及水手。

早期過著遊牧生活的納巴泰突擊者，人數超過上萬名。他們掠奪海灣上的船隻或沿岸的商隊，卻不自行發展農業或建造固定的住所，因此在紅海惡名昭彰。有些歷史學家認為，這時候的納巴泰人多數是納巴圖家族的後代，是阿拉伯福地最早成名的閃族部落。這支部族在稀少資源下撐過好幾百年，甚至數千年之久，越來越精實。

不過，他們賺了點錢之後，開始致力於發展能通行沙漠的新溝通方式。今天用來抄寫《古蘭經》的阿拉伯字母與古阿拉伯書法（Kufic），顯然就是從他們裝飾性強、曲線美觀的書法演變而來。

有學者指出，納巴泰維持單一種族實體的時間並不長。他們吸收了其他部落，成為有異質性的社群。[6]他們逐漸與其他許多種族緊密交織，並受其影響，包括羅馬、希臘、埃及與希伯來，具備更廣的文化與經濟內涵。各種族共同創造出獨特的「跨界料理」，例如哈利拉與巧巴（chorba）是很豐盛的燉菜，還有牧里醬（murrī，一種鹹的發酵大麥醬）與卡麥克里加醬（kāmakh rijāl，有點酸，是味道很濃的乳酪醬，製作時要把優格放在開放的容器幾個星期）。[7]

這些以亞拉姆語記錄的古納巴泰食物名稱，傳到附近的阿拉伯與希伯來方言，之後波斯、希臘與羅馬方言也借用。久了之後，納巴泰這個群體由包羅萬象的人組成，包括說亞拉姆、希伯來與阿拉伯語的人，大夥兒成群結黨，「重新分配」在亞歷山卓與耶路撒冷之間洗劫而來的一切。西西里出生的希臘歷史學家狄奧多羅斯（Diodoru，活躍於西元前三〇年到前六〇年）認為，納巴泰人主要是在海上投機冒險的阿拉伯畜牧者，想搶劫戰利品。

> 他們許多人帶來在海上得到的薰香、沒藥與最珍貴的香水，那些東西來自阿拉伯福地……這部落占據海岸的絕大部分，占領的內陸面積也不小。他們人數眾多，豢養的牲畜多得令人難以置信。過去這些阿拉伯人奉公守法，滿足於豢養的動物所提供的食物。但後來，亞歷山卓的國王設法為商人開闢海上道路之後，這些阿拉伯人不僅攻擊船隻，還裝備海盜船，打劫航海者……但過了幾年，他們在海上遭到更大的船隻襲擊，終究自食惡果。[8]

無論納巴泰人從哪裡來，總之他們漸漸從打劫轉變成以貿易為生。不過，他們的貿易方式和鄰人不同。他們想更有系統、甚至全面掌握多數從薰香生產國延伸而出的海陸貿易。他們運用長長的駱駝商隊，沿著難以追蹤的路線，輔以配有船槳與船帆的成熟船隻進行補給，於是侵蝕邁因

圖六：哈利拉燉菜是美味的料理「使者」，將香料引介給波斯、阿拉伯與柏柏爾人。這頓午餐是埃及錫瓦（Siwa）綠洲的柏柏爾人提供。（攝影：作者）

人的勢力，主宰許多乳香之路。正如當代學者沃特・魏斯（Walter Weiss）的觀察，納巴泰國度「是出奇和平的國度，只靠著貿易獲利來運作，沒有真正的疆界、賦稅或社會動亂，也沒有多少奴隸。納巴泰人的優勢在於，能持續讓貨物生產者與消費者之間保持距離。」[9]

簡言之，納巴泰人成為第一個主要由仲介商構成的文化族群。他們轉手香料、薰香與香水，發展、維持並掌控跨大陸的交易網絡。事實上，他們在乳香之路上運送的貨物，幾乎都來自自己的土地。他們在薰香、沒藥、印度香料與其他芳香物質的跨海與跨洲交易上，擔任不可或缺的仲介者，從而建立生態棲位（也稱為小生境或生態職位，指某物種在生態系統中占有的特定地位，包括空間位置，以及在生物群落中的功能地位）。

為達到這一點，納巴泰人多居住在芳香植物的採集地及目標都會市場之間的「空曠」空間。他們不必再直接仰賴當地資源來辛苦過活，只要穿越沙漠或海洋的空間即可。重要的是，他們能掌握商隊旅館與其他安全港口，這樣在橫渡漫漫長路之時，即可把這些地方當成休息站。

魏斯說，納巴泰人的「優勢」在於能堅持消費者與生產者之間無法直接接觸。只要採收者不知道誰想買他們的貨物，也不告訴最終使用者貨物究竟從何而來，納巴泰人就能掌握乳香價值鏈。納巴泰人透過這法則，靠香料交易大發利市，因為其他人無法得知供應鏈上其他連結蘊含的價值。

老普林尼提到，無論納巴泰人是靠著駱駝商隊搬運，或是由椰子樹打造、搭配三角帆的獨桅帆船運送，總之薰香、香料與其他產品從阿拉伯福地到加薩的途中，價值比當初入手時上漲了百倍。

不過納巴泰人真正的天分，在於能讓薰香、香料與絲綢在抵達歐洲、非洲與小亞細亞時，能散發出神祕感。他們不只看重這些東西的實體價值，還為它們賦予神祕的色彩。這項策略或許是向之前的邁因人學來。納巴泰人在推銷孜然、肉桂、乳香、勞丹脂（labdanum）或沒藥時，並非強調這些種子、樹膠、葉子與樹皮的熱量或殺菌價值。相反地，這些東西能賣出去，完全是靠他們的行銷手法，闡述這些異國商品的神祕特色。這與今天的穀粒莧（amaranth）、初榨橄欖油、人參與神奇蘑菇推銷手法如出一徹。除了這些植物或菇菌的實體特色，他們仲介的是「安慰劑效果」，從而取得經濟優勢。

比方說，納巴泰人讓歐洲人相信，乳香必然昂貴，因為在採收時必須偷偷摸摸，從阿拉伯南邊備受保護的樹園採收。希羅多德向歐洲讀者解釋：「乳香樹周圍有許多小飛蛇守護，只能用蘇合香（storax，一種甜的膠狀樹脂）擺脫牠們。因此在收集乳香時要燒蘇合香……蘇合香產生的煙能趕走小飛蛇。」[10]

想想看他們說的故事多麼弔詭：為了享受神聖的薰香，必須先用另一種薰香驅趕邪惡之蛇，再悄悄竊取，然而那蛇原本是要保護這神聖之物！或許這傳說是邁因香料商人在西元前五世紀告訴希羅多德的，而納巴泰人確保這樣的故事能在距離阿拉伯福地香料產地相當遙遠的國度，繼續流傳幾個世紀。難怪納巴泰人提到乳香產地與採收者時，也能編出同樣精采的故事。

到這個年代，沒有任何外來者能靠近乳香或沒藥產地，甚至不能靠近暫時儲藏這些東西的商隊旅館。佩特拉中心在一世紀晚期，擁有世上規模數一數二的神廟與貿易中心，但這裡就實體環境與比喻上，都隱藏在岩石中。

佩特拉適切且具體呈現出納巴泰人如何運作：這座城的力量與美感，蒙著層層神祕色彩。只有抵達這城市之後，才能一睹廬山真面目，屆時心中的敬畏感油然而生。怪的是，從岩壁上開鑿出的神廟中，幾乎找不到任何乳香或其他芳香植物的考古遺跡。或許這些東西已被悄悄送到其他地方，藏在附近狹窄的山谷，外來軍隊或掠奪者根本無從找起。

幾個世紀以來，納巴泰商人把香料、染料、樹膠、香膏、香料與異國香草，賣到亞歷山卓、阿里什（Al ʿArīsh，位於埃及西奈半島）、加薩、耶路撒冷、巴斯拉與大馬士革。他們很懂與其他仲介者的合作訣竅，以獲得駱駝從中國載來的絲綢與薑、錫蘭與印度的肉桂與胡椒，索科特拉島的蘆薈與龍血樹，以及香料群島的肉豆蔻。雖然他們未必親自造訪過所有產地，卻與許多芳香植物的採收者直接交易。六個世紀以來，納巴泰人穿越阿拉伯沙漠與海洋，將數千噸貨物送到葉門與阿曼以外，抵達魯斯康（Leuce Come）與艾拉（Aila，後來稱為艾拉特[Elath、Eilat]）這兩處港口。之後，珍貴的貨物越過大地，送到敘利亞、迦南、埃及與更遠的國度。

我原本想依循納巴泰人的商路，往北跨越內蓋夫（Negev，位於以色列南部的廣大沙漠），先到耶路撒冷，之後再去大馬士革。然而那時政治局勢緊張，我無法輕易在這些國家進出。由於我是黎巴嫩裔美國人，而我當時使用的那本護照上，顯示我曾去黎巴嫩與敘利亞探親，導致我在以色列艾拉港入境時，被海關盤問了三小時。我的姓氏不巧和索馬利亞的蓋達組織領袖相同，更使情況雪上加霜。海關人員說，若我之後打算前往敘利亞就不讓我入境，即使我只是要去見一位剛當上修女院院長的同輩親戚！海關說，我得先從進入以色列的同一個港口離境，然後回到埃及，之後才能前往約旦（朝佩特拉前進）。此外，如果我護照上蓋有以色列的章，敘利亞就不會讓我入境。聽起來挺可怕的，於是戴夫神父與我選擇最簡單的方案：把重點只放在前往耶路撒冷的這條路，約旦與敘利亞只好留待來日再訪。

但是來到以色列之後，戴夫神父與我大失所望，因為今天的艾拉特已看不到多少古代納巴泰與羅馬時代的艾拉港痕跡。我後來請教考古植物學家彼德．沃納克（Peter Warnock），他證實無論是納巴泰的艾拉港，或是佩特拉這座隱密的貿易中心，都找不太到商品行經此地的證據。部分原因在於，這邊發現的研磨香草、香料與染料等考古資料保存得並不好，不像穀類與豆類那樣相對豐富。或許很久以前，數以萬噸計的薰香與香料曾通過內蓋夫沙漠，但如今已沒留下任何痕跡。

其他原因則可能是，香料貨物一送到納巴泰人的港口與商隊旅館，就得盡快轉手出去。香料商人把貨品留在身邊太久是賺不到什麼錢的，因為精油的芬芳程度會隨著時間而遞減。他們反而學到如何讓貨物的週轉率提到最高。我在我的農場附近就看過這情況。我的農場鄰近美國農產品最大的進口港，多數來自墨西哥。大批芫荽、小黃瓜、青椒與番茄送到邊界附近的仲介公司，但停留不到兩小時又被送上聯結車，繼續五百到上千哩的北上旅程。

我在以色列時，便不斷思索這奇怪的情況：我在沙漠中，位於史前最大的香料交易中心佩特拉與艾拉之間，卻沒有任何考古學或旅遊指南，能指出這兩處有什麼聞名於世的任何香料遺跡。古人的香料芬芳早已逸散，薰香也已化為煙霧。

既然艾拉特無可觀之處，神父戴夫和我只好登上巴士，前往耶路撒冷，期盼途中能一瞥古代納巴泰人的沙漠故鄉，之後到耶路撒冷舊城的市集，探究如今依然存在的香料與薰香交易。我知道納巴泰人曾在內蓋夫沙漠設置星羅棋布的水洞與駐站，就像汪洋中許多浮沉的浮標。

我從艾拉特上高速公路，前往耶路薩冷，以為途中能見到納巴泰人的遺跡，而車上會是衣著保守的哈西德猶太人（Hasidic Jew）與貝都因人。不過，車速太快，我根本看不清楚多少東西，車上還擠滿被陽光曬得黝黑的青少年。他們是年輕的以色列猶太人及歐美前來的「自由」猶太人，悉數穿著最新的海灘裝扮：名牌比基尼、Speedo泳裝、T恤、坦克背心，腳踩人字拖。但令我不安的並非他們的穿著，而是他們的社交行為——或是說缺乏社交行為。他們多半坐在座位上，用手機傳簡訊給朋友，或戴耳機聽音樂。

他們和世界各地諸多年輕人一樣，不管到了哪裡都做相同的事情，好像哪裡都沒去。在兩小時的期間，我發現只有一個青少年曾瞄一眼窗外，彷彿發現沙漠很值得一看。

我來到內蓋夫沙漠，最初幾個小時的經歷挺奇怪的。眼前雖是傳說中的納巴泰王國核心，看上去卻只是一望無際、從紅海延伸到死海的荒涼大地。同車旅客聆聽雷鬼、搖滾與嘻哈，我則凝視內蓋夫沙漠，這裡或許和阿曼南部的尼亞德一樣乾燥險惡。

除了靠著處理過的發水灌溉的吉布茨（kibbutzim，以色列集體農場）與棗椰林看得見綠意，這塊土地或許比後期納巴泰人知道的還要荒涼。[11] 為了解這塊沙漠在以色列度假村興建之前的樣貌，我回去翻閱史蒂芬斯寫下的日記，他是第一個從阿卡巴灣北端抵達佩特拉的美國探險家：

> 我站在靠近紅海最北端的海岸，眼前是廣袤的沙之谷。一般人若缺乏地質學的知識，看到這景象後會推測，這以前曾是海底或河床吧！……谷地寬度從四到八哩不等，四面八方陰暗荒涼的高山，宛如牆包圍山谷。左邊是猶地亞山（Judea），右邊則為西珥山（Seir）……在山的中間，外來者看不出來這裡埋著王國古都，唯有四處遊蕩的貝都因人才知道如何前往——這就是部分已開挖出來的城市佩特拉……我眼前的大地蒼涼貧瘠，山頂不見一絲綠意。目之所及了無生氣，渺無人跡。[12]

無論是騎在馬背上的史蒂芬斯，或是搭乘疾駛巴士的我，都看不出在艾拉特北邊的內蓋夫沙漠土地上，散布許多刻著壁畫的巨岩，上頭密密麻麻的疤痕寫著隱藏的水鄉與「水井之鏈」在哪裡。從葉門南方到黎凡特（Levant）這條長路上，納巴泰人完全掌握稀少的水資源隱藏之處，遂

圖七：在內蓋夫如此乾燥的大地上，水井是納巴泰商人活命的關鍵。（圖片提供：美國國會圖書館印刷與攝影部[Library of Congress Prints and Photographs Division, www.loc.gov/pictures/item/mpc2004005723/PP]）

能控制乳香之路。

納巴泰人及與之比鄰的以東人（Idumean）是當時世上最厲害的沙漠水利學家與地形學家，藏在沙漠中的水源，鮮少能逃過他們的法眼。即使在如月球表面般環境嚴苛的拉蒙峽谷（Machtesh Ramon），也就是納巴泰國度中最大的天然谷，他們也找得到札哈蘭泉（Ayn Zaharan）的自流含水層——如今猶太人稱這水源為薩哈隆尼姆泉（Ein Saharonim）。納巴泰人能控制淡水的取用來源，等於掌握了阿拉伯半島最珍稀的資源，進而控制香料交易。他們很懂得如何用微乎其微的東西發大財，在今天應該會是很好的奈米科學家。

唯有透過空拍，考古學家才明白納

巴泰人如何徹底改造內蓋夫沙漠，以大量路標標示商路與有豐富淡水資源的商棧，形成巨大的網絡。這些路標是一個個石頭與岩壁，納巴泰人數千年來會將白色的訊息刻畫在黑得發亮的表面。這些訊息多半以類似古阿拉伯文的文字書寫，但也有以薩法伊字母（Safaitic）、薩姆得克文（Thamudic）、亞拉姆文，甚至希臘字母寫成的，因為這可能是能操多種語言的納巴泰人所留下的「密語」。有些標誌是指示方向的，例如「往西邊走，過了山、到谷地去，就能找到水。」有些則是記錄原本約好見面的朋友彼此錯過，例如 *Sa'id ma shaf Sud* 便是費盡千辛萬苦之後，卻見不到朋友的懊惱心情：「賽伊德沒能見到朋友蘇德。」[13]

到了西元五〇年，這些標誌也指出內蓋夫沙漠另一項史無前例的發展：這裡出現如島嶼般的葡萄園、果園，以及種植糧秣與日常糧食農作的沖積平原。

沒錯，農作物。先前提過，納巴泰人原本遵守不耕種的禁忌，而是靠著貿易、打劫與畜牧維生，或是採集沙漠中的野生植物。雖然他們頑強地掌控了部分貿易路線，得以繁榮發展，但羅馬人與其他民族難免會設法掌握或迴避這些道路。在西元一世紀，納巴泰人預料羅馬人可能帶著更強大的軍隊與軍火，擊潰他們的貿易中心，決定解除自我加諸的農業禁忌。之後，他們以廣泛的灌溉農作知識，打造出世上最乾旱的農作區。為避免被羅馬競爭者宰割，納巴泰人開始把農業耕作的目標，定在種植羅馬帝國最稀少的供給。考古學家道格拉斯．康莫（Douglas Comer）解釋：

對納巴泰人來說，靠農業取得財富越來越重要，因為像過去那樣，仰賴貿易發大財的榮景已不復見。在基督誕生之前的數百年，納巴泰人壟斷來自東南亞與非洲的香料、薰香與珍貴貨物貿易，將這些商品從阿拉伯半島南端送到地中海，之後送至羅馬。只有納巴泰人知道跨越魯卜哈利的道路。但是在西元前六六年，龐培（Pompey, B.C.106-B.C.48，古羅馬軍事家）與海盜開戰之後，海路更加安全，終於打破了納巴泰人掌握阿拉伯半島運輸系統的局面……因此，他們轉而出口可運送的穀類。農業生產者可在羅馬帝國找到現成的市場，因為羅馬帝國穀類供不應求的情況，就像許多已開發國家缺乏石油。[14]

納巴泰人突然從野生香料與薰香的交易者，變成大宗農產品的生產與交易者，成為世界第一個穀類商品仲介者，把持甚至傾銷穀類到市場上，還趁著帝國某部分遭逢乾旱、瘟疫、饑荒或通貨膨脹時獲利。他們不僅提供穀類給羅馬人、希臘人與波斯人，更引介某些穀類調味品，例如發酵的大麥丸子，後來演變為眾所熟知的大麥鹹醬（bunn）。[15]

從某些方面來看，納巴泰穀類商人在經濟上所扮演的角色，就像今天的嘉能可公司（Glencore International）——這間跨國仲介公司掌控了全球四分之一的大麥、油菜、葵花籽的供應量，以及十分之一的小麥供應量。雖然嘉能可公司並非家喻戶曉，但這間跨國公司與子公司的價值超過六百億美元，掌握的資產價值超過七百九十億美元，包括全球可得銅礦的一半、鋁供應量的三分之一，及四分之一的燃料用煤。二〇一一年夏天，嘉能可公司在倫敦證交所公開上市時，有人估計，執行長在幾週之內就大賺九十億美元。半島電視台（Al Jazeera）指出，嘉能可從不真正長久持有大量的大宗商品：「大賺饑荒與混亂的災難財。」礦業分析師克里斯・席德（Chris Hinde）告訴半島電視台的克利斯・阿森諾（Chris Arsenault）說：「他們是大宗商品的股票仲介者，在相當隱密的世界中運作，幾乎為每一種重要商品訂定價格。」[16]

納巴泰人的角色從沙漠商人、畜牧者、掠奪者，演變到灌溉農田的農夫，最後也改變了他們所居住的沙漠，但一直要到幾個世紀之後，人們才明白這個變動。大約在一八七〇年，考古學家愛德華・亨利・帕莫（E.H. Palmer）開始畫出地圖，說明成千上萬刻意擺放的石堆，是曾經種植葡萄的地方，也就是今天謎樣的「葡萄石堆」（tuleilat el-anab）。[17]這些石堆為農業水利設施，能留住水分，收集、集中與傳送霧氣與露水，幫助藤蔓、小麥與果樹生長。在帕莫之後不久，其他人也發現了很長的卵石排列，讓鮮少出現的暴雨逕流從幾平方哩的沙漠，流入沖積平原的肥沃穀類梯田。

在巴士快速離開艾拉特之處的北方二十五哩，考古學家曾發現嘉蒂安泉（Ain Ghadian）附近的地面上有一系列圓形，乍看像炸彈彈坑，仔細看又像串在項鏈上的念珠。[18]一位曾與水利工程師合作的沙漠土壤學家花了九牛二虎之力，總算辨識出這些圖案，並確定其功能。

這些是後來的納巴泰人發明，功用為集水暗渠。這些暗渠透過像水井一樣的豎井，連結到水平水道，而這些水道又能接觸到地下水、收集雨水，儲藏在地下水塘。這位科學家貝瑞爾・艾森斯坦（Berel Aisenstein）發現了這套系統的效用與範圍，說聰明的納巴泰人發明「人造泉」。[19]一連串的井能有效供應穩定的新鮮飲用水，這麼一來，納巴泰人即使在一年僅有一吋（二十五公釐）降雨的乾旱之地仍可以生存。在許多閃族語言中，這系統稱為坎兒井（qanat），這個詞可能衍生出如今在水資源管理上廣泛使用的字，相關用字包括運河（canal）、渠道（channel）、長莖植物（cane）與排水道（alcantarilla），在全球都有使用。[20]

我知道在距離艾拉港一百哩之處，納巴泰人也在峽谷中使用這種集水技巧。納巴泰人首都佩特拉就藏在這一帶的峽谷中，只能透過狹縫進入。不過，一座史前城市究竟如何在如此乾旱的環境下，支持兩、三萬居民生活？顯然光靠香料並不足夠。人不可能光靠著肉桂、番紅花或鼠尾草過活。內蓋夫的年平均雨量各不相同，介於三到九吋（八十到兩百二十八公釐），少則僅僅一吋，多則十三吋（三百三十公釐）。我身為農夫，不免納悶這裡的人如何自給自足？我深知要支持一個家庭已不容易，更何況是整個文明。

當然，答案和什麼叫做「支持」有關。納巴泰人很懂變通，能以令人大開眼界的方式，從一年只氾濫幾次的谷地取得水和食物。他們運用香料交易的獲利進行水利公共工程，這重商文化找來外地勞工，搬運移動成千上萬噸的石頭，建立集水設施，並隱藏飲用水儲藏處。旅人在無意間遇見這些儲水處時，莫不嘖嘖稱奇。

經過幾個世紀靠著貿易累積起財富之後，納巴泰人已能聘雇無數工人排列岩石，建構攔水壩，從岩石密布的山嶺斜坡收集雨水，導入肥沃的沖積平原。這麼一來，乾燥大地的農地上就有「加倍」的雨水可用，種植出足夠的椰棗、核果、無花果、穀類與豆類，讓駱駝夫與戰士獲得充分的營養。

納巴泰人和多數有富商階級的國家一樣，發展出高度階級化的社會。不幸的是，他們已採行定居的生活型態，且投入大量的基礎建設在某些商隊旅館，讓他們更難以抵抗想爭奪香料與薰香貿易的勢力。

正如邁因人，支撐納巴泰文化成熟發展的力量並非來自地方食物生產。他們靠的是在那個年代，身為全中東最優秀的商人所累積的財富與議價能力。他們嚴謹管理幾條商路上所有的香料交易，每條商路都有一連串隱密的商棧。他們設有防禦的商隊旅館從葉門綠洲經過雅什里布，延伸到加薩、佩特拉與霍蘭山（Mount Houran）。納巴泰人曾一度透過這些方式，掌握羅馬與雅典的乳香、勞丹脂、孜然、肉桂與其他芳香植物的價格，即使羅馬與雅典人最初想逆轉局勢，依然徒勞無功。

後來，裝備精良的羅馬軍隊湧向紅海海岸的埃格拉綠洲（Egra），納巴泰軍隊在抵抗入侵者時，竟然全軍覆沒，於是商業壟斷的榮景不再。到了西元八〇年，納巴泰人已永遠失去獨占取得葉門豐饒資源的能力，因為他們太仰賴單一的財富資源。羅馬人明白，他們能輕鬆繞過納巴泰國度，建立起替代的通商之路。[21]不出幾十年，羅馬人已併吞納巴泰和以東，納巴泰的身分逐漸衰微消失。正因如此，六個世紀之後，波斯食譜作家沃拉克把一道敘利亞的基督教徒製作的豐盛燉菜歸功於古老的納巴泰祖先，反倒引人矚目。這道菜稱為納巴泰綜合燉煮（nabātiyyāt）。[22]

但那時，納巴泰人已從歐洲地中海的城邦國家累積大筆財富，正如今天拉丁美洲的販毒集團，最後靠著吸食毒品者，取得北方國家的財富。羅馬菁英愛上了芬芳的乳香與其他珍貴的芳香植物，遂揮霍大量的城市物產來購買。經濟史學家威廉．伯恩斯坦（William J. Bernstein）指出，羅馬人會花費大筆財富購買芳香植物，當作炫耀性消費：「羅馬有一大筆戰利品被用來購買薰香……他們會把乳香放在三腳架（acera）上，供奉在聖壇旁。羅馬人的宗教儀式很重視焚燒乳香，因此乳香可以免稅進入帝國，不像其他進口物需要課百分之二十五的稅。」[23]

雖然許多歷史書認為希臘羅馬是西方文明的主要推手，但當時掌控世界貿易的其實是納巴泰人。他們也影響料理，還展現出取得世界其他寶藏的卓越能力。然而，除了他們隨意在內蓋夫礫漠的巨石上所留下的塗鴉之外，我們不太清楚這些閃族香料商人的私人與宗教世界。我們只能推測，最早的納巴泰人崇拜多神，包括太陽神達薩拉（Dushara）與生殖女神拉特（al-Lāt）。這兩種神祇最早的紀錄，都出現在阿拉伯部落的薩吉夫家族（Banu Thaqif）。不過，納巴泰人越來越常以亞拉姆語對話，也具備亞拉姆語的思維認知，之後宗教逐漸偏向一神信仰。

納巴泰人很快明白，任何宗教都可能讓他們與潛在客戶的社群產生社會與政治的結盟。納巴泰人的疆域拓展到以東時，與猶太人建立貿易合作關係，於是納巴泰人也改信猶太教。在西元七〇年以後，隨著耶路撒冷聖殿陷落，有些納巴泰人又變成基督教徒，想藉以促成與羅馬天主教菁英的生意。然而隨著時間過去，他們的語言漸漸回歸阿拉伯根源，不再以亞拉姆語寫作與做買賣，後代改信伊斯蘭教。

納巴泰綜合燉煮　Nabātiyyāt

打開札亞利的《中世紀伊斯蘭世界料理》（*Medieval Cuisine of the Islamic World*），會讀到查爾斯．佩瑞（Charles Perry）在前言中提到，「納巴泰綜合燉煮」（nabātiyyāt）的字面意思就是古代納巴泰人做的湯、燉菜等料理，後來流傳到阿拉伯與波斯的廚子手上，變得更加精緻。札亞利繼續說明，這道特殊的料理是十世紀後半葉的沃拉克記錄的，但可追溯到西元前四世紀到西元二世紀之間。許多人認為，麵是馬可波羅從中國傳入中東，但這種說法實為訛誤。伊朗出生的食譜作家納米亞．巴曼利（Najmieh Batmanglij）主張，早在馬可波羅之前，美索不達米亞與波斯已有多種不同麵食記載，之後麵食往東傳入中亞與中國。

這裡提到的伊特利亞麵（itriya）可能是從杜蘭小麥製成（可能也用二粒小麥），這些小麥壓碎之後與水混合，加入大茴香與鹽巴，做成厚麵糊。這份麵糊再擠壓成細條，就像天使髮義大利麵，然後捲成巢狀，之後乾燥。泰伊（Al Taie）寫道，阿曼人如今仍會製作這種麵。在義大利的卡拉布里亞（Calabria）與西西里，也看得到類似的義大利麵，稱為*tria*，埃及尼羅河附近的聚落也有*treyya*這種麵。運用豆類和麵使湯變濃稠的做法，讓我想起摩洛哥的哈利亞與巧巴燉菜。不過，這道料理的特殊之處在最後階段要加入玫瑰水，味道會大大加分。

匙葉甘松（Spikenard）是來自喜馬拉雅山的芳香藥草，羅馬人常用來調味。源自印度的蓽拔（long pepper）也是羅馬人廚房中很常見的食材，會以曬乾的完整果實販賣。蓽拔與常見的黑胡椒是親屬，果實研磨之後會釋放出胡椒鹼（piperine），也就是胡椒中有刺激性的生物鹼。在這食譜出現的年代，人們通常以炭烤的方式來料理雞肉。為重現傳統做法的煙燻味，不妨以後院的烤爐取代瓦斯爐，把雞肉烤到棕色。雞肉去骨之後，為了增加菜色滋味，可用雞骨頭熬高湯來取代水，加入壓碎的豆子和雞肉。

可用橄欖油炒一盤菠菜或芥菜，並加入迷你洋蔥與牛肝菌。六到八人份。

材料：

乾的鷹嘴豆／一杯

新鮮檸檬汁／兩大匙

水／六杯

橄欖油／四分之一杯
全雞／兩隻（每隻重約三千～三千六百公克，去骨、切大塊，或用等重的雞腿亦可）
白洋蔥／一個，切丁
錫蘭肉桂／一根（不是中國肉桂）
黑胡椒／半小匙
白胡椒／半小匙
蓽拔／半小匙
芫荽籽／一小匙
完整丁香／一小匙
海鹽／一小匙
新鮮肉豆蔻（磨碎）或肉豆蔻粉／一小匙
南薑粉／一小匙，或是半吋的新鮮南薑，去皮切末
鮮薑／一小匙，去皮切末
烹飪用匙葉甘松油／四分之一小匙，或一小匙新鮮匙葉甘松的根，去皮切末
玫瑰水／兩杯
乾麵條，八十五—一一〇公克（可用大茴香風味的伊特利亞麵、天使髮細麵，或其他含有香草的

細麵條）
水煮蛋／五個，煮熟，剝皮切片
義大利綿羊乳酪／一一〇公克（其他陳年綿羊乳酪亦可），切片

做法：

鷹嘴豆放入碗中，加水淹過，並加入檸檬汁攪拌。在室溫中靜置八到二十四小時，也可放進冰箱。瀝乾、洗淨，放入鍋中。加水，以中大火煮滾，之後轉成中小火，不要加蓋，把豆子慢煮至軟，共需兩個半到三小時。之後將豆子瀝乾，以金屬或木湯匙壓成糊狀。

在湯鍋或鑄鐵鍋中倒入橄欖油，以中火熱油。油熱了之後，將雞肉分批加入。每一面煎到金棕色，再用有漏槽的鍋鏟把雞肉放到盤中。之後加入洋蔥到油鍋，以中火炒至透明，大約五分鐘。加入豆泥與肉桂，把雞肉放回鍋中。加入剛好能淹過雞肉和豆子的水，以文火燉煮雞肉，把雞肉煮軟，約三十到四十五分鐘。

同時把黑胡椒、白胡椒、蓽拔、芫荽籽、丁香放入研磨缽，用杵搗成粉（或香料研磨器亦可）。之後加入鹽攪拌。

等雞肉變軟，加入香料粉、肉豆蔻、南薑、薑、匙葉甘松與玫瑰水拌勻。之後調成大火，煮滾之後加入麵條攪拌，煮到麵條彈牙。

以大湯匙把雞肉和麵放進深盤中，鍋內剩下的高湯也倒入。盤子邊緣擺蛋與乳酪切片，即可食用。

Al Taie, Lamees Abdullah. *Al-Azaf: The Omani Cookbook.* Muscat: Oman Bookshop, 1995, p. 48.

Batmanglij, Najmieh. *Silk Road Cooking: A Vegetarian Journey.* Washington, DC: Mage Publishers, 2002, p. 14.

Perry, Charles. Foreword to *Medieval Cuisine of the Islamic World: A Concise History with 174 Recipes*, by Lilia Zaouali. Translated by M. B. DeBevoise. Berkeley: University of California Press, 2007, p. x.

Zaouali, Lilia. *Medieval Cuisine of the Islamic World: A Concise History with 174 Recipes.* Translated by M.B. DeBevoise. Berkeley: University of California Press, 2007, 119–20.

*

納巴泰人有如變形蟲，原本是過著遊牧生活的畜牧與採集者，後來變成海盜，之後當起船長與商人，最後成為大宗商品的投機者與公共工程的管理者。在幾個世紀的期間，其信仰從泛神、多神變成一神，目的或許是為了拉攏商路及目的地的權力掮客，鞏固社會關係。之後，他們學習與吸收其他語言，陸續信仰猶太教、基督教與伊斯蘭教。他們每回表面上改信其他宗教時，都會趁機強化他們在各大陸間的貿易結盟關係。

他們已學會在推銷香料時，捏造故事來加油添醋，也學會在必要時掩飾自己的生活與信仰。事實上，他們或許是世上為了經濟理由，最早懂得操控心靈的主要文化，早早就懂得「帶風向」。薰香與其他有迷幻效果的植物，是他們用來安撫大眾的藥品。

那群大眾所居住的地方，多半是地中海沿岸港口與美索不達米亞沼澤地。我印象尤其深刻的是，羅馬與雅典有大量的文獻紀錄證實，乳香、胡椒與肉桂並非僅屬於上流階級的新奇玩意。[24]這些城邦國家幾乎家家戶戶焚香，目的或許是驅散鮮少沐浴導致的體臭、肉鋪及下水道飄出的腐臭。彷彿天堂的香氣，可以消除百姓在日常勞動時的汗臭，避免他們精神不濟。今天住在都會的窮人可能會買手機或名牌牛仔褲，當作地位象徵（無論能否負擔），古代地中海的窮人也會運用芳香的物質、香料與浸泡物來滿足自己的物慾，即使這些奢侈品可能榨乾他們微薄的財產。

不過有些人漸漸明白，貿易固然可以改善生活與致富，卻也會導致有些人一貧如洗。凱薩大帝曾設法控制羅馬的奢華文化，避免帝國財富過度耗損。他甚至派出食物與薰香「特警小組」到市場與私人住家，搜查誰耽溺於炫富，因為那些人不僅害自己破產，也會使帝國財富耗竭。[25]

我來到這片乾涸大地時，當然為時已晚，沒機會與納巴泰商人談談他們的全球化觀念，或聆聽他們訴說香料行銷技巧。但我至少可霧裡看花，瞧瞧現代人如何在耶路撒冷的市集上，運用納巴泰人留下的資產。

巴士爬上山坡，離開內蓋夫，經過死海，來到水源較豐的耶路撒冷與伯利恆山丘。巴士終於抵達所謂最神聖的城市時，戴夫神父與我找地方落腳，之後我徒步前往最古老的城區，那曾是納巴泰商人經常光顧之處。如今至少有八百個商人，仍在耶路撒冷的舊城區叫賣商品。

舊城周圍的城牆是在一五三八年完成，但部分琢石在兩千年前就安放。我穿過位於北側、通往基督教與穆斯林區的大馬士革門（Damascus Gate），走下階梯，沿著堪艾賽市集街（Souk Khan Ez-Zeit Street），來到阿塔林市集。這裡正是耶路撒冷的香料交易延續得最久之處。

但是，我找不太到香料的蹤影，周圍盡是擺滿運動鞋、涼鞋、背包與帆布袋的服飾店。我遠離這些工廠生產的東西，在基督教區擁擠的步道上蜿蜒前進，直到瞥見聖墓教堂。我恢復方向感之後，朝著艾夫提莫斯市集（Souk Aftimos）的三聯拱入口前進，這裡過去曾是耶路撒冷最大的香料市集。

我造訪一處處的亞美尼亞與猶太商人的攤位，他們的面前擺著斑駁棕色的扎塔綜合香料、黃色的薑黃、米色孜然與紅色的鹽膚木粉，香料堆成了尖尖的小山。有些攤位販售大塊薰香，不光只有乳香和沒藥，還有茉莉、玫瑰與現場混合的獨特祕方，滿足消費者的慾望。

不過，當場調配香料的商人不多。大部分的攤販是販售三、四種包裝好的薰香「紀念品」，以玻璃紙或塑膠袋密封起來，放在登機箱裡，箱子上標示「耶路撒冷薰香」或「賢士的禮物」。

不消說，在層層包裝保護下，我根本什麼也聞不到。我發現多數觀光客會幫香料商人拍數位照，並給他們一點點小費，但鮮少人有購買任何香料或薰香。他們朝猶太區前進，那裡有「真正」的紀念品：死海護膚產品與橄欖油香皂、耶穌的涼鞋與珠飾手提包、聖膏油、明信片與T恤。大部分商品是中國製的，但購物者不以為意。每年湧入舊城的「宗教旅客」約有百萬人，他們最愛買的就是這些東西。

那天我在舊城找到唯一的新鮮「香料」，是生長在古老的城牆上。一株續隨子在觀光客上方蔓延，鮮少人有發現它多麼堅毅。

只不過隔天早上，我高高興興和摩許·貝松（Moshe Basson）主廚，準備去本－古里安都會森林（Ben-Gurion Urban Forest）找續隨子、鼠尾草、鹽膚木、芥菜種子、松子與野生開心果時，卻感覺在耶路撒冷無論走到哪，總令我神經緊繃。於是，我改而前往西岸的伯利恆。我不是為了想看不同景色，只是想從舊城的壓迫感中喘口氣。雖然伯利恆離耶路撒冷中心僅僅六哩路（約十公里），我卻花了近兩個小時，才穿過交通打結的大街小巷、路障與檢查點，抵達這一帶的另一座聖城。

續隨子　Caper

續隨子（*Capparis spinosa* var. *spinosa*）是一種有刺，已適應乾燥氣候的植物，主要的產物是尚未開花的花蕾，味道有點刺激、苦澀、不太順口。為了去除花苞的苦味，會以鹽巴醃製，或是以鹽與醋醃製。醃好之後，花苞中的癸酸（capric acid）、槲皮素（quercetin）與山柰酚（kaempferol，與槲皮素皆為多酚類）會讓這永不盛開的花朵產生強烈香味。

續隨子成熟後，會結出橄欖綠色的淚滴狀漿果，上頭有細紋。處理漿果的方式和花苞一樣，醃製後即可降低刺激的口味，食用方式也和花差不多。在地中海島嶼和沿岸，都有花朵和漿果可採收，不過漿果的需求量遠不及花蕾，花蕾在生長地之外也受歡迎。小小的花蕾雖然稍縱即逝，但世界各地依然可以賣出高價。義大利、摩洛哥、西班牙和土耳其是最大的生產者。

從地中海到俄羅斯南部都有續隨子的考古紀錄，但是在史前，續隨子並未在土耳其與黎凡特以東使用。其他語言的續隨子花苞與漿果，多半是借自阿拉伯語中的 *al-kabar*，或其他更古老的閃族語言（例如腓尼基或納巴泰語）。土耳其語是 *kapari*、印度語稱為 *kobra* 與 *kabra*、日文是ケッパー（keipa）、義大利文稱為 *cappero*、葡萄牙語是 *alcaparra* 等等。

最早把這種半栽培的植物、醃製技巧與食用傳播到世界各地的，就是閃族商人。

續隨子常在廢墟生長。我曾在黎巴嫩貝卡谷地的巴勒貝克城（Baalbek）遺址中，看見續隨子毛茸茸的花朵；在耶路撒冷舊城，續隨子在阿拉伯區外攀著燈柱纏繞而上；在雅典，續隨子爬上帕德嫩神殿的牆面；在安達魯西亞，續隨子在阿罕布拉宮沿著花園步道而生。我也在中國西部塔克拉瑪干沙漠中的交河故城，驚喜發現續隨子的蹤跡。在這處已遭到遺忘兩千年前的大都會中，續隨子是最常見的植物。

事實上，植物學家認為亞洲續隨子是不同的變種（*C. spinosa var. mariana*），原生地是在印度、巴基斯坦與東南亞，但我不夠熟悉，無法得知我在中國西部看到的究竟是變種，或是波斯人與阿拉伯人當年帶著到東方，定居於絲路東邊時所留下的品種。

我初次看見續隨子的藤蔓，是在食物歷史學家瑪麗・西麥提（Mary Simeti）位於西西里島中部的農場上。這些藤蔓在果樹下被栽培成攀緣植物，也就是底部類似灌木，卻會像真正的藤蔓一樣，沿著樹幹往上蜿蜒生長。瑪麗的西西里農藝學家朋友吉烏斯佩・巴貝拉（Giuseppe Barbera）告訴我，續隨子曾是西西里島最昂貴的出口商品。每個來自西西里島的美國人在返鄉時，行李必定要藏一包這種高價的珍饈。因此我和西西里朋友開玩笑，早在他們的黑手黨鄰居走私毒品之前，他們就已懂得走私續隨子了！瑪麗以生物動力學農法栽種的續隨子樹叢，令我好生羨慕，因為我每回嘗試移植續隨子苗到我果園的石灰土上，總不出幾個星期就枯萎死亡。或許我家欠缺地中海的微風與水氣吧！

續隨子常做成各種醬汁，搭配肉類、魚類與禽類食用，包括墨西哥蔬菜燉魚（pescado a la veracruzana）——這道料理說明墨西哥在殖民時代受到安達魯西亞、摩爾人與黎巴嫩人影響。此外，整個拉丁美洲都找得到的蔬菜丁燉肉（picadillo）、義大利的煙花女麵（salsa puttanesca），還有阿卡迪亞（Acadian）、卡郡（Cajun）與克里奧（Creole）的香料蛋黃醬（rémoulade），皆會加入續隨子。在法國，續隨子用來增加南法香料奶油（Montpellier butter）的滋味，而在斯洛伐克、匈牙利與奧地利，續隨子則和洋蔥、香草與其他調味品一起用來製作利普陶軟質乾酪（Liptauer cheese）。在希臘、克里特與塞普勒斯，續隨子可搭配所有的沙拉，也可加入各種醬料中。在黎巴嫩與巴勒斯坦，許多開胃菜都會用續隨子。如果廚師手邊一時沒有續隨子，只要到附近的石牆找找看，就能採集一些回來做菜。

Green, Aliza. *Field Guide to Herbs and Spices*. Philadelphia: Quirk Books, 2006.

Katzer, Gernot. “Gernot Katzer’s Spice Pages.” http://gernot-katzers-spice- pages.com/engl/index.html. Accessed September 1, 2011.

Weiss, E.A. *Spice Crops*. Wallingford, UK: CABI Publishing, 2002.

我就是在那邊遇見馬爾文（Marwan），一位來自巴勒斯坦的種子商人與育種管理者。他擁有全中東目前最適應沙漠的傳統香料與蔬菜種子。他把這些東西稱為「本地特有」（biladi）的種子，意思是「屬於這國家與農民」。這些種子是真正的沙漠復古品種，代代相傳留了下來。馬爾文話不多，樂於談談植物繁殖，卻不愛談地緣政治。但是聊著聊著，話題總不免碰觸到這一帶的政治局勢。

「這些本地特有種子，能在降雨稀少的環境中生長。我當然是看重這些種子的品質優良，何況這些種子早已伴隨我們數百年。它們必須在缺乏灌溉的情況下生長，畢竟我們的水源三不五時就被以色列軍人切斷。我們腳下的地下水被抽走，頂多能用廢水供果樹與農作物生長。不過，就算這些植物只要很少的水就能生長，現在還是沒什麼人要買。」

「沒人要買？」我看著他這些品質好得不得了的種子問，「這些沙漠的香草與香料這麼好！難道巴勒斯坦沒有農夫、沒有人種植物了嗎？」

馬爾文看起來很疲憊，沉默半晌之後才輕聲說：「你恐怕不了解這邊的情況。農夫還是設法耕種，卻賺不了錢。就算農夫靠著一點點降雨，把植物照料到採收……他們在大清早裝滿卡車，想載去耶路撒冷的市場賣，卻在檢查哨停下來……之後，他們就卡在車陣中動彈不得，等著排隊檢查。他們坐在那邊等呀等，慢吞吞前進，於是這些沙拉菜呀、香草啊，全都枯了……」

他嘆口氣，很無奈地說：「有時候農夫被迫等很久，排隊時整車農產品都爛了。他們洩氣地回來，放棄務農，不再跟我買種子了。」

我和馬爾文道別。離開他的種子與苗圃商店時，我黯然神傷，又無能為力。我決定走一趟伯利恆的聖誕教堂（Church of the Nativity）屹立之處，那是世上仍在使用的教堂中最古老的一座。不過，這裡有太多禮品商店與巴士停車場，我很難想像這個地方兩千年前，也就是大約西元前四年的景象——當年某些外國人（或許是帶著薰香的魔法師或占星者）透過星星的引導，從遙遠的國度騎著駱駝，前來尋找一名新生兒。

近年有一份古敘利亞語的文件被翻譯出來，顯示東方三賢士未必是三名來自波斯瑣羅亞斯德教（Zoroastrian，也稱為「祆教」）的「智者」，而是一整批來自遠東靠海的絲國（Shir）的魔法師或薩滿巫師商隊。[26]他們在大希律王的時代往西方前進，而大希律王是個以東猶太人，母親是納巴泰人。這些來到希律王國度的人究竟是誰，線索並不多，不過倒是有些名字以敘利亞語記錄了下來。其中一人叫做古達波（Gudaphar或Gandapor），這姓氏很可能是來自阿拉伯海東北的印巴國度。這個國度中，亞拉姆語、希臘語、梵語、巴利語（Pali）都已通行幾個世紀，而瑣羅亞斯德教與佛教的影響，都沿著絲路靠南邊的路徑擴張。

這份敘利亞文本近年被譯為「賢士啟示」（Revelation of the Magi），裡頭沒有提到以乳香和沒藥當成東方的禮物。然而，這些芳香植物顯然在阿拉伯海的北方範圍流通，在那年代甚至可能遠達黃海。這些香料在當時可能被當成相當貴重的禮物，無論是透過陸路或海上而來。

若他們果真在西元前四年抵達伯利恆，那時正是芳香商品交易在世界大幅擴張的時代：從中國、摩洛哥、印度與索科特拉島，擴張到今天坦尚尼亞的尚吉巴，以及肯亞外海的拉穆群島。這時陸上與海上的香料貿易，為真正前所未見的全球化揭開序幕。大陸間的貿易已是常態，不再是例外。它仰賴多數人對於「異國」的嚮往，藉以逃遁日漸辛苦煩悶的日常生活。香料貿易善用人們心理的渴望，從中牟利，這做法在世界各地的不同文明發展出來；這股渴望並非源自於空空的胃，而是來自於難以滿足的心靈。

第四章
阿曼：文明的搖籃

春末，我在阿曼灣旁，與友人蘇萊曼．康嘉里一同在蘇哈爾堡（Sohar Fort）附近散步。我往堡壘蒼白的灰泥牆前進。高聳的牆面幾乎與一旁的棗椰樹一樣高，幾個世紀以來，不斷以灰泥塗塗抹抹。那天豔陽高照，天氣炎熱，海面與雪白牆面的強烈反光，讓我差點睜不開眼。

蘇萊曼肯定發現我眼睛瞇起，遂呼喚我過去。我步下卵石階梯，準備到他所在的城牆陰影下。牆面爬滿深綠色的九重葛藤蔓，點綴鮮紅的花朵。我跟他躲進陰影，發現前方有一圈低矮的石牆，圍繞地面洞穴。我眼睛適應暗處之後，旋即睜大眼，環顧四下。

有群人圍著一名阿拉伯歷史學家，他正比手畫腳，指著那處圍起的坑洞，向學生解釋這是過去考古挖掘之處。「過去聽聽看吧，」蘇萊曼輕輕對我說：「我會盡量把他講的話翻譯給你聽。」我往他靠過去，慶幸能躲在陰影中。

「阿曼灣是古代航海的搖籃，索哈爾是航海家最早啟航的港口之一……港口以石牆包圍，距離城堡還有兩百碼，可惜已遭風暴摧毀。到了十世紀，穆斯林地理學家伊斯泰赫里（al-Istakhri）稱這裡為『伊斯蘭世界最大的海港』。這是阿拉伯半島東岸上，最大、最富有的交易樞紐。我們現在的所在地是由十三或十四世紀初的荷莫茲人建造，目的是安置軍人，保護如今已遭到摧毀的港口。但更早之前的納卜漢尼王朝，這港口是用來交易銅與香料，換取造船的木頭。」

「納卜漢尼王朝？」我問。

「十二世紀中到十五世紀中期，你的祖先納卜漢尼家族控制這座港口，成為區域統治者。當然，在他們稱霸之前，這地方已有貿易活動了，甚至在興建這第一座堡壘之前就有了，大約是西元一世紀。我們繼續聽下去吧！」

「早在西元前三〇〇〇年，這一帶可能就有航海人出沒，他們最初只讓船隻在海岸附近停留。關於這處海岸最早的文字紀錄，是出現在阿比辛國王（King Abi Sin，西元前二〇二九到前二〇〇六年在位）的時代。[1]根據記載，來自馬干（阿曼）的銅與薰香，會用來換取美索不達米亞的木材及印度的香料。後來，海上貿易拓展到跨越海灣、大海與大洋。堡壘持續興建，在我們正下方的最底層曾發現中國瓷器，可能是從印度傳來的。幾個世紀以來，運用這座港口的不只有阿拉伯商人，還有猶太商人。事實上，我們以為是穆斯林的名字最初可能是猶太人的，後來他們改信伊斯蘭教之後才稍微改變。」

「不過那時的阿曼人和現在一樣，不安於現狀。」

圖八：古阿曼交易中心的廢墟，位於綠山高原下的沙漠，令人想起幾個世紀以來的貿易之路多麼變化多端。（攝影：作者）

蘇萊曼微笑，顯然翻譯到一半，就開始提出自己的見解。「我的家族源自於東非，好幾千年來，阿曼人曾到東非與尚吉巴人買賣香料。其他人（例如你的納卜漢尼祖先）則居住在肯亞外海的拉穆群島。阿曼人過去曾在印度、伊朗、巴基斯坦、阿比西尼亞、尚吉巴建立殖民地，或許還包括馬達加斯加島。沒錯，許多人都是香料商人。」

「乳香交易是透過阿曼北邊的港口，還是在南邊朵法爾省的巴里交易？」

「如果查古地圖，會發現有幾條內陸的交易之路從乳香產地一路延伸到現在的阿曼北部。大家都以為乳香之路是從葉門的沙那（Sanaa）與馬里卜，往北經過麥加與雅什里布，抵達佩特拉，之後再通往耶路撒冷或亞歷山卓。不過，商隊還有許多其他路線可走，有些還穿越魯卜哈利的荒涼區域。眼前的這條路是稍微偏半島東岸的路線，從朵法爾延伸到馬斯喀特與尼茲瓦（我不太確定究竟通到哪裡），之後又通往伊布里（Ibri）與雅布林（Yabrin），再到巴斯拉與巴格達。

「但我不認為這條路會一直沿著海岸前進，否則會被海盜盯上。我反而認為，這條路會隱藏在內陸，才能把貨物藏在有防護的綠洲，例如巴赫拉。之後，等他們準備好把貨物送到海上時，無論是銅、皮革或霍傑利乳香，皆以商隊送到索哈爾等港口。」

我閉上眼睛，設法理解這一切。航海的親戚、內陸的隱密通道、非洲外海的祖先。我對自己的血脈理解這麼少，著實難為情。[2]

雖然阿曼的馬干王國有土生土長的閃族部落，有些還信仰早期的猶太教，不過這裡還住著其他閃族部落，多半是來自葉門的移民。這些葉門閃族中，有些是西元三世紀下半葉阿德漢納谷的馬里卜水壩潰堤後，因而北遷的人。[3]

或許我的納卜漢尼祖先也曾經顛沛流離，先逃到綠山高地，遠離容易氾濫的地面，那是阿拉伯人能抵達的最遠之處。若以為他們是自願離開葉門，恐怕太過天真，畢竟遊牧的畜牧者與香料採集者、商人與綠洲農夫之間的平衡，突然間顛覆、無法挽回，迫使許多部落必須同時逃離。每當自然或政治局勢出現變化，遊牧的採集與畜牧者，與定居的務農部落之間鬆散的共生關係會受到壓力，而在人口組成發生巨變時，創新與不平常的事物也會跟著出現。

馬里卜水壩在西元三世紀時坍塌，導致許多阿拉伯原住民部落前往中東其他地區，甚至尋找新的職業。[4]難民們包括遊牧畜牧者，及偏向定居的哈德爾族——後者曾在較廣大的灌溉綠洲中從事農耕，例如馬里卜阿德漢納谷一帶的農業中心。灌溉農業會在中東及更廣的世界普及，多多少少是拜這些出走的哈德爾族之賜。他們在過去四千年，持續提升以運河灌溉農作物的技巧。

這些人永遠離開葉門老家之後，顯然持續遷移，且不局限在陸地上活動。他們精通航海之道後，便踏入更遼闊的世界，鮮少回到祖國。阿曼的港口儼然是他們的跳板，香料運輸成為他們最常見的職業。

腓尼基人在紅海與地中海地區發展卓越的航海技巧，之後才往更遠的地方發展，而阿拉伯航海者則從巴斯拉港離開阿曼與波斯，最初多在波斯灣與印度洋活動，之後又前往非洲之角。當然，古吉拉特、印度與錫蘭水手早已在這一帶水域航行，彼此貿易了好幾個世紀，而阿拉伯人也以那些民族的航海經驗為基礎，發明新的航海技術，包括觀察四十八顆星星移動的方式、在海岸邊安置成千上萬的地標，並利用季節風向的轉換來跨越海洋，或沿著岸邊航行。[5]他們在非洲與亞洲建立起常設休息站與香料倉庫，功能像以前阿拉伯沙漠的商隊旅館。

阿拉伯水手在沿岸港口見識到某些香料後，發現遠比沙漠的野生種類要豐富珍貴。雖然在阿拉伯半島沙漠生長的香料品種效果無疑很強，但和印度、斯里蘭卡、摩鹿加群島、中國、尚吉巴或馬達加斯加島一比，只是小巫見大巫。這些烹飪原料逐漸改變遊牧民族簡單的料理，使之演變成今日眾所熟知的中東料理：例如羊肉串（laham mishwi）是把加了香料的羊肉或山羊肉，以籤子串起後在柴火上烤；棗子醬（hays）則是把棗子、凝乳與印度酥油混合而成；塔里德（tharīd）是把無酵麵包放進簡單美味的燉肉；肉湯（khazira）則是加了麩皮與香草的清肉湯；麥粥（sariq）是用大麥、小麥或二粒小麥煮成的粥。[6]

多虧亞洲與非洲的進口貨，這些菜色在烹調時能加入新的香草與香料，用蜂蜜與蔗糖賦予甜味，並淋上酸柑與泰式青檸的酸果汁。此外，來自其他國度的豐富食物被認為是奢侈的異國品，和阿曼做生意的人莫不目眩神迷。這些食物在希臘、羅馬、美索不達米亞與托勒密帝國政治經濟中心，都要價不菲。雅典、羅馬、亞歷山卓、利格斯（Lygos，即後來的拜占庭）與巴比倫的權貴，根本難以抵抗強烈的香氣與滋味誘惑，他們用這些時髦的進口貨來炫富，提升地位。如今我們很難想像，遊牧者的臨時帳篷或農民的小村莊能如何在好幾個世紀的時間，滿足城市國家對奢侈品與新奇玩意的需求。

由於定居生活型態的人總有難以滿足的慾望，讓阿曼航海家獲得了往外探險的動力，學習外國語言，設法直接與香料生產者交涉，並把航海與備糧能力發揮得淋漓盡致。這麼一來，阿曼水手即可在海上度過好幾個月，不怕壞血病或颱風襲擊。到了西元前一〇〇年（或許更早得多），他們已常透過在馬拉巴爾海岸、馬來西亞或摩鹿加群島的仲介，收購中國商品，甚至親自跟中國人買。中國人在北部灣（Gulf of Tonkin）附近初次碰到他們時，分不出是波斯或阿拉伯船隻，一律稱他們為「商胡」，意思是「外國商人」。黑胡椒與白胡椒、中國肉桂與錫蘭肉桂、肉豆蔻仁與肉豆蔻皮（mace）、八角與丁香都到了他們手中，收藏起來。他們取得香料的地理範圍，擴張到已知世界的最遠之處。

當然，到了這時候，各種薰香已不是「當紅」產品線，更無法左右商路的確切路線。亞洲的絲、麝香與藥草等產品變得無比珍貴。這些東西循著陸路，從中亞由駱駝運送到印度南方或西方港口。

阿曼的阿拉伯人甚至腓尼基人，過去曾靠著駱駝商隊深入偏荒，取得香料產品，但從物流與成本等因素來看，貨物以海運送到更遠之處便利多了。船隻越造越大、越穩固、速度快速，但商隊根本無法光靠著增加每頭馱獸的載重量，或用更多驢子、騾子、馬匹、駱駝甚至大象，與船隊匹敵。然而，馱獸並未遭到淘汰。時至今日，市面上仍有稱為「駱駝茶包」的沱茶。沱茶長時間放在駱駝背上穿越沙漠，賦予茶葉獨特的氣味。

有些人可能好奇，在歷史上，阿拉伯人與猶太人最初究竟是循著陸路或海路抵達中國？這問題看來意義沒那麼大了。許多早期（在基督教與伊斯蘭教之前）阿曼商人，在一趟旅程中可能兼採海陸兩種方式，亞洲人也是如此。這些貿易工作者可能包括信仰猶太教雛形的阿拉伯人，有些人仍信仰多種神祇，或透過薩滿巫師來接觸精靈。

在那時，阿拉伯人與猶太人這兩個詞並非互斥的兩個類別，因為不同的閃族群體（包括迦南人），顯然都成了摩西的追隨者（各語言可能稱為Moses、Moshe或Musa）。這位先知率領眾人離開埃及，前往西奈，在西奈獲得神的指示。猶太水手與商人仍與阿拉伯群體融合好幾個世紀。在伊斯蘭教發展之後，他們與早期的基督教徒與薩比教徒，變成「齊米」（dhimmi）或是「有經者」（People of the Book，是伊斯蘭教的詞彙，包括猶太人、基督徒和拜星教徒，有時也包括拜火教徒。過去在穆斯林國家，有經者屬於受保護的次等公民）。齊米人必須繳稅給穆斯林主人，才能換取居住權與保護，可實行某些穆斯林社群禁止的儀式。「齊米」的特殊地位，讓雙方在共同的歷史中彼此支持包容，直到十七世紀時世俗主義興起才出現變化。

煎魚椰香飯　Maqlay Samak

想從食物中了解印度洋的跨洋交易，最適合的就是香料魚、米飯、椰漿、扁豆、泰國青檸與嫩薑。剛來到阿曼海岸的人，往往不知道別人端上桌的是傳統的阿曼阿拉伯菜，或近年在阿曼蘇丹國餐飲界工作的印巴移工所引進的菜色。從歷史觀點來看，阿拉伯半島與印度次大陸交易主糧食穀類、豆類、水果、魚乾、蔬菜與香料的時間相當悠久，因此要區別哪些是哪邊的傳統、特有或正宗料理，答案也都模稜兩可。

在葉門的阿拉伯語中，*Maqlay samak*簡單來說就是「煎魚」。魚會先用加了許多香料的檸檬醃過再煎，之後放在以椰漿煮過的飯上。任何在近海捕撈的白身魚（例如歐鯿、烏魚或海鱸魚）都可以用。

以橄欖油醃過的烤茄子或茄子沾醬，是很適合搭配這道料理的簡單配菜。以下食譜為四人份。

材料：

綠扁豆／半杯
新鮮檸檬汁／四分之三小匙
印度香米／一杯半
橄欖油（炒飯用）
小豆蔻莢／四根，切開
印度酥油（油炸用）
去皮鮮薑末／一大匙
椰漿／三杯
水／一杯
海鹽

新鮮研磨孜然粉／半小匙
新鮮研磨小豆蔻粉／一小匙
新鮮肉桂粉／一小匙
薑黃粉／半小匙
泰國青檸／兩個榨汁
魚（半斤）／一條，去除內臟

做法：

扁豆放進碗中，加水淹過，並加入檸檬汁攪拌。在室溫下泡七小時。瀝乾、洗淨後靜置。

把米放入碗中，多加點水淹過，以手指淘洗米，洗米水會變混濁。之後把水倒掉，重新在碗中加水蓋過米，再淘米、瀝乾，重複至洗米水變清澈。之後把米瀝乾。用煎鍋或大平底鍋以小火加熱一匙左右的橄欖油，加入米炒幾分鐘，之後離火靜置。這步驟能確保煮飯時米不會黏在一起。

在乾的平底鍋烤肉豆蔻莢，烤香後取出。同個鍋中加入半小匙的印度酥油，以中大火加熱。加入薑炒香，之後加入扁豆與米，拌勻。加入椰漿、水、小豆蔻莢煮。以鹽調味，將火關小，加蓋，直到水分被吸收，米與扁豆變軟（約三十到四十五分鐘）。離火，端上桌前用湯匙把小豆蔻莢撈起。

開始煮米和扁豆前的大約十分鐘，可準備煎魚。在裝得下魚的淺碗中，把孜然、小豆蔻粉、肉桂粉、薑黃粉、泰國青檸汁與一點鹽拌勻。靜置至少十分鐘，讓混合物變稠。把魚洗淨、擦乾，與混合香料一起放在碗中，讓魚兩面沾勻。在室溫中醃三十分鐘。

以中大火加熱煎鍋或炒菜鍋，鍋內刷一層印度酥油，直到酥油發出滋滋聲。之後將魚拿出醃醬，放入鍋中煎，記得翻面，避免燒焦，直到兩面棕黃（約十到十二分鐘）。以刀尖插入魚肉時能輕鬆掀起，代表魚已熟。時間依照魚肉的厚度而有所不同。

把飯盛入盤中，魚擺在飯上即可享用。

Al Taie, Lamees Abdullah. *Al-Azaf: The Omani Cookbook.* Muscat: Oman Bookshop, 1995, pp. 161–62.

*

我在阿曼時，曾造訪聯合國教科文組織保護的一處博物館，主題是乳香的貿易史。我驚喜發現一份古代手稿的副本，那是阿曼香料商來到東方的最早文字紀錄之一。他當然不是第一個和中國交易的阿拉伯商人，因為雙方早在他出生之前的好幾個世紀已有往來。但這人在西元七五〇年到了中國，並把經驗寫下來，足足比馬可波羅的精采口述早了五百年，何況馬可波羅不識字，是獄友魯斯蒂謙（Rustichello）幫他寫下的。[7]

這位相當於葉門馬可波羅的英雄，叫做歐貝達．賓．阿布杜拉．賓．卡希姆（Obeida bin Abdulla bin al-Qasim），在阿拉伯世界從來就不是家喻戶曉的人物，在西方世界更是沒沒無聞。阿拉伯人並非不好意思紀念他們的英雄與先驅，而是阿拉伯學者知道，比歐洲人更早抵達中國的商人成千上萬，歐貝達只是其中一個。博物館特別將他列出，是因為他用阿拉伯文對早期中國的紀錄保存得很完整。不過，這份紀錄中所描述的亞洲貿易，遠不如幾個世紀後博學多聞的伊本．巴圖塔描述的精采，因此在阿曼之外知名度不高。我看著收藏這份珍貴手稿的防護玻璃箱，明白來參觀博物館的阿拉伯人也不覺得這份文件有什麼了不起。許多人認為這手稿平凡無奇，畢竟阿拉伯航海史學者能舉出許多這樣的紀錄。

雖然進入中國最早的日期仍沒有答案，但在諸多第二、三人稱的文件中，已確認阿曼與葉門的阿拉伯航海者，在西元五〇〇年已常造訪現在的馬來西亞，甚至中國，比歐貝達記下的豐富經歷早了兩百五十年。在早期阿拉伯航海者更簡短隨性的報告中，中國是「中央王國」，北方則有蒙古。阿曼航海者（包括猶太商人）在信仰伊斯蘭教，且伊斯蘭教尚未擴張之前，即從索哈爾或馬斯喀特出發，短暫停留在阿拉伯灣尖端的巴斯拉，之後往南到希拉夫（Siraf，在今天的伊朗）或到更南邊、位於波斯灣的蓋斯（Qays），再前往馬拉巴爾海岸。到了這年代，在陸上貿易之外，還透過波斯灣與印度洋來運送貨物的，不只有阿曼阿拉伯人。

芝麻 Sesame

芝麻（*Sesamum indicum*）種子無論是新鮮或烘烤過，都有一股濃郁的堅果香，很適合用來當香料或烹飪油。事實上，芝麻種子有百分之六十的重量是油，很可能是世上第一種栽培來榨油的種子。早在歐亞與非洲文明的文字紀錄之前，印度次大陸就已經馴化芝麻。芝麻是一年生草本植物，有可愛的鐘型花朵，小小的水滴形種子有白色、米色、淺紅色、棕色與黑色。

多數野生芝麻的親戚生長在非洲，但有種特別的野生芝麻祖先（*S. orientale* var. *malabaricum*）只在印度次大陸生長。考古學上找到最古老的芝麻種子是出現在印度哈拉帕（Harappa）的印度河谷地（Indus Valley，現位於巴基斯坦），時間可追溯至四千到四千六百年前。這項發現似乎指出，芝麻在印度次大陸馴化的歷史超過四千五百年，可能在五百年後傳到美索不達米亞（西元前二〇〇〇年）。巴比倫人只用芝麻榨的油，而麻油在西元前一五〇〇年傳入埃及。到了西元前二〇〇年，芝麻已在中國種植許久，成為常見作物。有趣的是，許多中國的品種透過絲路，往西傳到中亞。在日本與美國各式各樣的壽司上，都會撒黑芝麻。

我的老友多蘿西亞・貝蒂吉恩（Dorothea Bedigian）是種族植物學家，她稱芝麻為「漫遊詞」（wanderwort），因為芝麻的名稱繁多，又透過早期貿易廣為傳播，因此要追溯語言發源地很不容易。有趣的是，芝麻似乎在青銅器時代早期，從馬拉巴爾海岸傳到美索不達米亞，稱為 *taila* 或 *tila*，這個詞是源自於印度北部的古梵語，泛指任何有油的種子。無獨有偶，阿卡德語的 *šamaššammû*，意思也是「油」或「含油種子」。後者與亞述的 *šaman shammi* 有關，且影響到亞拉姆語的 *shumshema*（也寫成 *šumšêm*）、古阿拉伯語的 *as-samn* 與現代阿拉伯語的 *as-simsim*。希伯來文中的 *sumsum* 也很類似。這些詞都有含油種子的意涵。

今天現代波斯語的 *konjed*，是衍生於中世紀波斯語的 *kunjid*，可能是源自於古亞美尼亞的 *küncüt* 或突厥語的 *künji*。同為印歐語系的印度語則稱芝麻為 *gingi*，可能是描述種子在乾燥果莢中的聲音。這個字可能也和阿拉伯的「回音」名詞 jaljala 有關，西班牙語的芝麻 *ajonjoli* 與馬爾他語 *gulglien* 皆衍生於此。

芝麻往東傳入到中國後稱為「胡麻」，意思是「外來的麻」，與「油麻」都是使用很久的詞。非洲的許多方言與語言稱芝麻為 *benne*、*benniseed* 等類似的字，而在美國南方，*benne* 仍用來指當作覆土作物或供野生動物覓食的芝麻。

芝麻的種子有點類似餅乾的堅果味。經過烘烤之後會更濃。味道濃郁的麻油有人喜歡，有人不喜歡。未烘焙的芝麻所榨出來的油顏色淺，但很清香，加上發煙點高，適合烘焙、炒菜與其他高溫烹飪。烤過的芝麻所榨出的油為琥珀色，有扎實的香氣，很適合淋在沙拉上或加入已煮好的料理中，但發煙點低，鮮少用來油炸。第三種芝麻做成的「油」，則是黏稠的麻醬，阿拉伯文稱之為 *as-simsim bi tahini*，其他語言則稱為 *tahini*。

我記得很小的時候，曾見過來自黎巴嫩的祖父小心將芝麻醬與檸檬汁混合起來，塗抹到煎魚上。祖父過世之後，這任務就交給我父親，由他秉持同樣的認真態度處理。他們都常讓我吃酥酥脆脆的美味糖果，那是從紐約布魯克林的薩赫蒂（Sahadi）家買的，是將芝麻和焦糖化的糖混合而成。我愛極了這種糖果，因此我和人合夥，在亞利桑那州亞馬多（Amado）開設十畝農場，種植復古品種的穀類與豆類之餘，也不忘種植芝麻。

芝麻壓碎、加糖後，可用來製作另一種醬，乾燥變硬後就是知名的哈瓦酥糖（halvah），從安納托利亞（Anatolia）東部到黎巴嫩、敘利亞、約旦與巴勒斯坦都很常見。不過，這個詞還在埃及到摩洛哥這麼廣大的範圍，用來指各式各樣的甜點，但未必包含芝麻。

整個伊斯蘭與猶太世界，居民會把芝麻撒在以麥麩製作的環形圓麵包上（包括發酵與無酵的），稱為賽米塔麵包（semit，多拼作 simit），或西班牙文的 pan de semita。這種麵包從土耳其、黎凡特到北非都很普遍。西班牙宗教審判期間禁止食用這種麵包，因為它對西班牙的猶太教徒與穆斯林都有很重要的文化意涵，在西班牙的拉丁美洲殖民地也是如此。於是芝麻麵包師傅與芝麻麵包走入地下，只在遙遠的地方再度出現，例如德州的聖安東尼奧（San Antonio）；墨西哥索諾拉州的瑪格達萊納（Magdalena）；新墨西哥州的聖塔菲，以及墨西哥南下加利福尼亞州的聖伊格納西奧（San Ignacio）。

雖然猶太歷史學家聲稱，墨西哥與美國西南部有芝麻點綴的麵包圈，代表這一帶有地下猶太教徒，不過，這種麵包也可能來自人口多元的安達魯西亞，由地下穆斯林與天主教徒所引進，並成為傳統食物。我們大可以說，無論閃族與其他人遷徙到哪裡，都會帶著芝麻。或許我就是活生生的證明。我這些年在自己的園子種了些芝麻之後，在二〇一一年，也在亞利桑那州南部農場的一小塊田種芝麻（正如前述）。芝麻收成後，就送給我第二故鄉的手工麵包師傅。

Bedigian, Dorothea. "History of the Cultivation and Use of Sesame." Introduction to *Sesame: The Genus Sesamum*. Edited by Dorothea Bedigian. Boca Raton, FL: CRC Press, 2011.

Gambrelle, Fabienne. *The Flavor of Spices*. Paris: Flammarion, 2008.

腓尼基人與波斯人（或安息人）早已來到此處，迦勒底（Chaldeans）與古吉拉特人也是。海灣兩邊的諸多港口多元文化並存，只差希臘與羅馬文化。港口居民的語言有閃語、波斯語、印度語。港口邊的商隊旅館（例如迦勒底的吉拉港[Gerrha]）除了安置駱駝，也要安置大象；除了駱駝夫投宿，也有水手落腳。珍珠和紫色顏料一樣常見，而中亞麝香和葉門乳香需求都高。香菜、孜然、茴香與芝麻，來自四面八方。

在西元前一四〇年以前，中國人已前往印度與迦勒底港，直接與聚集在此的敘利亞、阿曼與葉門阿拉伯和猶太人通商。在漢朝，中國人稱迦勒底為條支，從陸路與海路皆可前往，循海路約一百天可抵達。這時代的中國人已熟知佩特拉，稱之為犂軒。但是唐代時，中國人感嘆：「海中善使人思土戀慕，數有死亡者。」[8]寧願讓閃米航海與商人前來就好。

這短短的評論透露的是，雖然其他文化（例如中國）很早就和閃族一樣，有很強的航海能力，卻比阿曼、納巴泰與腓尼基人更急於返鄉，回到文化與宗教根據地。相對地，閃米人的觀念似乎讓商人建立起「衛星通訊」，連接聖地與神廟，避免思鄉病，即使以其他語言當作通用語，也不會出現強烈的文化或身分失落感。他們似乎很能適應任何環境，確保能做成生意，日後才有精采的冒險故事可說。

香料商人就是在以波斯灣和印度洋為中心的貿易網絡，出現了大躍進。西元五〇到六〇年寫成的《厄立特利亞海航行記》，記載希臘人懂得運用季節風向，直接穿越印度洋往返。只是歐洲人不知道，其他民族（包括阿拉伯人）或許在更早之前或在不久後即達成這項成就，離開淺淺的大陸棚，前往更深遠危險的水域。從物理與心理方面來看，這些航海的香料商人終於擺脫束縛，在看不見陸地的大海上航行好幾天，船舵下沒有任何淺灘。他們的成就相當於擺脫地球引力，航向月球或其他星球。

丁香 Clove

丁香（*Eugenia caryophyllus*）尚未綻放的芳香花蕾，乾燥後就像紅棕色的木釘，因此早在羅馬帝國時代就被稱為clove，意思是「釘子」。它的香氣刺激卻甜美，據說「足以燙傷味蕾」，但許多人認為丁香是很好的口腔麻醉劑與催情劑。

摩鹿加群島的丁香和胡椒、肉豆蔻仁與肉豆蔻皮一樣，在世界貿易史上舉足輕重。中國最早的丁香紀錄出現在西元前二世紀的漢代。中國人顯然靠從其他文化的仲介者得到丁香，包括今天菲律賓人公認的祖先努桑陶（Nusantao，意為「南島人」）航海人。丁香在西元二世紀來到印度，梵語稱之為*kalika-phala*，傳入阿拉伯語系國度之後，被稱為*karanful*。

丁香是在一世紀進入希臘與埃及市場，接下來的兩個世紀，腓尼基商人把丁香賣到地中海的各個角落。後來，拉特納猶太商人（Radhanite）把丁香傳遍整個歐洲。

西元一三〇〇年左右，馬可波羅出版遊記之後，歐洲人才開始了解丁香的來源。書中描述這位威尼斯人返回歐洲途中，在東海的回族與漢族港口學到關於丁香的知識。到了一四二一年，回族的航海指揮官鄭和與摩鹿加香料商人建立起合作關係。摩鹿加商人早已改信伊斯蘭教，重新與穆斯林商人連結起來，由後者把丁香透過各商路販賣出去。葡萄牙人是香料交易的後進者，但是到十六世紀初已壟斷昂貴的丁香交易，且長達一整個世紀。在葡萄牙人之後，丁香貿易由荷蘭仲介者掌控，直到一六六二年，英王查理二世（King Charles II）禁止英國人買丁香，除非直接向生產者買。

Green, Aliza. *Field Guide to Herbs and Spices*. Philadelphia: Quirk Books, 2006.
Katzer, Gernot. "Gernot Katzer's Spice Pages." http://gernot-katzers-spice- pages.com/engl/index.html. Accessed May 4, 2013.
Turner, Jack. *Spice: The History of a Temptation*. New York: Vintage, 2005.
Weiss, E.A. *Spice Crops*. Wallingford, UK: CABI Publishing, 2002.

圖九：香料靠著遠海運輸，讓區域性的珍饈進入全球市場。丁香原本只在香料群島生產，後來進入印度、中國與羅馬。十九世紀，尚吉巴成為全球丁香產量最高的地區，圖中是把丁香鋪著曬乾的情況。（圖片提供：美國國會圖書館印刷與攝影部；www.loc.gov/pictures/item/2001705556.）

後來，商人不到四十天，就能從阿拉伯半島穿越整個印度洋。此時的他們遲早會經過錫蘭（今斯里蘭卡），穿過狹窄的麻六甲海峽，找到炙手可熱的丁香、肉豆蔻仁與肉豆蔻皮。從索科特拉島或葉門的亞丁港，他們會很快繞過非洲之角，而一到非洲之角南部又馬上面對遼闊海域。不久，阿曼航海王朝就會殖民肯亞附近的拉穆群島，以及尚吉巴香料海岸外的島嶼。一旦阿拉伯航海者抵達尚吉巴，取得陌生的異國植物產品，像登陸了外星。那邊的生活條件與尼亞德的環境限制大不相同，畢竟故鄉鮮少降雨，大地幾乎稱不上有「泥土」

之地。

一時間，他們似乎可以隨心所欲，取得新奇的自然資源、賣到遙遠市場。那就像童話中的蘇斯博士，幫商人創造出奇特的外衣，讓商人從一個大陸或島嶼，帶到下一處。（發現異國植物的經驗，也會在後來歷史重演，亦即基督教徒、猶太教徒與穆斯林來到加勒比海群島與美洲大陸，挖掘先前從未看過的植物產品，促成「哥倫布大交換」。）舊大陸終於成為廣大的購物中心，裡頭有大量的「暢貨中心」，販售數不清的動植物化學品，讓人嗅聞、品嚐與攝取。

不過，香料商人面對的挑戰依然嚴峻：如何把天南地北的貨物來源整併起來，成為連貫的交易系統，還要建立共同的貨幣、估價與稅務系統，讓這套體系能從馬達加斯加，延伸到馬格里布與中國。

第五章
麥加，以及穆斯林與猶太商人的遷徙

那是個無月之夜，我沿著海岸前行，海灘後方就是阿布達比的度假飯店。然而我快速通過阿拉伯半島的這段路時，卻在沙漠中看不見漆黑之處。原油換得的燈光，把這裡照得透亮。這一帶有好多聚光燈在旋轉，整個海灘有雷射燈光秀在漫舞，更不乏刺眼的數位廣告招牌。我瞥見一處處的音樂廳與體育場，周圍的停車場裝設許多金屬鹵素探照燈，光線之強，讓人不需要任何輔助即可看報。

我最喜歡的航空公司安排了凌志（Lexus）當「接駁車」。車子於凌晨疾駛於阿布達比與杜拜，眼前的景象令我大開眼界。剛落成的朱美拉棕櫚島（Palm Jumeirah）度假村位於人造島嶼，是用五億公噸的岩石與沙子，堆砌出棗椰樹狀的輪廓。除了在波斯灣畔鋪設了將近五十哩（約八十公里）的沙灘以外，這裡還有超過四千棟的別墅、公寓與飯店住房。這些建築物圍繞著多媒體娛樂中心，讓厭倦整天游泳或曬太陽的人使用。一名謝赫在此建立很大的比賽跑道，你可以舒舒服服坐在有冷氣的包廂，觀看駱駝爭著跑第一。地平線上的摩天樓多不可數，彷彿剛出生的巨人正往海邊前進；洛杉磯、東京或聖保羅只能自嘆弗如。

我們不必憤世嫉俗、冷嘲熱諷，也看得出阿布達比與杜拜在二十世紀末，展現出全球化的極致。飯店大廳雖有阿拉伯裝飾圖案，然而這裡的建築物卻和世界各國一樣，裡頭運用高科技，不帶有文化特色。這裡的食物絕對堪稱無國界料理，除了本地食材、傳統料理與阿拉伯半島常見的菜色之外，墨西哥、巴基斯坦、印度與中國食材和料理技巧也一樣普遍。這裡的經濟活動相當全球化，因此世界數一數二的油田服務公司哈里伯頓（Halliburton）有兩處總部，一處設在創辦地美國德州，另一處就設在杜拜，處理遍及五大洲的業務。

在九一一事件發生之後，幾年過去了，小布希總統的美國政府原本要把一份國際運輸港口的安全合約，交給杜拜環球港務集團（Dubai Ports World），卻面臨全美政界一片反對聲浪。從約翰·柏奇協會（John Birch Society，美國極右派反共組織）、米高·賽維奇（Michael Savage，美國保守派電台政論節目主持人）到希拉蕊·柯林頓（Hillary Clinton）與巴拉克·歐巴馬（Barack Obama）都表達出疑慮。他們擔心，該集團是由杜拜酋長穆罕默德·本·拉希德·阿勒馬克圖姆（Sheikh Mohammed bin Rashid al Maktoum）的控股公司經營，這人又是阿拉伯聯合大公國的總理，因此阿拉伯恐怖分子很容易滲透。[1]

一名熟悉杜拜的觀察家，向美國全國公共廣播電台（National Public Radio）節目主持人解釋，雖然杜拜確實有恐怖分子，但也聘雇得到反恐專家。他說，這裡其實是個理想的地方，只要支付正確的價格，就買得到一流的恐怖活動情資，以保護自己。就算這些維安員工信仰伊斯蘭教、說阿拉伯語、出生在阿拉伯聯合大公國，只要給他們適當的錢，他們就會辦事。不過，美國國會仍以五比一的投票數，反對與杜拜環球港務集團簽約，而這家公司也默默把四個之前已負責管理的美國港口，移交給美國人持有的公司。不過，該集團三萬名員工依然在三十一個國家，管理五十五個美國船隻經常造訪的港口，因此這公司在各大陸香料、香水、油品與布料的貨運上依然舉足輕重，正如幾個世紀前的阿拉伯人一樣。

杜拜與阿布達比的港口，或許是今天阿拉伯半島最重要的貿易中心，但在一千五百年前，香料商人眼中最重要的樞紐卻是截然不同的地方。那個地方很不像商業中心——麥加。麥加位於內陸，離當時的大港口很遠。不僅如此，麥加谷地周圍的高地太過貧瘠，沒多少有價值的香料或乳香能生長。

不過，乳香之路中有幾條最古老、最多人走的路線會經過麥加，因此麥加人會在當地或附近城鎮擔任守衛或嚮導。[2]然而對行經葉門與敘利亞之間主要沙漠通道的商隊而言，麥加太過偏荒。有位歷史學家說：

阿拉伯西部的漢志（Hijaz）山區散布著一些小型的商業與農業城鎮，例如麥地那與麥加。這些小城鎮的居民，成為早期穆斯林帝國的商業菁英……這些新商業中心，最重要的就是麥加。麥加位於荒涼山谷，周圍是乾燥的崎嶇山嶺，是很不理想的城市環境，卻靠著宗教意義吸引人群。有間神廟因為一個黑色的隕石而發展起來。[3]

若成千上萬的阿拉伯人與猶太人能被一個謎樣的黑色隕石吸引，認為它是上天的贈禮（畢竟每年都有上千個隕石從天而降），那或許是因為他們雖然缺少天然資源，想像力卻不虞匱乏。這個黑得發光的隕石「卡巴」（Kaaba）備受朝聖者尊敬，吸引他們穿越沙漠前來。但除此之外，當時的麥加可說沒有任何值得注意或實質的東西。麥加是個社會與經濟的落後地區，而不是交叉路口。

不過，就在這看似荒蕪的地方，出現了一批勇敢又有想像力的詩人、先知與預言者，他們在附近的市集、節慶與慶典中演出與傳教。別忘了，「詩歌在伊斯蘭之前的時代，是阿拉伯人文學表現的唯一媒介」，[4]因此當時的社會相信，詩人具有宗教、政治與鼓舞人心的力量，和今日社會對詩人的看法截然不同。他們代表荒涼沙漠中的吶喊，要全世界注意。有趣的是，這些有魅力的詩人和預言者，包括阿拉伯人與猶太人，最後會導致這兩種閃族文化攤牌。

在距離麥加市中心幾哩處，有三個知名的小村莊，這三個小村莊的名氣是來自於市集，以及類似今天所稱的詩歌比賽。這些沒多少人居住的偏遠村落，每年會有幾次出現上千個貝都因人帳篷。他們是來參加市集的，這時在此轉手的除了貨物之外，還有來自葉門、阿曼、埃及、敘利亞、迦勒底與波斯的故事與詩歌口耳相傳。

在伊斯蘭教興起之前，這些市集的貨物轉手時不會被課稅，甚至不會加工成更具備附加價值的產品。在麥加旁，有一處傳奇的市集烏卡茲（Ukaz），這裡的商品並不豐富，多數當地貝都因人只買些新鮮的山羊肉、碎小麥、葡萄乾與椰棗，有些人會賣自製山羊乳酪、液體黃油或藥用植物。他們也買一大堆堅硬的生獸皮，與一袋袋尚未清洗的羊毛，之後會趁著沙漠風暴來襲、道路封閉一季之前，送到遙遠的市場。如果他們夠幸運，就可以看見一些漂亮的絲與一簍簍的番紅花、麻油滿溢或裝滿乳香的瓦盆，或是縞瑪瑙或小瓶香水。小攤販賣的異國商品不多，因此會鼓勵阿拉伯街頭詩人前來，讓市集更精采熱鬧些，吸引民眾前來購買。有時候，會有人吟唱自己寫的韻腳散文（saj），內容可能是預測災難、社會分裂，或以諷刺寓言，讓聽者印象深刻，記在腦中數十年。

大約在西元五〇〇到六〇〇年間，阿拉伯詩歌在此區已經出現了上千年。這時一群組織鬆散的貝都因商人、畜牧者來到城鎮，想交易近來在漢志山丘發現的貴重金屬。伍麥亞族（Umayyad）的古萊氏人（Quraysh）最先掌握麥加的神聖卡巴石，遂能從來訪的朝聖者身上得到最多的收益。[5]他們在半島上做轉運生意，是很重要的短程貨物配送者，也以繁殖駱駝聞名。

古萊氏人帶來交易的少數香料中，有一種稱為 *al-sh/hebā*，意思是「灰色纏繞物」，可能是石花（stone flower）之類的苔蘚或寄生菟絲。[6] 其帶有苦味的碎屑可加入湯與燉菜中，古萊氏人本身很愛吃，卻從未受到埃及人、波斯人、羅馬人或希臘人的青睞。石花和嗎哪一樣容易腐敗，不適合長途交易，價格也不如古萊氏人原先設想的那麼高。事實上，阿拉伯人尚未深深影響歐亞料理，只把異國香料賣給皇室與商人階級。

為了善用手邊稀少的自然資源，古萊氏商人必須將其累積來的一點點東西，發展成有附加價值的產品。他們很善於用沙漠灌木的酸樹皮，幫山羊皮染色，也很會清理與紡織綿羊毛。他們會挑選最容易繁殖的駱駝，設法賣給波斯人與敘利亞人，並編出天花亂墜的故事，說明這些駱駝多好。他們也製作出細密、裝飾性高的皮革。不過，古萊氏人在當仲介者時，累積的財富遠不如過去的納巴泰人。他們的貨物龐大、價格相對較低，無法讓他們致富。

因此，他們開始竭盡所能，在半島上扮演轉運的角色。每年兩次，古萊氏商隊會把來自印尼、葉門或衣索比亞的薰香帶進麥加，包括從安息香樹取得的爪哇安息香樹膠（lubān jāwa），以及從常見的野生漆樹取得的薰陸香（darw 或 mastikā）。不過，他們在麥加發展商隊的歷史時機不好。因為到這個階段，多數乳香與沒藥已經由船隻，穿過紅海與波斯灣的水路運送，而非依靠駱駝翻山越嶺，踏上諸多內陸乳香之路中的其中一條。[7] 專攻高價貨品的商人較常搭船，不再是騎乘駱駝。他們會用阿拉伯語，比喻自己「登上海浪之背，在大海上馳騁」（*rakaba markab*）。[8] 每一頭商隊駱駝跨越半島的費用是六百八十迪納爾。但航行海上的商隊速度快、運量大、更容易壓低價格。

簡言之，古萊氏人碰上的時機與地點都不對。麥加沒什麼希望成為大陸之間的貿易中心，更別提成為主要宗教的匯聚點。但是不久之後，漢志就會出現兩個才華不無類似的辯才，展開龍爭虎鬥。其中一名是詩人，另一名則是預言者。哪個有遠見的人能使「醉心語言」的漢志群眾入迷，[9]就能「贏家全拿」。這位詩人兼具阿拉伯與猶太血統，麥地那猶太人認為他是很有前途的謝里夫（sharif，意為貴族）。至於這位預言家，則是來自從古萊氏分離的一支部族。他在麥加的阿拉伯聚落兩哩外的洞穴得到天啟，並開始吟誦傳唱。

這位有一半猶太血統的詩人名字是卡布・伊本・阿什拉夫（Ka'b ibn al-Ashraf），除了研究中世紀的學者之外，如今鮮少有人知道他的名字，但他在伊斯蘭時代之初可是惡名昭彰。至於這位先知，當然就是如今無人不知的穆罕默德。先知的全名是阿布・卡西木・穆罕默德・本・阿布杜拉・本・阿布杜勒・穆塔利卜・本・哈希姆（Abu al-Qasim Muhammad Ibn Abd Allah Ibn Abd al-Muttalib Ibn Hashim），原本是香料商人，卻碰上神奇經歷，躍身為宗教傳訊者。《一千零一夜》可說是穆聖非正式的教誨，在其中，穆罕默德曾提及自己的出身、成長，以及身邊滿是香料與其他商品商人的環境：「我是商人之間的商人。」

穆罕默德的祖父阿布德・穆塔里布（Abd al-Muttalib）是優秀的古萊氏商人，也是卡巴石的

圖十：波斯人薩爾曼（Salmān al-Farsi）是穆罕默德的門徒，與來自古萊氏部落的商人見面。取自〈先知的生命〉（Siyar-i Nabi, 1594-95）。（資料來源：史賓賽收藏品，紐約公共圖書館，艾倫蒂基金會 [Spencer Collection, New York Public Library, Astor, Lenox and Tilden Foundations]）

守護者。穆塔里布深受同儕敬愛，也是個慈愛的長者，照顧年幼失怙的穆罕默德。他讓這男孩當兒子阿布・塔里布（Abu Talib）的學徒，而阿布・塔里布是哈希姆家族（Banu Hashim）的首領，也曾是有地位的商人銀行家。後來，阿布・塔里布變得很窮，只得讓繼子去幫他牧羊。這時期的穆罕默德，靠著牧羊人營隊中的簡單食物（例如塔里德）就心滿意足，[10]終身不吃更精緻或異國風味的食物。不過穆罕默德約九到十二歲時，阿布・塔里布就帶他跟著駱駝商隊前往敘利亞，讓他接觸更寬廣的世界，與猶太教徒和基督教徒做生意，希望他學習跨文化的交易之道。沿途，一名基督教隱士注意到商隊經過時，有位男孩無論走到哪裡或騎著駱駝到哪裡，都有一朵雲守護著他。這名隱士叫做巴希拉（Bahira），也是第一個認出阿布・塔里布照顧的孩子會成為先知。[11]

阿布・塔里布和穆罕默德帶著貨物來到大馬士革。當時大馬士革與阿勒頗等城市，有大批說亞拉姆語和敘利亞語的人湧入。這對叔侄或許帶了駱駝毛、羊毛與山羊皮，還有香料或香水，與眾多大城裡的商人討價還價。

我第一次去的中東市集就位於大馬士革。當時我和兄弟們，有來自黎巴嫩貝卡谷地（Bekáa Valley）的叔父作伴。我聽說要去的是露天市場，但一到這裡，卻發現走道上方以五花八門的衣物、塑膠與油布，遮蔽夏日驕陽。我的兄弟在物色十九世紀的波斯地毯，想空運回美國，而我則注意到一只歷經風霜的駱駝鞍袋，上面有褪色的幾何設計圖案，有點像我納瓦霍族（Navajo）友人織的鞍韉，不過我朋友用的是亞利桑那州佩恩特沙漠（Painted Desert）中，納瓦霍族飼養的西班牙油條綿羊（Navajo-Churro）羊毛。黎巴嫩叔父維克多幫我的兄弟打量平織地毯的品質，忽然他發現我已準備付錢給店家，買駱駝鞍袋。這位敘利亞商人想說服我買兩個，願意再打九折，但我叔父阻止他。

「你用這沾到駱駝尿的破爛貨色，跟那孩子要了多少錢？」

店家馬上從英文換成阿拉伯文，設法安撫我叔父。不過，維克多聽到價格時就火冒三丈。他一把搶下我手中的駱駝鞍袋，扔到地上，並拉住我手臂，要我離開店鋪，還示意我兄弟放下地毯一起走。我們來到露天市場的走道時，他朝著店家吹口哨，破口大罵：「你還在吃奶時我就認識你了，你竟對我的血親出這麼難看的價格？我父親跟你父親從古老的大馬士革之路到扎赫勒（Zahle）一起經商，而你竟然不顧兩家情誼？他們的祖父納吉姆、叔公費爾哈特與我的老爸（願上天保佑他的靈魂）幫你在鄂圖曼戰爭中抵抗敘利亞人，結果有什麼好處？那價格把我們當觀光客！好像我們是外國人！我絕不准哪個納卜漢家的人踏進這家店一步！」

塔里德：無酵麵包湯 Tharid: Gazpacho al-Andalus

塔里德（tharīd，或稱 al-thurda）這道冷湯原本是經典的湯沾麵包食譜，可追溯至阿拉伯半島的前伊斯蘭時代。據說塔里德是先知穆罕默德最愛的菜，雖然不起眼，但是美味可口。這道湯的做法很多，多半是將未發酵的扁麵包浸泡與壓碎，不過有些做法則是將幾片麵包在肉清湯、粥或濃湯中堆成金字塔型。有些濃湯包含蔬菜糊（例如茄子、小黃瓜、番茄），但有些沒有。經典做法是在有上釉的瓷碗（mithrad）製作，日後可能演變出葡萄牙麵包湯（açorda）、安達魯西亞冷湯（gazpacho），甚至墨西哥玉米餅湯（sopa de tortilla）。

接下來食譜是取材於美食作家伊涅絲．伯托恩（Inés Butrón）的做法。這道典型的安達魯西亞冷湯，可能是在阿卜杜拉赫曼一世（Abd al-Rahman I）與澤亞布來到伊比利半島時傳入的。茄屬的番茄與甜椒從新大陸引進之後，人們也會小心加入。一開始，這些茄子會先烘烤、加鹽，之後打成泥，以除去任何苦味與毒素。但後來番茄取代麵包，成為常見湯底。

上桌時搭配小黃瓜片食用，並淋上優格與乾的薄荷。六到八杯半份。

材料：

無酵扁麵包或放了一天的發酵扁麵包／約一二〇公克，切小丁
白醋／半杯（可酌量增加）
紅番茄（含梗、成熟）／一千一百公克（去皮去子，切小丁），另加一個硬番茄，去子切小丁
青椒／一個，去子切丁
大蒜／兩瓣，切末
橄欖油／四分之三到一杯
海鹽／一小匙
蔥／一根（包含蔥綠，切碎）
小黃瓜／半根，切丁
水煮蛋／一個，去殼切開
美乃滋／一大匙或半小匙鯷魚醬
麵包丁／一到二杯（歐式麵包，烘烤過）

做法：

在碗中，把醋灑在扁麵包上，使扁麵包溼潤，之後端起碗輕拋，讓扁麵包均勻沾上醋。靜置幾分鐘，使之變軟，再用手指把扁麵包揉碎。

把溼麵包放到大研磨缽或木碗中。加入番茄丁、青椒丁與大蒜，以杵或木匙壓碎，並將橄欖油徐徐加入。油量只要有味道就好，讓混合糊稍有顆粒。也可用食物攪拌機分批處理。以鹽調味，再酌量加醋或鹽。蓋上蓋子，食用前放在冷藏或涼爽酒窖中至少一小時。

同時在大碗中，放入番茄丁、蔥、小黃瓜、蛋與美乃滋攪拌。靜置當作配菜。

把冷湯舀進小碗，上面加上配菜與麵包丁，即可食用。

Butrón, Inés. *Ruta gastronómica por Andalucía.* Barcelona: Salsa Books, 2009.

Casas Delgado, Francisco. *La cocina andaluza Guadalquivir arriba: Charlas y recetas.* Seville: Alfar, 1992, p. 183.

*

店主立刻奔向我叔父，擁抱他，在他兩頰各親三下，之後握住他的手。

「維克多，我以為你已上了年紀，沒想到砲火還是這麼猛烈！我當然不會欺騙你的侄子。我正要把第二個駱駝鞍袋，送給這位大鬍子哪！只要他一個兄弟出不錯的價錢，跟我買這漂亮的地毯，我這兩只鞍袋就免費奉送！如果中午之前，這兩兄弟都跟我買地毯，我會再打折，還送他們敘利亞玫瑰水或亞力酒。」

下午一點半，討價還價了兩個小時之後，兄弟扛著巨大的地毯離開，而店家免費把兩個駱駝鞍袋都送我。

維克多叔父和敘利亞店家激烈爭吵與討價還價，和穆罕默德年輕時隨叔父阿布．塔里布做生意時的所見所聞一比，恐怕只是小巫見大巫。雖然穆罕默德在過程顯然學到一些技巧，但有些跡象顯示，他對這種跨文化的討價還價敬謝不敏。當時他沒耐心，無法容忍。不過，他還是有本事帶著商隊穿越沙漠送貨，因此一名守寡的遠房親戚寡婦赫蒂徹（Khadijah bint Khuwaylid），叫這位二十五歲的男子幫她跑腿幾趟，前往商業中心，而且付給他的薪水比付給其他人的高出一倍。[12]

穆罕默德能贏得信賴，正是發揮穆斯林的經濟黃金法則。簡言之，這原則是滴水之恩，湧泉相報。有人對你仁慈，你就要加倍奉還，不負他們的信任。他千里迢迢到大馬士革，回來後交回給她的獲利確實為她預期的兩倍，於是她在冬天時，又給穆罕默德為一般人三倍的酬勞，派他前往葉門。他帶回的獲利又超出赫蒂徹預期。雖然他最初是靠著商業能力引起赫蒂徹的注意，但後來赫蒂徹也注意到穆罕默德的情感，不久之後成了他的妻子。

在阿拉伯故事中，赫蒂徹是備受愛戴的女子，常提供食物與住所給窮人、款待外國人，也為了促成伊斯蘭理想付出大筆財富。兩人在五九五年開始合作，她運用智慧，給予引導，協助穆罕默德發揮能力。但她會深受愛戴，或許會因為這謎一樣的人物自古至今再再挑戰著西方人對阿拉伯與穆斯林女性的刻板印象。顯然，赫蒂徹能掌握經濟大權，不僅在她與年輕穆罕默德的關係中如此，她替父親與兩位前夫掌管生意時也不例外。

在那時代，有自信的女人掌握經濟大權並非特例，會幫常年在外的男人管錢。赫蒂徹不光掌管營運，更是風險資本家。她出錢讓年輕人出遠門，讓他們帶各式各樣的貨物出門，教他們如何賺回最大的金錢報酬，分給大家。這種啟蒙模式可以不斷複製，引導青年男女為自己開創的事業建立體系，讓我們所知的全球化遍及整個世界。

穆罕默德擔業務員出差時，赫蒂徹負責管理麥加生意的其他層面，像是駐地的商人主管。穆罕默德一行人從漢志路出發，無論是前往外約旦（Transjordan）與敘利亞、沿著乳香之路前往葉門，或是從尼亞德前往希拉（Hira，在今天的伊拉克南部），赫蒂徹都在麥加坐鎮，規劃未來的遠征。

不過，在幫赫蒂徹經營商隊幾年之後，穆罕默德忽然失去四海經商的熱忱。他無精打采，花更多時間在陰暗的希拉山洞（Gar Hira）沉思。那是他攀登了六百級階梯，到麥加沙漠之地的上方，抵達光明山（Jabal al-Nour）時發現的山洞。許多親友擔心他腦袋受到瘋狂邪靈的控制，就像其他詩人和預言家一樣。赫蒂徹一開始也很困惑，帶他去找附近聶斯脫里派（Nestorian）的基督教僧侶治病（或驅魔）。這名僧侶憑著直覺，明白穆罕默德踏上了追求靈性的道路，遂向這對夫婦保證，他的靈視是「神的訊息」。[13]於是，赫蒂徹轉而支持他。他辛辛苦苦，花了數年光陰訴說的預言，後來成為世上最優雅漫長的經文。它受歡迎的程度在數個世紀以來與日俱增，如今全球共有三分之一的人口每日誦念。先知穆罕默德在洞穴貧窮度日時送給世界的禮物，正是《古蘭經》。

大馬士革玫瑰 Damascus Rose, Rose of Castile

若問起哪一種芬芳的花朵最能訴說香料交易歷史，那麼香氣與滋味既甜美又持久的大馬士革玫瑰（*Rosa*×*damascene*）當之無愧。大馬士革玫瑰相當奇特，世上其他地方都找不到這種重瓣玫瑰的野生品種。大馬士革玫瑰似乎是由常見的高加索野生玫瑰，及一兩種其他玫瑰無意間雜交而來，包括腓尼基婦女在地中海港口栽培的黎凡特玫瑰（*R. Phoenicia*）。

這種混種玫瑰最初究竟是在敘利亞或土耳其被辨認出來，至今無人確知，但是大馬士革玫瑰長久以來，皆與敘利亞首都有關，而敘利亞也曾有「玫瑰國度」的美稱。根據記載，大馬士革是這種玫瑰栽培歷史最悠久的地方。黎凡特阿拉伯人稱大馬士革玫瑰為*al-warda*，其粉紅帶點淡紅色的花瓣，富含芬芳精油香葉醇（geraniol）、香茅醇（citronellol）與橙花醇（nerol），獨特的香氣是來自β—大馬士革酮（beta-damascone）。各地的藥草師會把大馬士革花瓣泡在礦泉水、橄欖油或酒精中，做成「玫瑰水」，可用來調味土耳其軟糖、果醬、果凍與醬汁。

我記得在四、五歲的時候，黎巴嫩與敘利亞的爺爺與外公、叔伯、舅舅與我父親都散發出天然玫瑰的香氣。每他當他們親暱喊我habibi（意思是「心肝寶貝」），親吻我雙頰時（阿拉伯男子喜歡這樣對待家族中的孩子），我都被大馬士革玫瑰的香氣薰得頭暈。幾年之後，我和叔叔到理髮店，才親眼看見理髮師雷克斯（Rex）把收斂水和玫瑰水混合，塗抹在叔叔剛刮好鬍子的臉上，並用玫瑰油抹在頭髮上。不久之後，我在父母的浴室裡，看見父親擺了一瓶玫瑰水。小時候的嗅覺記憶固然天真爛漫，卻有久久不散的威力。

經過半個世紀，我在大馬士革的大道旁看過成排玫瑰，品嚐過費茲混合香料「拉斯哈諾」（ras el hanout）裡的玫瑰花瓣，在格拉納達阿罕布拉宮發現過步道上撒著細嫩的玫瑰花瓣，在阿曼綠山的梯田中聞過玫瑰綻放的香氣……於是我才明白，無論旅行到何處，大馬士革玫瑰總是如影隨形。不過，我一直以為墨西哥在瓜達盧佩聖母瞻禮日（Feast of the Virgin of Guadalupe）所展示的卡斯蒂爾玫瑰（rose of Castile）是不同的品種。錯了。這兩種名稱不同的玫瑰，其實完全相同。

不過，無論大馬士革玫瑰傳到哪，依然清楚效忠敘利亞首都。從日本、俄羅斯到英法，園藝學家與花店都一再保證，這種花朵是來自大馬士革。在阿拉伯和波斯語系國家，各種古老的閃族玫瑰（al-warda）仍比較普遍。伍麥亞王朝的遺族逃離大馬士革時，可能把這玫瑰傳到摩洛哥與西班牙；而後來掌權的阿拔斯王朝，又把大馬士革玫瑰帶到他們在波斯與土耳其的根據地，甚至想壟斷這種玫瑰的生產，可惜徒勞無功。但大馬士革玫瑰在因緣際會之下進入其他花園、油脂、膏與料理，於是阿拔斯王朝只得承認無法把持大馬士革玫瑰。十一世紀的醫學大師與化學家伊本．西那（Ibn Sīnā，歐人稱阿維森那[Avicenna]）構思出從花瓣蒸餾玫瑰水的簡單方式，因此大馬士革玫瑰的分布範圍又更廣了。

幾個世紀以來，這古老的花朵已進入許多料理，從印度、摩爾到拉丁美洲的料理都看得見它的芳蹤。大馬士革玫瑰油就和薰陸香一樣，能增加土耳其軟糖的滋味，也讓摩洛哥塔吉鍋（tagine）與西班牙碎肉飯（picadillo）更可口。我在浴室中放了一瓶玫瑰水，有時在廚房也擺一瓶，好提醒自己別忘本。

Davidson, Alan, ed. *The Oxford Companion to Food.* Oxford: Oxford University Press, 1999.
Katzer, Gernot. "Gernot Katzer's Spice Pages." http://gernot-katzers-spice-pages.com/engl/index.html. Accessed May 4, 2013.

穆罕默德的神啟為眾人所熟知之後，他很難回歸到騎駱駝，隨著商隊買賣孜孜然的日子。然而，在他值得大書特書的人生中，他並不認為提倡的靈性之路，和赫蒂徹與其他商人走的商業之途背道而馳。只要她與親人照顧窮人，把部分的財富用來宗教捐獻（waaf），那麼賺錢與伊斯蘭的精神戒律並無牴觸。

不過赫蒂徹和穆罕默德倒是謹慎警告眾人與家族，別累積過多財富，以免信眾群體間出現歧異。他們努力重新在宗族與區域間分配財富，設法讓各社群凝聚起來。更重要的是，他們禁止放高利貸（*riba*）。放高利貸是猶太人很常見的習慣，亦即以高得離譜的利率借錢給窮人。但是這樣的做法遲早會讓缺乏資金的人淪為契約奴隸。他們主張，掌握港口與設有商隊旅館的商棧的富有商業仲介，不可以對任何信仰的人課稅。穆斯林唯一必須支付的，就是「天課」（zakat），把財富重新分配來做慈善，施予最貧窮的窮人。

這些關於如何執行貿易的命令與限制，無法獲得麥加的古萊氏富人支持，常與他們往來的猶太放款者也不接受。穆罕默德是古萊氏部落的哈希姆家族，但其他古萊氏部族強迫他和跟隨者離開麥加。接下來十年，各派之間發生三大戰爭，先知本人甚至數度險遭古萊氏人暗殺。於是穆罕默德與「新穆斯林」，前往附近的雅什里布，也就是今天的麥地那（意思是先知之城、「聖城」），這裡掌權的是猶太商人納迪爾家族（Banu al-Nadir）。

納迪爾家族的猶太人和古萊氏阿拉伯人一樣，看見穆罕默德的勢力坐大，當然心生警覺。他們也認為，穆罕默德抵制高利貸的做法令人不安，且信徒好戰，令人擔憂。不過，當他們目睹穆罕默德的信徒不僅嗜血攻擊古萊氏人，甚至不放過納迪爾族人時，便開始擔心自身安危。穆罕默德早已下令殺害兩名不重要的猶太詩人，如今更要他們最重要的詩人不再發聲。[14]不過，猶太人也公然違抗，派使者前往古萊氏部落，與他們結盟，對抗穆罕默德。其中一名使者就是他們的詩人謝里夫卡布．伊本．阿什拉夫，據說他和先知本人一樣有魅力。

我在阿布達比時，曾聽說這位詩人是出生在我的父系部落納卜漢尼家族。但後來，他成為猶太母親部落納迪爾家族的領導者，而出於某些原因，他多神信仰的阿拉伯納卜漢尼家族父親鮮少被提及。

我得知與知名詩人在古早以前曾屬同一個家族時，最初感到與有榮焉。但我後來發現，詩人之作讓穆斯林與猶太人之間結下了幾個世紀的梁子，欣喜之情頓時煙消雲散。阿拉伯人聲稱，他文字如此精明殘酷，恰好證明他是受到精靈（甚至撒旦）的蠱惑。他把詩人天分當成對抗穆罕默德的武器，挑戰先知在道德、宗教與經濟的新規範。

正因為卡布．伊本．阿什拉夫，穆罕默德與納迪爾家以外的猶太部落做了協議，但他顯然顧忌所在地區的特定猶太部落具備的經濟實力。他們仍靠著放高利貸給窮人而獲利，也依然向商人徵稅。穆罕默德的妻子赫蒂徹在自有市場賣東西時，就會被徵稅。這做法會造成穆罕默德所反對的經濟差異。他想在雅什里布打造烏托邦的社群「烏瑪」（umma），以伊斯蘭旗幟統整這超大的部落。他想像這裡有清真寺、花園、學校（madrassa）、哈蘭（haram）、「喜瑪」（hima，與哈蘭都是保護區，在此不得任意砍伐樹木或宰殺動物），最重要的則是平等、共有的市場，不准許任何高利貸存在。[15]

因此，穆罕默德在雅什里布建立根據地之後，即開始思考如何重整貿易界，採用新的道德規範，使之符合先前感應到的精神規範。有趣的是，他在新家鄉的第一個公開行動，就是設立沒有限制的市場，當作是慈善事業，盡量嘉惠其中成員，包括從麥加隨他前來此地的香料商人。[16]

這就像在猶太人的地盤上，發動「占領華爾街」行動。在這公共而不是私有的市場上，沒有人能獨占烹飪空間或水源，而商人不可以在把商品送到市場前，標上「遠期交易用」。這項政策讓人人能在送進市場的香料、金屬或纖維上公平競爭，沒有人能在事前得到特殊交易。穆罕默德也規定，不得向商人或商隊成員敲詐稅務與賄賂的費用。他的公益市場（al-suq sadaqa）法則，基本上是讓許多跨大陸商路的公共市場變成免稅地帶。

穆罕默德與門徒在這處雅什里布的新市場圍出一塊區域，準備在較低樓面建立商店，而上方則是可出租的住宿區。這麼一來，市集會變得像他年輕時經常造訪的許多商隊旅店。但他開始實行這項設計時，馬上出現兩個問題。第一，他選擇的區域早已屬於和卡布．伊本．阿什拉夫部落結盟的猶太人，這裡一向是他們的墓園。卡布認為穆罕默德的舉動褻瀆了猶太人控制的神聖空間。[17]卡布與他的跟隨者也對先知的經濟改革有戒心，認為可能威脅他們的競爭優勢。

更糟的是，在雅什里布，有三個猶太部落長期經營的市場（包括卡布自己的部落），這市場是他們主要的收入來源，而這新市場會直接與其中一間競爭。一時間，穆罕默德與卡布走上水火不容之路。史家伊本．沙巴（Ibn Shabba）記錄道：

先知在巴齊祖拜耳（Baqī al-Zubayr，指墓園），搭了市集用的帳篷，對所有前來的人（包括隨他從麥加前來者）說：這是你們的市場。之後，卡布．伊本．阿什拉夫來到這個區域，進入這以繩子圍起的區域，把繩子割斷。先知之後說：我該把市場搬到其他地方，讓他更悲痛。接著，他又搬到「麥地那市場」（卡布部落結盟之處）……之後他說：這是你們的市場。不要在裡面劃分區域（以免派系爭執惡化），也不要強加稅負。[18]

穆罕默德在沙地上畫出界線，讓伊斯蘭經濟活動與一般猶太人掌控的經濟活動保持距離。於是，卡布發揮文才，訴說穆斯林在巴德爾戰役（Battle of Badr）中殺人不眨眼。他寫了輓歌，哀悼遭穆斯林戰士殺害的古萊氏人：

噢，我多希望這些人遭到殺害時，
底下的大地張開雙臂來撫摸他們，
輕柔擁抱搖動他們，這樣殺害他們的，
聽到這消息，就會害怕畏縮，被震聾與瞎眼。[19]

漢志顯然不夠大，無法同時容下像穆罕默德與卡布這樣高明的詩人與先知。有些人說，穆罕默德一聽到卡布為古萊氏人寫的輓歌，即立刻派人殺害這詩人。其他人則說，卡布也曾設法刺殺先知。還有人說，卡布在詩中諷刺穆罕默德的天啟，大大侮辱他。但多數穆斯林歷史學家聲稱，穆罕默德原本還很有耐心，直到後來，他以猥褻詩句詆毀年輕穆斯林女子烏姆—菲德（Ummu’l-Fadl bint al-Harith）的名譽與貞節。

輕佻的言行讓先知與麾下軍官忍無可忍，遂委請卡布同父異母的穆斯林兄弟希爾康（Silkan），在納迪爾家族的堡壘設陷，準備奪取詩人的性命。在西元六二五年的春分左右，卡布與同父異母的兄弟徹夜吟詩之後，和一名女子上床睡覺，那名女子還警告他，小心大難臨頭。[20]

卡布不以為意，沒多久，就被變成穆斯林的同父異母兄弟拖出來。穆罕默德最信賴的守衛一同協助希爾康，把詩人刺死。之後，漢志只剩一位有預言能力的詩人能發聲。

過了將近一千四百年，我發現穆斯林與猶太教徒對導致卡布・伊本・阿什拉夫喪命的一連串事件，及先知穆罕默的寬容，仍有不同解讀。我遇見當代的猶太人，他們指出這些事件引發了穆斯林對所有猶太教徒的仇恨，永遠難以抹去。猶太人認為，穆罕默德並不只是要奪取一名猶太詩人的性命，更是要怪罪所有的猶太教徒。我也聽過穆斯林說，沒有任何猶太詩人或喜劇演員有權揶揄先知。但這種褊狹的看法並未考量到卡布・伊本・阿什拉夫流著阿拉伯的血——更精確地說，是納卜漢家的血。顯然，當初這衝突不僅僅是經濟交易的道德之爭，更是宗教與政治爭霸戰。無論猶太教或伊斯蘭信仰的修正主義歷史學家如何解讀這些事件，但猶太與原穆斯林阿拉伯人看法針鋒相對，直到今日依然爭議不斷。

和西方歷史文獻中所描寫的穆斯林不同，伊斯蘭教的傳播其實是靠著各方互惠的商業關係，遠多於以刀劍壓迫。若檢視歷史資料，便會發現在卡布遭刺後五年、先知也跟著去世之後，穆斯林與猶太人大多是在相同社群中和平共處，彼此有商業關係。猶太人與基督教徒在穆斯林主導的商業中心，獲得了特殊待遇，因為有經者是有特殊地位的。不過，特殊的地位不代表平等地位。前文提過，在伊斯蘭教初創時期，基督教與猶太教徒必須支付額外的費用，稱為「吉茲亞」（aljizya，非穆斯林人民必須繳交的人頭稅）。雖然這可以讓他們在穆斯林社群中有生活與工作的權利，但他們大可以抨擊這是信仰導致的稅，而那種信仰竟主張不對自己的社群徵稅或放高利貸。

赫蒂徹關心窮人、善待其他文化的程度，能不能平息穆罕默德對卡布·伊本·阿什拉夫與其他猶太納迪爾家族諷刺詩人的憤怒，恐怕是永遠爭論不完的問題。他們夫妻倆五味雜陳的感受即使存在著本質上的矛盾，卻已然蘊藏在早期伊斯蘭的精神、道德與經濟中。但顯然赫蒂徹本身大力鼓勵培養跨文化的關係，並降低商路上各地區的貧富差異，也持續包容其他信仰。

事實上，有些歷史學家主張，先知穆罕默德與元配赫蒂徹逝世之前，都有社會與政治上的理由，去處理身邊明顯的貧富差距與能否過著良好生活。他們在沙漠中旅行時，便親眼目睹各地在天然與農業資源上殊異甚大。這番見聞使他們制定出伊斯蘭的經濟原則與道德，盼能直接處理這個困境。經濟歷史學家史戴利歐·麥克羅波羅斯（Stelios Michalopoulos）與同事曾寫過重要的著作，談論伊斯蘭的經濟起源與傳播。從這篇著作中，我們可看出這種模式在先知去世前幾年出現：接受伊斯蘭教的，恰好是過去位於農業貧瘠區域的文化，因為伊斯蘭提供當地居民安全網。

> 有人推測，伊斯蘭法為住在生產力不均等的各區域人口，提供有吸引力的社會契約。我們認為這項看法正確，在地理條件不均等的地方，會有更多穆斯林……伊斯蘭於農業環境不佳的區域能成功擴張，那些區域只有少數幾塊肥沃土地，而伊斯蘭的體制能吸引土生土長的人口。[21]

伊斯蘭的一項特點有利於全球化的心態，讓流離各處的阿拉伯族群，透過穆罕默德團結起來，後來又統整所有穆斯林。這特點是，堅持《古蘭經》必須以阿拉伯文誦念，不因為劣譯而稀釋先知聖詩的團結力。只准用阿拉伯文吟誦聖詩，可算是第一波語言殖民主義浪潮，拍上各個大陸的海岸。當然，在此之前與之後，都出現過較偏世俗或隱伏的語言單一文化，最初是希臘文，之後則有拉丁文、西班牙文、葡萄牙文，近來則是英文。這幾種語言依序成為通用語，犧牲了六千八百種在世上勉強通行的其他語言。

語言單一化最後能移除了快速全球化的多數障礙，因為採用征服者的語言，能消除文化價值觀、象徵與修辭方面的阻力，讓本土文化不再抵抗帝國主義。換言之，隨著全球化持續發展，語言帝國主義往往成為生態與飲食帝國主義的工具。（以麥當勞來說，「I'm lovin' it」的宣傳口號在超過八十五個國家使用，是語言帝國主義和料理帝國主義的結合。）雖然許多接受伊斯蘭的國家在偏鄉或住家仍保有本土語言，但是把阿拉伯語當成神聖語言，絕對有助於提升阿拉伯語的接受度，使之成為全球通用語。

先知在西元六三二年，於他後來最鍾愛的妻子阿伊莎（A'isha）懷抱中逝世。在此之前，他的部隊已把伊斯蘭引進大半個阿拉伯半島，正準備對敘利亞如法炮製。[22]這項任務在西元六三五年完成，彷彿昭告天下，即使先知去世，伊斯蘭的動能仍不會喪失。伊斯蘭如野火燎原，從部落傳播到國家，再延伸到不同大陸。然而，可別以為伊斯蘭快速擴張，是單憑赫蒂徹與阿布·塔里布之類的阿拉伯商人所開發的原有交易網絡。

當時也產生了新的局勢。諸多地方性或區域性的商路轉運點，開始整併成連貫的全球化網路系統，這系統完全由穆斯林掌管。以埃及、突尼西亞、摩洛哥、安達魯西亞、西西里、安納托利亞、巴爾幹半島與印度的情況來說，穆斯林最初皆靠著武力，消滅伊斯蘭傳播的障礙。[23]但在舊大陸的許多部分，其他和平參與香料交易的文化，最後也改信了伊斯蘭。剛改信伊斯蘭的香料商人通常是「第一波」穆斯林，他們收編古老、有利可圖的商路的不同區塊，最後把各個部分納入整體帝國。他們無論到了哪裡，都會建立如今已成傳奇的「旅館」（funduq），這是設有交易樓層、香料倉庫，還有駱駝圈欄的交易中心，可說是現代股票交易所的先驅。

不令人意外，穆斯林在到處巡迴時會很快發現，有些在伊斯蘭時代之前已存在的商路（尤其在北非），早已有其他人使用了數個世紀，包括柏柏爾、腓尼基、希臘羅馬，以及猶太商人。第一波猶太人早在古代就來到埃及與衣索比亞，但移居到馬格里布的猶太人，多是在西元七〇年、耶路撒冷聖殿陷落後抵達的。三萬名被送到迦太基（Qart Hadasht）當奴隸的猶太人，終於擺脫羅馬人的囚禁。他們在當腓尼基人後代的布匿人（Punic，羅馬人對腓尼基人的稱呼）學徒時，學會如何取得撒哈拉另一頭的貨物。這些剛來到馬格里布的猶太人當起商人，在靠近海岸的大港口活動。他們的活動範圍從亞歷山卓一路延伸到大西洋的莫加多爾（Mogador，現稱索維拉），在都會中心與港口擔任仲介與銀行家。

PRECINCTS OF THE DWELLINGS OF THE GREAT MERCHANTS

圖十一：撒哈拉沙漠以南非洲的商人，例如這張圖上畫的一八九七年廷巴克圖商人，通常會組成合作團體，保護他們免於幫派或競爭勢力的威脅。（資料來源：紐約公共圖書館，熊伯格黑人文化研究中心[Schomburg Center for Research in Black Culture]，大眾研究與參考部）

不過，在非洲全球化的過程中，普遍現象往往會掩蓋少數有趣的特殊現象。許多有冒險心的猶太人搬到內陸，與撒哈拉的柏柏爾人通婚，讓柏柏爾人改信猶太教。[24]等第一批穆斯林抵達撒哈拉，發現無論是柏柏爾人，或他們南方的親族圖瓦雷克人（Tuareg，自稱為說塔瑪舍克語[Kel Tamasheq]的人），全都猶太教徒。瓦雷克人的其中一支伊達歐．以薩克（Iddao Ishaak）族後來相當知名，在北非港口與西非更深的內陸之間，生意做得有聲有色。其他猶太人從古代就從衣索比亞往西，穿過薩赫爾（Sahel）與馬利，後裔則定居在奈及利亞的西部與東南部。

如今，他們的後裔被稱為伊博族（Igbo），或是伊博以色列之子（Igbo Benei-Yisrael）猶太人。他們在尋根時，會追溯到特定的希伯來父系。他們的父系祖先可能是被迫或自願離開家園，前往非洲，那都是在有文字紀錄出現之前發生的。

不令人訝異的是，當穆斯林軍隊與商人出現時，猶太商人很擔心。他們聽說在東方，阿拉伯人成功讓其他人改信伊斯蘭教。他們也得知，穆斯林沒花多少力氣，就得到過去猶太人掌握的商路，還加以整併。他們也憂心世界這麼快就風雲變色，許多地方都得誦吟先知的話語。

日後，伊斯蘭探險家與四處遊歷的地理學家巴圖塔確認，遊牧民族的香料商人早已在遠征過程中，將伊斯蘭教西傳。先知穆罕默德得到古蘭經啟示的一個世紀之內，伊斯蘭已傳到麥加與麥地那之外。[25]西元六四一年，許多亞歷山卓的居民已信仰伊斯蘭，雖然當地仍有猶太教與基督教徒。之後，伊斯蘭教在六四七年抵達的里波里、六九八年抵達迦太基、七〇九年抵丹吉爾。伊斯蘭勢力所向披靡，往內陸擴張。[26]先知的話語迴盪在整個撒哈拉，進入原本猶太商人的根據地。

即使有猶太部落，柏柏爾與圖瓦雷克商隊仍經常吟誦古蘭經，穿越七條危險的道路，跨越沙漠之海，前往尼日河盆地。經過幾個世紀，廷巴克圖成為鹽岩、非洲深水水稻、天堂椒（melegueta pepper）的交易中心時，伊斯蘭又更往南與西延伸，傳入尼日河與塞內加爾河的分水嶺。定居的桑海（Songhai）與索寧科人（Soninke）接受伊斯蘭，並把伊斯蘭的習俗與買賣慣例，傳遍整個西非。[27]

天堂椒 Melegueta Pepper

天堂椒（*Aframomum melegueta*）是多年生的薑科草本植物，紅棕色的種子或許讓非洲人天生就能適應小型辣椒，並偏好這類小辣椒。天堂椒種子的口感脆，類似黑胡椒壓碎時的木質感，而薑辣素會留下令人嘴巴稍微發麻的辛辣感，和丁香不無類似。天堂椒原生於西非濕地，溫暖的口感像是胡椒，具有辣味、薑味、甘味，餘韻帶點檸檬、小豆蔻、樟腦與丁香的滋味。天堂椒精油所離析出的十多種化學物質中，可看出它帶著各種神奇的刺激味。

最早看出天堂椒價值的人，是西非的採集與農業部落，主要包括今天的迦納，但也有來自幾內亞、象牙海岸、奈及利亞與獅子山。這種香料最古老的名稱，可能是源自於同源詞 *wiza*，因為在埃維語（Ewe）稱為 *awisa* 或 *awusa*；芬提語（Fante）稱為 *wisa* 或 *wusa*；加—阿丹格貝語（Ga-Dangme）稱為 *wie*；豪薩語（Hausa）稱為 *citta*；恩茲瑪語（Nzema）稱為 *eza*。北非的阿拉伯人與柏柏爾人稱為 *tin al-fil*，意思是「胡椒果」，土耳其人稱為 *itrifil*，意思是非洲胡椒。

早在葡萄牙人稱霸與西非部落的貿易之前，柏柏爾、阿拉伯與猶太商人是從今天利比亞胡椒海岸，取得遠方採收之後送來港口的天堂椒。圖瓦雷克駱駝商隊會把這種價值很高的香料，送到薩赫爾與撒哈拉，之後穿越大陸，送到蘇丹。這些說阿拉伯語的商人把它融入綜合香料（gâlat dagga，突尼西亞五香粉），裡頭還包括黑胡椒、肉桂、丁香與肉豆蔻。有時會用蓽澄茄（cubeb）來取代肉豆蔻。另外兩個阿拉伯名詞*jouz as-Sudan*與*gawz al-Sudan*，或許說明了天堂椒透過撒哈拉沙漠以南的商路，進入阿拉伯半島與黎凡特。天堂椒也沿著商路穿越撒哈拉，來到今天的利比亞。

葡萄牙商船艦隊到了摩洛哥與茅利塔尼亞以南，可直接取得更多天堂椒。那時，天堂椒出現了更多名稱，沿用至今。Melegueta的起源不明，但可能與之有關的詞彙包括義大利文的小米（meligo），以及在安達魯西亞海岸、與摩洛哥對望的腓尼基港口馬拉加（Málaga）。還有一種說法指出，這個字是指天堂椒所產生的刺激與麻木的感覺，就像被非洲沿岸的水母（malagua）螫到。有趣的是，葡萄牙人在巴西建立了黑奴殖民地之後，也用melegueta這個詞，指在巴西殖民地所發現的一種野生辣椒。

雖然天堂椒在其他地方廣獲接受，但葡萄牙人大概認為，得幫這種辣椒取個體面的名字，才能在不熟悉天堂椒的歐洲打開知名度。於是，葡萄牙人取了兩個新名字：「天堂種子」（*sementes-do-paraiso*）與「天堂豆」（*grãos-do-paraiso*）。這珍貴香料種子是來自天堂的概念，在法國、荷國、德國、希伯來、匈牙利、義大利、中國與羅馬尼亞香料商人之間根深柢固。斯洛伐克則不採用這個概念，把天堂椒的種子比做小豆蔻種子，英文也是如此，稱之為幾內亞穀（Guinea grain）或鱷魚胡椒（alligator pepper）。天堂椒仍是西非與歐美許多菜色常見的調味料，主要用途為幫精釀啤酒、薑汁汽水、琴酒調味，而在部分高檔料理中，廚師也會用它來取代胡椒。

Green, Aliza. *Field Guide to Herbs and Spices.* Philadelphia: Quirk Books, 2006.

Katzer, Gernot. "Gernot Katzer's Spice Pages." http://gernot-katzers-spice- pages.com/engl/index.html. Accessed May 8, 2013.

Sortun, Ana, with Nicole Chaison. *Spice: Flavors of the Eastern Mediterranean.* New York: Regan Books, 2006.

不過，並非所有柏柏爾、圖瓦雷克、桑海或索寧科家庭，都受到先知穆罕默德的感召。有時候猶太人也會發動抵抗，暫時阻礙伊斯蘭傳播。北非最知名的抵抗之舉，是由一名女性戰士所領導，據稱她是猶太後裔（但許多學者有爭議），出生時阿爾及利亞仍屬拜占庭帝國。她出生時的名字可能是丹亞（Damya）或達雅（Dahya），但整個馬格里布則以阿拉伯名「凱西娜」（al-Kāhinat）稱呼她，意思是預言者、先知或女祭司。她很高，有長長的捲髮，不害怕對著敵人或自

彩圖1：（左上順時針起）：胭脂樹紅、小豆蔻、天堂椒、乾燥乳香樹膠、八角、蓽拔、鹽膚木、薑黃、茴香、芫荽子。（圖片來源：莉雅　提安德拉 [Lia Tjandra]）

彩圖2：在阿曼南方尼亞德區，樹幹上滲出乳香樹膠。在早期的全球香料貿易上，乳香樹脂是最炙手可熱的香料與薰香。（圖片來源：作者）

彩圖3：葉門香料商人。（圖片來源：iStock圖庫）

彩圖4：中世紀駱駝商隊圖。（平版印刷繪圖者：柯恩[J. Coin]，取自一八七七年的《開羅遺跡的阿拉伯藝術》[L'Art arab d'après les monuments du Kaire]，圖片來源：紐約公共圖書館印刷攝影部，米利安與瓦拉赫藝術部門藝術建築館藏。）

彩圖5：塔吉克杜尚貝的穆斯林女子，販售蔬果與香料。（圖片來源：作者）

彩圖6：約旦佩特拉古城從岩壁鑿出的墳墓外觀。這城市是納巴泰人的貿易中心，每年接收好幾噸的香料。（圖片來源：美國國會圖書館印刷攝影部：www.loc.gov/pictures/item/2002698303）

彩圖7：商船抵達南海諸港。（圖片來源：作者攝於泉州海上交通史博物館）

彩圖8：二〇〇九年，墨西哥城聖安琪村（San Angel）花卉節上，販售著來自聖佩德羅阿托克班的莫雷醬。（圖片來源：泰爾馬達特 [Thelmadatter]）

彩圖9：在墨西哥南下加利福尼亞州的聖伊格納西奧，流動攤商將「狡詐的」阿拉伯人化身為塔可餅小販。（圖片來源：作者）

己揮劍，或說出不祥預言。[28]凱西娜的父親在六八〇年代初期去世之後，她就繼承衣缽，擔任軍事策略家與宗教領袖，將奧雷斯山脈（Aurès Mountains）柏柏爾猶太人的吉洛瓦（Jrāwa）、亞納達（Zenāta）與路瓦塔（Lūwāta）部落團結起來。不久之後，她就說服圖瓦雷克與其他柏柏爾人，一起加入抵抗穆斯林的行列，避免穆斯林從迦太基往西擴張到馬格里布的其他地區，或是伊菲里基亞（Ifriqiya，當時非洲的名稱）的努米底亞（Numidia）。柏柏爾人擔心若失去迦太基的掌控權，屆時阿拉伯人對他們的奴役或課稅程度，會比羅馬人嚴重。

迦太基是羅馬時代努米底亞的首府，位於突尼斯灣旁，曾發展為貿易中心，人口可能多達五十萬。這處大港將橄欖油、穀類、乾果、香料、陶器與稅金，送回地中海岸。雖然迦太基是文化熔爐，但經濟發展顯然深受布匿人與羅馬人的影響。在半個世紀以前，穆斯林軍隊湧向亞歷山卓、拜爾蓋（Barqa）與的里波里，從埃及、布匿或羅馬公民手中奪下這些貿易中心，但自知尚未進入馬格里布的最重要核心。

因此位於麥加的穆斯林哈里發，派出當時在埃及的埃米爾哈桑・伊本・努曼・加森尼（Hasan ibn al Nu'man al-Ghassani），要從羅馬人與柏柏爾人手上搶下突尼斯灣。哈桑和手下的諸多軍人一樣，是來自敘利亞沙漠的葉門部落，並成為以大馬士革為首府的伍麥亞（Umayyad）菁英階層。哈里發給了哈桑四萬大軍與艦隊來完成這項任務，且為了讓他更有信心，還封他為「值得信賴的長者」（sheikh amin）。

六八五年，哈桑的軍隊與船艦抵達突尼斯灣時，多數拜占庭與羅馬基督教守兵早已逃之夭夭，只剩下柏柏爾農民面對入侵者。基督教的柏柏爾軍隊首領庫賽拉（Kusaila）是凱西娜其中一個兒子的父親，他遭到阿拉伯人俘虜，被迫改信伊斯蘭。八百年來，羅馬人在非洲柏柏爾人的地盤上建立基地，以攫取財富，這是第一次失守。[29]哈桑的軍隊與海軍徹底掠奪的迦太基港，洗劫這座良港的富人。後來，庫賽拉攻打附近較古老的港口由提卡（Utica），那是凱西娜加冕為柏柏爾女王的地方。凱西娜集結多數柏柏爾部落，勇敢抵擋哈桑的軍隊再進入他們的土地。

雙方軍隊在現在阿爾及利亞的烏姆布瓦吉省（Oum el-Bouaghi）短兵相接，這個谷地位於內陸，距離地中海有段距離。戰爭才剛開始，原本改信伊斯蘭的庫賽拉就背叛阿拉伯人，故意提供假情報，讓他們失去策略優勢。凱西娜讓堅毅的哈桑大吃一驚，她的柏柏爾部隊擊潰伍麥亞軍隊，導致哈桑逃到利比亞，接下來五年都在躲藏。凱西娜曾俘擄一位階級很高的阿拉伯年輕人卡雷德．伊本．雅茲德（Khaled ibn Yazid），並且收養了他。凱西娜聽他說，穆斯林想要得到突尼斯灣的所有港口，以控制地中海貿易，進而攻擊羅馬。[30]

這使得凱西娜不再只是對抗阿拉伯軍隊，避免柏柏爾人被迫改信伊斯蘭。她決定將馬格里布變成空城，什麼也不留，以免吸引阿拉伯軍隊回來。據說這位一頭黑色長髮、眼神狂野的預言家，曾向柏柏爾游牧民族與畜牧者喊話。經過了幾個世紀，我們今天大約可這樣解讀這次演說：「阿拉伯人只想要伊菲里基亞的城市與金銀，而我們只想要農業與獸群。唯一的解決之道，就是摧毀整個伊菲里基亞，讓阿拉伯對這裡失去興趣，不再回來！」[31]之後，她踏上征途，焚毀的里波里與丹吉爾之間所有商隊旅館與綠洲據點，尤其那些曾幫助與支持哈桑行動的地方。迦太基先前曾遭哈桑攻擊，加上她這麼圍城，這會兒已淪為廢墟，又荒廢兩個世紀。雖然這些行動讓多數柏柏爾遊牧歡喜，但定居綠洲的居民與商人，不樂見這位猶太女祭司把周圍土地變成焦土。他們暗中請求哈桑，如果他會來的話，請他給予協助。同時，凱西娜帶著部隊回到奧雷斯山的要塞，以求有效防堵突尼西亞平原往西進入阿爾及利亞與摩洛哥的唯一道路。

大約六九八年，哈桑的確回來了。這次他不僅率領自己的部隊，還有一萬兩千名柏柏爾人加入，因為他們不想再承受凱西娜的暴政，忍受她動不動就玉石俱焚。雙方軍隊在加貝斯（Gabis）面對面之時，這位預言家顯然在夢中看見自己的命運。隔天早上，她請她收養的阿拉伯年輕人卡雷德·伊本·雅茲德，帶著她其他兒子到阿拉伯軍隊，希望他們不會死於戰場。穆斯林軍隊大勝，把她逼回奧雷斯荒野避難。哈桑緊追在後，最後在托布納（Tobna）北部（今天稱為貝爾凱西納[Bir al-Kāhinat]）擊潰柏柏爾反抗軍。雖然有些人說，這位謎一般的戰士祭司死的時候，手中還握著劍抵抗，但有些說法則說她服毒自盡，以免遭到阿拉伯軍人強暴或殺害。

凱西娜去世之後（多數資料指出是七〇二年），穆斯林三次入侵北非，成功取得突尼斯灣的戰略位置，直接從西西里和義大利穿過地中海而來。她的兒子與多數柏柏爾跟隨者，從猶太教與基督教改信伊斯蘭。穆斯林在接下來的九百哩戰事順利，終於掌握整個地中海海岸線，一路挺進塔里克山（Jabal al-Tariq），即今日直布羅陀海峽旁的同名巨巖（Rock of Gibraltar）。七〇八年，穆斯林進入最靠近伊比利半島的非洲港口丹吉爾與休達（Ceuta）雙子城時，並未遇到任何抵抗。他們之後從這裡，進入西歐。[32]

那時，東非許多地方已陸續信仰伊斯蘭。這是因為先知最初的信徒逃離麥加來到此地，以免卡萊氏後代對曾與先知及赫蒂徹結盟的人復仇。他們在阿比西尼亞建立商業樞紐，於是葉門與阿曼阿拉伯人在此買賣沒藥、咖啡與其他商品已有幾個世紀的歷史。在非洲黑人領導者內格斯國王（King Negus）改信之後，伊斯蘭即從蘇丹散播到迦納。東非香料的各產地快速整合為單一網絡，和馬格里布即將發生的事一樣精采。肯亞附近的拉穆群島，後來成為阿曼與葉門香料商人的殖民地。他們的船開到哪，伊斯蘭就傳到哪。尚吉巴成了他們的另一個殖民地，若是阿拉伯往東的道路受阻，無法取得亞洲香料時，這裡可以提供替代來源。之後，馬達加斯加也納入他們的交易網。

從那之後，決定誰能在兩千兩百到三千哩長的商路上做買賣的，變成穆斯林的哈里發、埃米爾、仲介與商人，而不是猶太教或基督教的商人或銀行家。雖然穆斯林不用高利貸或壓迫人的稅賦，仍確保大筆財富能流向麥加、大馬士革與沿著他們能掌握的其他地方。猶太人與基督徒的商隊，可以讓芳香貨品或其他貨品行經伊斯蘭控制的國家，但無法脫離穆斯林商業網絡，獨立運作。

雖然有些貨物仍有幸靠著地下管道，賣到附近黑市，不過對猶太人或基督教徒來說，要把大量貨物暗中送到更遠的買家手上相對困難。因此，多數猶太人與基督教香料商人會設法與穆斯林重商階級結盟，洽談較好的優惠待遇。參與全球化貿易的有經者鮮少能否認，穆斯林占有上風。在一個世紀的時間，他們已將許多封地整併成跨大陸的網絡，多數參與者都遵守相同的經濟原則。光是這項事實，就能讓赫蒂徹與穆罕默德當初的小型經濟實驗與遠征，變成世界貿易史的轉捩點。他們在麥加與麥地那的創新之舉與道德規範，已遍及東半球的大部分地區。

某年春天，我來到摩洛哥的索維拉港（Essaouira）。我逐漸明白，猶太人不僅在穆斯林占有多數的馬格里布生活了好幾個世界，甚至和當地阿拉伯商人合作，過得相當不錯。在這裡，信仰猶太教的人及改信伊斯蘭的後嗣（柏柏爾語稱為la'louj），與阿拉伯人、柏柏爾人、希臘人、腓尼基人、葡萄牙人與來自西非茅利塔尼亞、塞內加爾、馬利與迦納的格瓦納蘇非派（Gnawa Sufi）教徒，一起共存長達兩千年。有學者說，猶太人先來到索維拉（當時稱為莫加多爾），想在非洲淘金，但後來則改賣鹽。後來，他們成為受到尊敬的香料商人、珠寶匠、木工與鐵匠。

我在城裡遊走，尋找香料市場時，來到最古老的區域。那是「猶太人居住區」（Mellah），猶太人在此設有會堂、學校、噴泉、浴池與大量住家，我想一瞥過去的殘餘片段，見證他們的工

圖十二：在摩洛哥索維拉的猶太區，門上常刻有這種謎樣的符號，引導旅人與商人到接待猶太人、基督教徒與穆斯林投宿之處。（攝影：作者）

藝。但我走在猶太區的狹小走道時，印象最深刻的，是門楣上的砂岩刻出的象徵符號。那些圖示標示著某人的種族、信仰，及對他人信仰的包容。

我看見一處古老門道上刻著大衛之星時，以為是來到只有猶太人可居住的區域。但我很快發現其他門道上，除了有大衛之星，還有四瓣玫瑰，那是基督教款待別人的古老象徵。或許這間房子屬於某個和基督教徒結婚的猶太人，或這間猶太人的住家歡迎來到港口的基督教徒水手。有些門上，則是大衛之星與八瓣玫瑰（阿拉伯穆斯林的象徵）並置。我也看到其他象徵，例如石榴花，那是安達魯西亞迎客的象徵，還有橄欖枝，代表和平歡迎所有來客。

我知道許多猶太人來到索維拉，擔任蘇丹的商人。阿拉伯蘇丹招募這些商人，請他們協助與非洲和歐洲基督教徒談生意。我可看出這城市如何成為非洲西岸、葡萄牙與加納利群島的西岸門戶。我環顧小城周圍，便能感覺到索維拉在各種信仰與種族間，仍與過去一樣交流活絡。

但最令我印象深刻的是，在索維拉，即使是定居的猶太人也可委託船隻與駱駝商隊，傳信給其他猶太商人。他們的聯絡範圍不僅限於附近的阿加迪爾（Agadir）與阿澤穆爾（Azemmour）港，還包括內陸的馬拉喀什（Marrakech）。透過船長的網絡，索維拉猶太人就能聯絡在拉臘什（Larache）、丹吉爾、突尼斯、昔蘭尼（Cyrene，或利比亞）、亞歷山卓、加薩、畢波羅斯（Byblos，黎巴嫩）、阿勒頗與士麥納的商人。透過跑腿者、騎驢者與駱駝夫，他們要求的香料與付款，即可往東送到梅克內斯（Meknes）與費茲，或是南邊的德拉（Draa）、穆西那（Messine）與錫吉勒馬薩（Sigil Massa）。有些訊息與香料訂單，最後來到大馬士革、巴格達與亞丁。

穆斯林正準備統治與統籌更廣大的世界時，猶太人設法搭順風車，從中獲益。我就是在索維拉，第一次領悟猶太人或穆斯林商人可能和遙遠的黃海有聯絡，並產生影響，即使那裡距離遙遠，是在他們在馬格里布西邊的港口以東六千兩百哩。隨著故事演進，這現象會越來越明顯。

第六章
香料之路與絲路的交會與整併

我順著香料的香氣進入沙漠，來到中亞草原。妻子蘿莉與我正前往熱熱鬧鬧的蘇丹滿速沙（Shah Mansur）市場入口。朋友喬巴波伊（Jumbaboy）送我們送到塔吉克首府杜尚貝的尼梭穆哈默德（Nissor Muhammad）與拉哈提（Lahati）大道角落。我們在市場大門旁駐足片刻，大口吸入此間香氣，看看眼前環境。這裡雖然位於昏暗的蘇聯時期展覽館，然而這「綠色市場」經過俄國人整頓之後顯得千篇一律，和我們這些外國人想看的東方市場不一樣了。

不過，喬巴波伊跟我們保證，俄國人離開之後，蘇丹滿速沙市場又恢復過去活潑隨興的地方色彩。我們進入市場，在走道上閒逛，成堆毫無瑕疵的水果與糖炒堅果頻頻向我們招手。在這些東西後面，許多攤位正販賣琳琅滿目的香料，悉數是從絲路及南邊的香料之路送來的。

今天的杜尚貝距離絲路及香料之路的交會點相當近。香料之路從阿富汗、巴基斯坦、印度與斯里蘭卡蜿蜒而上。如今沒有雙峰駱駝商隊提醒我們正在接近這交叉點，只有老舊的俄國拉達

（Lada）轎車與近年的日本與歐洲進口貨。這市場顯然和中東古色古香的市集不一樣，畢竟杜尚貝這座城市成立還不到一百年，而蘇丹滿速沙館的成立時間，當然比建城時間晚近得多。不過，我們在高聳遮雨棚下順著各個攤位前進時，看見塔吉克人、突厥人、烏茲別克人與吉爾吉斯人、中國人與哈薩克人，各地居民帶著蔬果、香料與新鮮香草前來這裡。

小販從西方與西北的撒馬爾罕、比斯凱克與布哈拉，帶來桃乾與杏桃乾、新鮮無花果與石榴、野生開心果與碩大的波斯甜瓜。其他小販來自來東方與東北高地草原的費爾干納盆地（Fergana Valley）與伊塞克湖（Lake Izzyk），送來了六、七種不同的蘋果、梨子、柿子與南瓜，還有十幾種中國乾燥香料與藥品。西北邊曾屬於蘇聯中心地區的共和國，則送來大白菜、甜菜、布哈拉辣椒、辣根、大蒜與豆子，東南邊則是印度、緬甸與摩鹿加群島，經過阿富汗，送來肉豆蔻皮與肉豆蔻仁、肉桂與丁香、番紅花與薑黃。還有不知哪來的藥用植物（大概是印度、西藏或中國），成堆放在銅秤旁，以盎司或公克來計價。

小販把我們買的東西裝進塑膠袋、圓錐形紙包裝與麻布袋中，尖細的聲音與超現實的寶萊塢影片畫面在上方震耳欲聾。雖然有這麼多令人分心的事物，他們仍和祖先一樣，認真完成自己最擅長的事情：「你們是第一次來到杜尚貝嗎？拿去，嚐嚐這些日曬桃子乾！這是純天然的，外面沒有用硫化物！這桃子來自撒馬爾罕，你聽過撒馬爾罕的金桃吧？滋味令人一吃難忘，你到時候就知道了！你只要半公斤，還是一公斤哪？」

小販把乾果疊成堆來展示，像屋頂上排得漂漂亮亮的雨淋板。我拿起一個毛絨絨的桃子乾放入口中，一閉上眼，甜蜜蜜的滋味立即征服我的味蕾。我睜開眼，恰好看到蘿莉還閉目感受甜味在口中爆發。我們回過神時，商人走到我們身邊悄悄說：「我發現你們之前在看番紅花。嗯，那邊的番紅花普通得很。我帶你們去看全世界品質最好的番紅花，比別的地方的都新鮮，是今年採收的，那可是我朋友親手從好幾萬朵花中精挑細選的。這番紅花可以幫塔吉克最好吃的榲桲抓飯，增添很漂亮的顏色。你們回家做給親朋好友吃，會很有面子。」

附近攤位的其他商人，正把檸檬排列成漂亮的圓錐幾何形，或是將黃色、紅色與紫色椒類，編成漂亮的環。有個編椒環、年約四十歲的男子朝著我揮手，那時蘿莉正看著走道另一邊的檸檬。

波斯塔吉克榲桲抓飯 Oshi Plov

絲路的中亞路段，大約是從巴格達經布哈拉、撒馬爾罕，延伸到杜尚貝與喀布爾。這段路上最經典的料理，應該就是這道抓飯了。無論是布哈拉猶太人，或巴達赫尚（Badakhshan）的伊斯瑪儀（Ismaili）穆斯林都會做這道菜，而這一帶的瑣羅亞斯德教信徒當然也熱愛這道料理。中亞的抓飯（pilav、pulao、palau與plov）可追溯到米剛引進到此區域的時代。在米飯出現之前，中東人是吃布格麥或庫斯庫斯。這道料理衍生許多不同做法，例如抓飯（maqluba）、燉榲桲羊肉（khoresh-e beh）與基德拉飯（kidra，以肉類和鷹嘴豆燉煮的飯），傳到西班牙則是海鮮燉飯。在許多例子中，這道菜會加入香噴噴的米飯，米會先用焦糖化的洋蔥高湯煮過，之後再把其他食材疊在米上或埋在米中。就像西班牙海鮮燉飯，抓飯通常也是一次準備很大的分量，在婚禮或假日的慶典活動供眾人一同享用。每一位廚師在做這道菜時，都有自己獨特的祕方。

在西元前四世紀，亞歷山大大帝與部隊曾很愛吃巴克特里亞（Bactrian，大約是今日阿富汗北部、塔吉克南部和烏茲別克東南部）與粟特人的抓飯。據說他們把這道料理從粟特首府馬拉坎達（Marakand，今天的撒馬爾罕）帶回馬其頓。但是現存最早的詳細做法，卻是在十世紀伊本·西那留下的——西方人稱他為阿維森納。由於他的影響力很大，因此許多料理歷史學家認為他是現代抓飯的始祖。

以下食譜主要從我們在杜尚貝認識的友人喬巴波伊那邊聽來的。他說，塔吉克人多在晚秋吃這道料理，因為那是榲桲成熟的時節。為了更清楚水果、堅果與香料和羊肉、飯與洋蔥湯底的比例，我參考了來自伊朗的名廚娜吉米耶·巴特芒格李吉（Najmieh Batmanglij）在《絲路烹飪：素食之旅》（*Silk Road Cooking: A Vegetarian Journey*）中所做波斯版本。那本書是很棒的著作。

吃的時候，搭配切丁的番茄、小黃瓜、紅洋蔥，以及用蘋果醋或檸檬汁醃漬的續隨子。六到八人份。

材料：

米飯

印度香米或長形白米／三杯

水／四杯半

海鹽／一大匙

奶油／兩大匙

高湯

奶油、印度酥油或橄欖油／一又半小匙

白洋蔥或黃洋蔥／一個，切成細圈

無骨羊肩肉／二三〇公克，切小塊（可不用）

胡蘿蔔／兩大根（去皮、切絲）

水／五杯

粗糖／半杯

柳橙皮／一小匙

小豆蔻莢／兩根，切開

新鮮孜然粉／一又四分之一小匙

海鹽

最後加入的食材

榲桲／兩個，去皮、切半、去核，切成一公分的丁

橙花水／一大匙

番紅花絲／半小匙以兩大匙熱開水泡

奶油／兩大匙，切小塊

碎杏仁／半杯烘烤

開心果／半杯烘烤加鹽

做法：

米放進大碗中，加入水淹過，輕輕以手指洗米。把混濁的水倒掉，再洗幾次，直到水清澈為止。之後加水蓋過米，靜置三十分鐘。

這時來做高湯。大鍋以中火來融化奶油，加入洋蔥炒軟，且稍微焦糖化，大約五至七分鐘。

如果有用羊肉，則加入羊肉與胡蘿蔔，炒到胡蘿蔔開始變軟，大約兩到三分鐘。加水開始煮，再加糖、柳橙皮、小豆蔻、孜然，再以鹽調味。火候調為中小火，煮十五分鐘。

米瀝乾之後，放到不沾平底鍋，加入水、鹽與奶油。以中大火煮滾，再把火關小，加蓋，煮到水分吸收，大約十五分鐘。之後靜置十分鐘，然後攪拌。這時米應該鬆軟了。

飯準備好了之後，加入湯鍋裡的高湯裡拌勻。要完成時，以大湯瓢在飯中央挖個大洞，把榲桲放進去，再用米把榲桲蓋起來。在表面上淋上橙花水與番紅花水，之後把奶油、一半分量的杏仁與開心果均勻撒在上方。把火關小，蓋緊，以免熱氣逸散，直到榲桲丁「融化」到米飯中，大約三十分鐘。（也可以放到攝氏一七〇度的烤箱，同樣烤三十分鐘。）

離火靜置（蓋子不要打開），放在濕布上五分鐘，讓鍋子底下的鍋巴能挖起。稍微焦糖化的鍋巴可增加這道料理的口感與滋味。之後把抓飯倒扣到盤子上，撒上剩下的開心果與杏仁，即可食用。

＊

Batmanglij, Najmieh. *Silk Road Cooking: A Vegetarian Journey.* Washington, DC: Mage Publishers, 2002, p. 166.

「來吧，我親愛的朋友。你比我年長，但請容我給些建議。我發現你的妻子年輕貌美，而我從你的眼袋來看，你應該有一把年紀了——我不確定，或許六十歲囉？——不過你的臉挺年輕，想法與慾火肯定也還年輕氣盛。我有藥草可以給你，這東西對你這樣男人來說，比威而鋼還好用呢。等你妻子過來的時候，我會裝作啥事都沒發生。你可以趁沒人注意時，加進食物裡……」

這個通曉多國語言的香料商人對我竊笑，就像阿拉伯的「常駐商人」，知道如何引起潛在顧客的注意。他們能利用滋味、色彩、形狀與語調來吸引你，三兩下就抓住客戶的心。之後為了誘惑你，便會說些故事，訴諸你強烈慾望、最高的期待，與最陰暗的恐懼。

要是中亞的雙峰駱駝與馬匹能說故事就好了。數個世紀以來，牠們有如沙漠貨船，載著肉桂、孜然、薑、大茴香、麝香與絲綢。但在夜裡，馱獸會在帳篷附近休息，能聽見阿拉伯騎兵、步兵、伊瑪目與商人，在距離說阿拉伯語的市集很遠之處，訴說寓言與詩句、傳說與謊言。他們進入簡陋驛站與商隊旅館時，會聽見土耳其和波斯語（不是用阿拉伯語）來描述馱獸們一路載運的貨物中散發濃濃的香味、奇特的滋味，還有細緻的布料。他們在宴飲上，見識到波斯主廚與樂師使出拿手絕活，而阿拉伯、土耳其與來自南方印度的詩人，以加扎勒（ghazal，一種抒情詩的形式）讚美他們。有時候，牠們會撿些宴會後，留在乾燥沙地上的剩洋蔥、飯、檸檬草與芹菜梗來吃。

圖十三：在塔吉克首府杜尚巴的市場中，有人販賣藥草威而鋼。（攝影：作者）

駱駝與馬匹都知道從沙漠來的事物會像旋風一般，忽然席捲而來，令毫無準備的人瞠目結舌。牠們把旋風扛在背上。

這些動物當然不能跟我話，但我在造訪亞洲的香料與絲綢市場時，穆斯林店員與詩人提醒我這些事實。在穆罕默德崛起之後，伊斯蘭以迅雷不及掩耳的速度擴張到亞洲。的確，根據古代的中國伊斯蘭記載，穆罕默德還在世時，最早皈依伊斯蘭的沙德・伊本・阿比・瓦卡斯（Sa'ad ibn Abi Waqqas）、也是六二四年巴德爾戰役（Battle of Badr）將領，業已搭船來到中國福建，提醒東方皇帝西方有位新的先知。在六一六年，他成為第一位從麥地那前來中國的阿拉伯人，傳播《古蘭經》的神啟。

之後，伊斯蘭於亞洲傳播時，瓦卡斯扮演著關鍵角色。他在六三七年的卡迪西亞戰役

（Battle of al-Qadisiyya），於幼發拉底河打敗來自薩珊帝國（Sassanid Empire）的波斯軍隊，並在六四二年的納哈萬德之戰（Battle of Nihāvand）殲滅了最後一支薩珊軍隊。[1]身為伊拉克的穆斯林軍隊司令，他這樣鼓舞軍隊士氣：「你們是阿拉伯人的首領與貴族，是部落的菁英，也是部屬的驕傲。」[2]最後，在六五一年，五十六歲的他與兒子成為歐斯曼．伊本．阿凡（Uthman ibn Affan）哈里發的穆斯林使者，謁見唐高宗。他兒子還在中國的土地上，建立第一座清真寺。

當然，伊斯蘭帝國能風掣雷行地擴張，不可能僅憑著快馬與雙峰駱駝。重要的是，阿拉伯人深深相信先知的理想，願意把這不可動搖信仰傳播出去。他們必須形成社會組織，並善加管理，才能讓這理想開花結果。

先知的親戚與門徒早在六三三年，就率先進入黎凡特與美索不達米亞的核心。不出幾年，他們拿下大馬士革、安提阿（Antioch，位於土耳其的安塔基亞）與霍姆斯（Homs，位於敘利亞西部）。接下來十年，第一個古萊氏族改信伊斯蘭之後，也招募其他關係密切的部族。新盟友包括最北邊的塔伊部落（Tayy），他們本來是住在伊拉克南部的沼地阿拉伯人（Marsh Arabs）。雙方一起挑戰由拜占庭帝國掌控的鄰國土耳其與波斯，要他們一起對抗基督教的羅馬統治者。

瓦卡斯與阿拉伯穆斯林初次在六三七年底，掀起波斯的沙場塵土飛揚，當地人起初對他們並不友善。有一段時間，羅馬軍隊與波斯人激烈反撲，似乎即將遏止阿拉伯人在札格羅斯山脈（Zagros Mountains）前進。這時穆斯林得動用武力和恫嚇，才能打破僵局。

不過，瓦卡斯在突擊波斯首都時，採用新的創舉。他使用二十支重砲部隊，搭配大砲投射機（用投石索來發射飛彈）。[3] 同樣的武器也用來攻破撒馬爾罕的城牆。他們成功恫嚇敵方，攻下了伊斯蘭無法光憑貿易贏得的城池。

六四二年，伊斯蘭贏得對波斯軍隊最後一場勝利後，來到在亞洲的最大轉捩點。如今，伊斯蘭已擴張阿拉伯語區之外，深入波斯語區，包括波斯人、粟特人與今天塔吉克人的祖先所居住的地區。薩珊帝國的重鎮就這樣落入穆斯林手中：顯然認同伊斯蘭的不僅是居住在半島深處的古老阿拉伯語系部落。從南方數千哩的麥地那，歐瑪爾．賓．哈塔卜（Umar ibn al-Khattab）哈里發指揮瓦卡斯等人，率領阿拉伯部隊往各個地方前進，直到波斯外圍仍在薩珊帝國控制之處於六四四年陷落，併入新興帝國。[4]

簡言之，伊斯蘭突然成為整個「已知」世界中，最無所不在的經濟力量。之前這些區域像運作不良的網絡，而伊斯蘭把這一塊塊碎布般、各自獨立的區域與文化，織成一張綿密的織錦。

在穆罕默德去世後兩年，古萊氏族的伍麥亞家族建立伍麥亞王朝。王朝成員將各式各樣的廣大族群，包括阿拉伯、波斯與土耳其，集結成阿拉底下的單一社群。有趣的是，新皈依的穆斯林為這新群體取的名字，是過去用來稱呼最北邊的貝都因阿拉伯人——塔伊。有些編年史家稱這個阿拉伯化的綜合群體為塔伊茲人（Taits），或波斯語的塔茲克（Tazik）。但不久之後，這個名字被東邊波斯語系的居民，用來指阿拉伯化的波斯人。塔吉克（Tajik）這個詞，泛指受到「阿拉伯影響」的整體社群。[5]

隨著伊斯蘭東進，這個詞囊括所有說波斯語的穆斯林，範圍遠達阿富汗、烏茲別克，以及今天的塔吉克。中國的商人與僧侶來到由多條跨大陸路線構成的絲路時，稱這些受阿拉伯影響的波斯人為大食人，其中伍麥亞家族特別被稱為「白衣大食」。七世紀時，有個伊斯蘭使節告訴他在麥加的親戚說，如果大家都改信伊斯蘭，「人人都將成為阿拉伯人」。[6]

我在杜尚貝的街道與市場走道散步時，滿心盼望能遇到哪個塔吉克人知道自己是塔伊人後代。我會興起這個念頭，是因為在一份晦澀難解的手稿中讀到的隻字片語，可惜我已忘記那份手稿的作者與標題。那份手稿上寫著，納卜漢尼家族與塔伊族在西元一七〇年離開阿拉伯半島之後，關係十分密切。雙方經由通婚，於是兩個名稱不同的部落，在基因上幾乎相同。我想像，我納卜漢尼家族的親戚往北前進，與塔伊人一同成為沼地阿拉伯人，在底格里斯河與幼發拉底河畔生活。這些阿拉伯宗族改信伊斯蘭，幫助帝國往東征服中亞的沙漠與草原。他們定居在瓦赫什（Vakhsh River）河谷，開始學習波斯語。

他們是不是在新的家園，扮起跨文化商人的角色？他們在東西方搬運的物品，是不是包括香料、香草與薰香？我想從遠親身上得知的事情，恐怕太多了。

我期盼能找到假想中的遠親，但希望破滅實在不足為奇。一名杜尚貝的學者告訴我，在塔吉克，僅存的阿拉伯語穆斯林區位於城市南方數百哩。那些村子位於阿富汗邊境，以黑市交易鴉片和武器聞名。他們住在全世界最動盪的邊境，雖然苦日子令人同情，但我到他們那邊，肯定會成為肥羊。我一廂情願，盼能在諸多塔伊塔吉克人之中尋找到納卜漢尼家族的遠親，看來得等來日才能一圓夢想了。

當然，波斯人與粟特人的宗教、文化、經濟與料理，並非在一夕之間改頭換面。伍麥亞王朝建立稅務局（Diwan al-Kharaj），這是管理整個帝國財務的中央稅收機構。它設法把神聖伊斯蘭經濟體的共同道德標準，灌輸給貿易夥伴，處理繁雜的整併過程。

稅務局重申伊斯蘭的初衷，交易與投資都講究社會責任，不靠任何古蘭經禁止的貨物來賺錢。伍麥亞家族期許自己和猶太人不同，宣揚穆罕默德與赫蒂徹對高利貸的禁令。若真需要借款，稅務局的委員會堅持不能對借款者累積利息。農作物收成時必須繳納天課（zakat），讓收穫能夠重新分配給飢餓或有需要的人。他們也建議，交易商談須依照「風險」（gharar）的概念，提醒食物商人在大豐收時累積的資產必須與農人共享，而乾旱或其他偶發事件的復原成本，也要與農人一起分擔。這麼一來，債務與報酬就平均分擔到各方，和今天靠著社群支持的農業一樣。

透過稅務局，伍麥亞王朝的領導者鼓勵所有阿拉伯香料商人選擇的商業夥伴，是願意培養與支持整個香料供應鏈的所有人，即使那些夥伴沒有阿拉伯血緣，目前也未信伊斯蘭教。這麼一

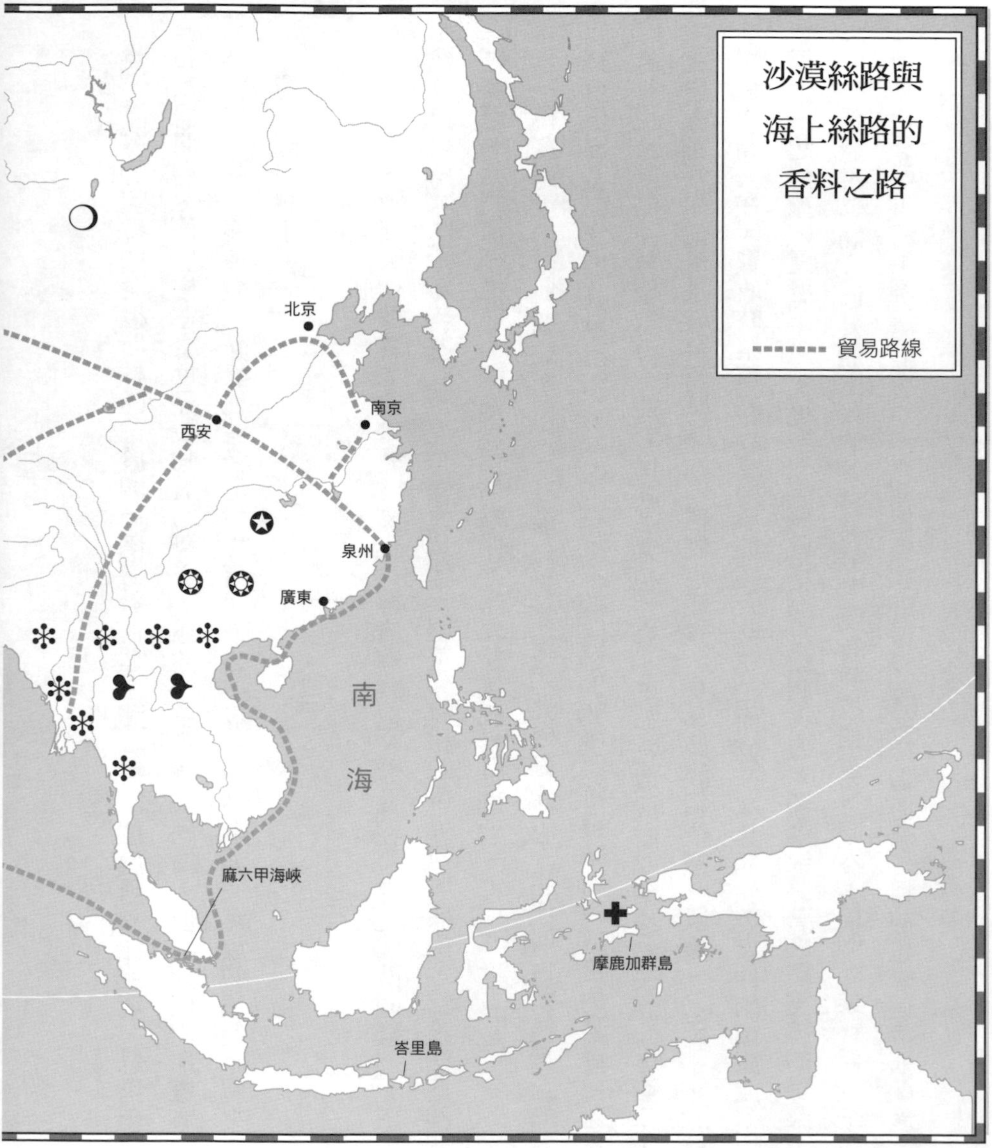
沙漠絲路與
海上絲路的
香料之路
貿易路線
北京
南京
西安
泉州
廣東
南
海
麻六甲海峽
摩鹿加群島
峇里島

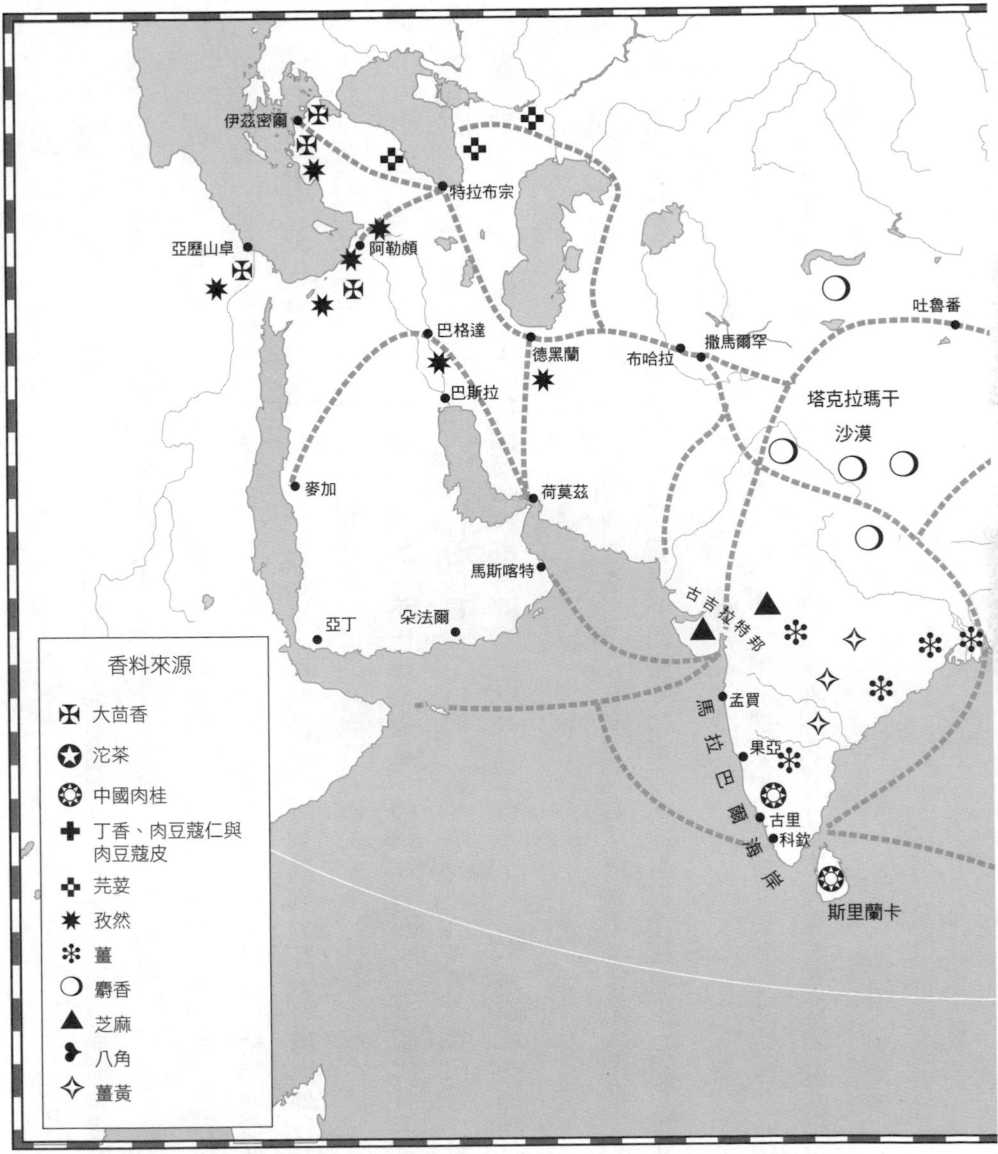

地圖三：沙漠絲路與海上絲路的香料之路

來，整體生產者、仲介與銀行家就具備共同的價值觀。這也為位於各處的銀行機構，發展出財政交流的規則，如此在整個伊斯蘭世界可促成資金轉移、貸款支付，還能向風險資本家借款創業。[7]

不僅如此，伍麥亞的哈里發要求受惠於這套體系的人，尤其是買賣芳香物品、馬匹、駱駝、貴重金屬、絲綢與其他織品的穆斯林、佛教徒、印度教徒、猶太教徒、瑣羅亞斯德與聶斯脫里派教會的基督教徒，必須將賺得金錢的可觀部分，送回伍麥亞王朝的權力基地。穆斯林在某種程度上是這網絡的催生者，但他們也肯定其他參與者的知識與財富。

保護不可能毋需代價。伍麥亞王朝的古萊氏後代菁英，因為單方面制定這個代價，為自身與體制累積了大筆財富。那些古萊氏的部分成員一定納悶，為什麼麥加的先祖們當初要反對穆罕默德？他們如今坐擁財富，吃得比穆罕默德喜歡的塔里德要豐盛多了，絕不是簡單的扁麵包泡湯而已。[8]

或許他們記得，住在半島沙漠的阿拉伯先人向來無法累積大量的財富。先人只能不停隨著商隊或畜群遷移，把賺來的錢重新投資，買更多的駱駝與馬匹，還得繳錢買通小心眼的謝赫，才能得到通過他們地盤的權利。

伍麥亞的哈里發定居在首都大馬士革之後，與北邊與東邊的波斯群體相比較時，心中不像過去那樣酸楚了。他們明白，新的定居生活無論是從外觀來看或實際體驗，都比過去在阿拉伯半島中央的燠熱環境要好得多。

不過，伍麥亞官僚遲早得學到，法規、規則與道德期望，不足以把網絡鞏固成穩定的帝國。若希望波斯、安息、粟特與突厥等貿易夥伴成為「好阿拉伯人」，還需要其他要素：令人念念不忘的飲食、故事與歌謠，打造出真正能鼓舞人心的文化。

一旦波斯與阿拉伯在精神上、軍事上與政治上統一，接下來就需要藝術、料理與詩歌表現，把文化綜合體提升到雙方前所未有的境界。或許最初是無意識的，伍麥亞王朝支持很具有表達性的混雜文化與跨界料理，引起許多精明的觀察家注意。

西元七五〇到一二五七年是伊斯蘭黃金時代，在這段期間，波斯和阿拉伯廚師、料理撰述者與醫生推出的阿拉伯文食譜書，數量超過世上其他語言的總和。[9] 阿拉伯食譜如此多產，不光是因為有更多種主食與香料突然出現在伊斯蘭廚房。這情況有點類似「雜種優勢」（hybrid vigor），使阿拉伯與波斯廚師能做出更多種料理。伍麥亞宮廷的廚師開始實驗各種發酵穀類與魚製成的醬料；試驗浸泡醃漬的技巧；把肉類加以塑形與層疊，每層中間夾著堅果與葡萄乾，用還原的葡萄汁與蜂蜜來塗抹魚，而在烹調魚的時候，不僅是光用火和煙燻，還加上醋、檸檬汁或酸橙汁使之熟成。他們發展出的烹飪技巧與食譜包括糖醋燉肉（*sikbāj*），亦即用酸果汁與醋來烹煮魚肉與禽肉。這做法在中東、馬格里布與拉丁美洲延續到今天。[10] 在我家南邊的墨西哥沙漠邊疆地區，糖醋燉肉改頭換面，變成檸汁醃生魚（*ceviche*）與油炸醃魚（*escabeche*）。如今西班牙語系的中部美洲（Mesoamerica，指自墨西哥南部延伸至哥斯大黎加西北邊界的整個區域，是個文化歷史分區，比地理上的中美洲範圍更廣大。）居民仍使用這兩個詞。

或許納哈萬德之戰最深遠的影響，是阿拉伯與波斯融合後所發明的料理，而不是以軍事征服中亞中心。在接下來的幾個世紀，政治疆域與結盟不斷遞嬗，但中世紀穆斯林對於風味與香氣的愛好卻與日俱增，料理帝國主義更是無遠弗屆。

阿拉伯人總算來到水源較豐、更多產的土地。在這裡，他們用不著每季擔心糧食不足。不僅如此，他們在接觸到外國文化時，能發揮天分、能力與想像力，挑戰原有的文化。觀察力強的阿拉伯人明白，若將自己的文化與波斯和粟特文化整合起來大有好處。[11]因此，在小亞細亞，往上層流動的阿拉伯人，鼓勵說波斯語的社群協助他們把集體的智慧、藝術與商業資產集結起來，讓整個穆斯林群體「烏瑪」使用，創造出真正有創意（甚至有利可圖）的伊斯蘭帝國。

在波斯與粟特人改信後，不到十年，伊斯蘭新出現的塔吉克說故事者、歌手、烏德琴手、建築師、雕刻家、主廚等等，促成前所未見的藝術表現與創新。他們現在可以接觸到錢買得到的最佳物質與師資。想前來大馬士革居住的不光是伍麥亞家族的上流社會，而是人人都想來此尋求娛樂。

不多久，他們在各個香料與與貿易中心，都能找到各式各樣的食材與廚具，其中不乏來自千哩之外的東方。匠師行會、學校與圖書館也負責傳播技術知識。前線的穆斯林軍人已經在六五〇年，掌握了梅爾夫（Merv，位於中亞土庫曼）與赫拉特（Heart，中亞古城，以金屬製品聞名，當時是名列前茅的大城市），到了六五二年則已攻占巴赫拉。在接下來十年，他們可以大啖從東南邊的印度（Hind）及東北邊的中國（Sin）送來的各式食物。

中亞穆斯林香料商人走遍天涯海角，帶來美食與雋永故事。他們在遼闊的地理區域中，將充滿熱情的詩歌與音樂融入穆斯林盛宴，使之具有豐富的美學內涵。他們把波斯與阿拉伯人的觀念與民俗故事，融入《一千零一夜》的傑作。後來，魯米（Rumi）和哈菲茲（Hafiz）等蘇非派詩人，會把商隊旅館的象徵在世界各地傳播，這些文字饗宴啟發不同文化背景的宗教朝聖者與香料商人。帝國各地的故事與食譜交流，確保詩歌與美食的創新能攜手並進。

我後來才知道，我的納卜漢尼祖先常出現在波斯人編纂的故事集中，這故事集西方人稱為《一千零一夜》，雖然內容對納卜漢尼的描寫未必討喜。在部分故事中，他們遇到了來自阿拉伯的新富，想要購買或奪取巴斯拉或摩蘇爾任何有意思的事物。大約在第六百四十夜，提到納卜漢尼家族的謝赫哈瑪爾・賓・馬吉德（al-Hamal bin Májid），他靠買賣南方的香料致富。有天，他聽聞波斯埃米爾有個美麗的女兒瑪蒂亞（Madhíyah），便決定要成為她的「良伴」，想牽她的手。他將豪華的禮物放到她家門，包括一百名奴隸女孩，還有一百頭母駱駝背著龍涎香、蘆薈、樟腦與珠寶，以及一種珍稀的動物香料——麝香。瑪蒂亞不為所動，認為他不過是個鄉巴佬。哈瑪爾一氣之下，趁著埃米爾參加朋友婚禮時綁架她，殺害她許多隨從，要給大家一點顏色瞧瞧。

當然，哈瑪爾最後得為自己的傲慢與衝動付出代價，他肥嘟嘟的頭顱最後被插在刀上，好像中東烤肉串似的。美麗的瑪蒂亞小姐重獲自由，回歸波斯人與阿拉伯人彼此尊重的生活，繼續宴飲、齋戒與禱告。

阿拉伯人在半島北部與東部的古老家鄉，與逃離衰敗薩珊王朝的波斯人通婚。之後，他們的勢力範圍擴張到東亞，建立殖民地，與其他說波斯語的人通婚，尤其是粟特商人——粟特人從西元前二、三世紀，就稱霸與中國、印度、美索不達米亞的貿易。在《一千零一夜》中，納卜漢尼謝赫丟在瑪蒂亞跟前的麝香，很可能就是來自粟特商隊。

粟特人（過去自稱為圖蘭人[Turanian]）從未獲得西方世界太多注意，更稱不上尊重。[12]這很奇怪，因為中國人相當推崇粟特人千年來在東方貿易的關鍵角色。粟特人的例子告訴我們，在香料交易上，並非只有穆斯林與猶太人會創新，古吉拉特人、印度人、柏柏爾人與義大利人也一樣重要。粟特人剛開始登上世界舞台時，是在澤拉夫尚河（Zeravshan River，位於中亞，流經塔吉克和烏茲別克）兩邊的肥沃河谷，過著定居生活。撒馬爾罕與布卡拉等半乾燥地區的河谷交叉口，發展成繁榮的貿易中心（亦即今天塔吉克與烏茲別克的半乾燥氣候區），粟特人就進入了聚光燈中。雙峰駱駝在中亞舞台初次登場時可說頗具歷史意義，而粟特人則擔綱商隊成員的引導角色。他們的演出十分精采，即使是老練的阿拉伯香料商人也不得不佩服。

就像阿拉伯人一樣，粟特人知道如何從荒漠中找出不起眼的產品，在全球發揮價值。他們靠著塔克拉瑪干沙漠的維吾爾人、戈壁沙漠的蒙古人、乾燥高原上的藏人，把世上最強的香料賣到各地，包括麝香、樟腦與蜀椒。他們知道如何隱藏這些珍寶的來源，並以動人言詞，增加這些東西的神祕感與魅力。他們很幸運，找到能幹又有順應力的盟友，能把珍貴物品送出偏荒之地，進入伊斯蘭帝國的市集。這盟友正是雙峰駱駝。從土耳其的伊茲米爾，到中國吐魯番，無論我在哪裡遇到奇妙的雙峰駱駝，都能立刻感受到牠們不容小覷的力量。

雙峰駱駝與粟特、波斯與阿拉伯商隊的共生關係，大幅改變人類的歷史進程，這說法並不為過。雙峰駱駝不僅比阿拉伯和非洲單峰駱駝多一個駝峰，且更加強壯、堅毅，能多扛數百磅的貨物。雙峰駱駝是在戈壁與塔克拉瑪干附近演化，[13]當地的日溫差可達四十四度，因此適應力更強，能忍受變化極端的氣候。我曾在四十度的七月天，親眼見過牠們若無其事地坐在新疆火焰山腳下的戈壁沙漠中；六個月後，這群駱駝可能正穿越白雪皚皚的天山山脈隘口，那比荒蕪的底部沙漠高出四千五百多公尺。

雖然雙峰駱駝的名字是源自今天阿富汗與伊朗的巴克特里亞（Bactrian），但牠們最早是在西元前二五〇〇年，在更東邊的地方馴化。不過雙峰駱駝變成馱獸，往西傳入巴克特里亞與粟特人的澤拉夫尚河飼育場，得等到一千年以後。粟特商人有了雙峰駱駝之後，可運送的貨物重量比薩巴人、邁因人與納巴泰人最堅忍的駱駝高出一倍，走的路程也長了一倍。駱駝歷史學家丹尼爾．帕茲（Daniel Potts）曾有句名言：如果絲路是東西方文化與料理的橋梁，雙峰駱駝就是穿越橋梁的火車。[14]

雙峰駱駝大幅降低了長途運送大量貨物的難題，於是粟特人讓撒馬爾罕與布哈拉的貿易中心，成為絲路上眾多連接點上的兩個——雖然「絲路」這名稱不盡正確。[15]事實上，連結東西方的通道網絡是由許多路徑構成的。在中國西部吐魯番窪地旁的塔克拉瑪干與戈壁沙漠，至少有五條駱駝商路從南邊或北邊延伸而出。在這些路段上，粟特商隊成員與雙峰駱駝帶的麝香，或許比絲綢與茶還多。而在更西邊的粟特重鎮，澤拉夫尚河被稱為粟特商隊之河，這裡的高貴水果稱為「撒馬爾罕的金桃」，聲名遠播至東方中國，甚至韓國海岸。[16]

粟特人會運用波斯人與阿拉伯人的資金，在中亞延伸而出的商路上，興建與鞏固諸多商隊旅館。他們不光是在偶爾經過這些商棧時暫時停留，這些地方更發展為穆斯林、東正教、聶斯脫里派基督教會，與布哈拉猶太商人在故鄉以外的聚集之處。無論中亞草原的統治者是誰，阿拉伯、波斯與粟特聯盟都掌管此處往東，遠達中國京城長安的貿易。如今長安稱為西安，依然有超過五萬名的阿拉伯、波斯與粟特後代的穆斯林，數個世紀以來，是北方絲路與麝香之路的終點，往西南即可通往茶馬古道的起點（位於中國西南，起點在四川、雲南地區，原文寫東南應為誤植）。

在中世紀，長安發展成全球最大的城市。[17]七四二年，這三十平方哩的交易中心有兩百萬居民，其中五萬名是外國來的商人與商隊旅行者，稱為「蕃客」。他們多數為粟特人，還有不少波斯人、印度人、阿拉伯人與突厥人。來自小亞細亞的異邦人眼珠子有藍色、棕色、綠色或灰色，相當不常見，遂被稱為「色目人」。外國人的奇特外表，曾令唐代詩人寒山覺得有趣。（「色目人」是元代民族階級之一，但「色目」一詞在唐代已經出現，當時是指「種類」、「諸色名目」的意思。）相較於粟特人，阿拉伯人較晚抵達中亞。在伊斯蘭抵達這麼遠的東方時，信仰瑣羅亞斯德教的粟特商人是往來中國、蒙古、中亞、印度與中東之間的主力。阿拉伯人無疑還有許多要學。

阿拉伯商人的貨品（與基因）與波斯和粟特商人融合之後，便突然得到（甚至掌控）跨越半個亞洲的國際商業。透過一系列的整併與惡意收購，他們把絲路的多條路線整合成牢不可破的貿易網絡。

這麼一來，阿拉伯商人不僅促成伊斯蘭勢力擴張，更把彷彿來自天堂的香氣與滋味等神奇故事傳播出去。他們將重商倫理與經濟理論，從魯卜哈利沙漠延伸到戈壁沙漠星羅棋布的殖民地。不過，在戈壁沙漠南邊的甘肅走廊（也稱為河西走廊），適應了沙漠的種子開始萌芽，成為最有利的經濟機會。接下來的幾個世紀，中國各朝代對西方物品需求大得不得了，對波斯與阿拉伯的時尚與飲食接受度非常高。中國人深深青睞來自西方乾燥地區的夢想家帶來的駿馬、異國香料與奇思異想。

麝香 Musk

世界上最強烈持久的芳香，是來自於動物香氣腺體中的稀有物質。這種動物是目前瀕臨絕種的亞洲麝屬（*Moschus*）動物。雄麝沒有角（但有利齒），求偶與驅趕對手的方式相當奇特：在劃定地盤時，從離生殖器官不遠的腹部囊袋，排出像穀類一樣的分泌物到地盤邊緣的矮樹上。在野外，一歲半的雄麝在求偶季，會產生與「黏貼」二十到二十二公克如蠟一般、帶有血色的麝香仁。

待黏性分泌物乾燥後，就會成為富含費洛蒙的炭黑色顆粒，化學家稱之為「麝香酮」（muscone）。剛採集的麝香氣味相當濃烈，剛接觸的新手若不是覺得作嘔，就是芬芳宜人。稀釋之後，麝香會有溫暖且帶有泥土的香氣，有人認為這種香氣類似剛砍下的木材，或寶寶剛洗完澡的香氣。

部分證據顯示，麝香在西元前三五〇〇年，就在產地以外的地方買賣，堪稱與乳香一樣歷史悠遠。到了西元六世紀，麝香已成為世上最炙手可熱的昂貴香料，每公斤的麝香價格是黃金的兩倍（今天更是高達三、四倍）。麝香除了製成香水與香皂之外，還有諸多用途。在印度，麝香可用來幫肺病患者治療心臟，而在歐洲與英國，麝香可當作調味料，用在製作烘焙食物、飲料、糖果、冰淇淋、糖蜜與布丁。

馬可波羅曾描述，在林地採集琥珀色的麝香仁會賣到西方，而這些麝香仁可能是在西伯利亞麝（*M. moschiferus*）的自然棲地收集的，例如天山或阿爾泰山。麝的分布範圍很廣，從西伯利亞與外蒙古，往西南到甘肅走廊商路與新疆，並深入哈薩克。蒙古人與回鶻（維吾爾族的祖先）懂得如何在不傷及麝的情況下採集麝香，之後當然就交給粟特商人。五世紀起，粟特商人每年運送多達一千五百公斤的麝香，往西送到君士坦丁堡、雅典與羅馬。

不過，品質優良的琥珀麝香需求很高，誘使遊牧獵人殺害麝並取其臟器，而不是持續採收麝的分泌物。要收集一公斤的麝香，必須殺害三十到五十隻性成熟的麝，母麝與出生才一年的小麝往往也遭池魚之殃。到了十九世紀，西伯利亞麝的活動範圍已大幅縮小，數量銳減。如今，中國唯一還有麝活動之處，只剩下最遙遠的阿爾泰山山脈附近。我到甘肅走廊尋找麝的時候，情況相當淒涼。甘肅省只剩下興隆山養麝場有麝，這裡五百頭圈養的雄麝，平均每年僅能生產八點八公克的麝香仁，比過去野生品種的三分之一還少。

隨著琥珀麝香的主要來源銳減，採收者把目標改放在西藏的黑麝（M. fuscus）所生產的麝香（Tonkin）。後來，黑麝香甚至被認為比琥珀麝香還高檔，但黑麝的族群數量也很快銳減。最後，盜獵者為了要迎合持續需求，開始濫殺第三種品種「喜馬拉雅麝」（M. chrysogaster），這種麝生長在更南邊的喜馬拉雅山，數量也開始減少。現在這三種麝都列入瀕危物種，野生動物交易的國際條約也禁止麝香買賣。

但是根據估計，每年在黑市買賣的麝香仍有兩千公斤。在一九七〇年代，一公斤麝香要價高達四萬五千美元。近年估計，非法麝香獵人的數量增加五倍，意味每公斤黑麝香價格跟著水漲船高。

有趣的是，麝香與麝鹿的詞彙用法，在遠東和中東、歐洲、北非很不一樣。這表示無論是最初仲介麝香的中亞粟特商人，以及後來的波斯和阿拉伯人，都努力隱藏麝的地理與文化來源，以控制西方市場。

中文的「麝香」即指麝所產生的香氣，而「麝父」與「香獐子」是指會產生這種芬芳液體的麝鹿。中文的「麝」，意味著這種鹿會「射」出麝香。西藏人稱黑麝（*M. fuscus*）為*glaba*，麝香則是*glartsi*。蒙古人則以*küdäri*與*cigăr*兩個詞來稱呼原麝（*M. moschiferus*）。部分古突厥方言稱麝為*kin*，麝香則是*yipar*。在蒙古有個古老石板上曾出現*kin yipar*這個複合詞，我在烏魯木齊的新疆維吾爾自治區博物館便曾親眼一睹。

根據亞洲歷史學家與辭典編纂家安亞・金恩（Anya King）的說法，這些字只在天山、興都庫什山和喜馬拉雅山一帶通行。歷史文獻指出，中亞粟特商人把麝香賣給西方人時，稱之為*yys yaxs*或*yxsyh*。另一個古代詞彙*mus*則是源自梵語或相關的古代伊朗方言。幾個世紀以來，在巴格達通行的古典與波斯語中，做生意時都用**musk**這個詞；同樣的詞在前伊斯蘭時代的帕拉維語（Pahlavi，或稱中古波斯語）則稱為mwšk，這個詞在薩珊帝國的泰半時期應是通用。

七世紀伊斯蘭帝國興起時，麝香顯然已西進到阿拉伯市場。古阿拉伯文本中曾用幾個詞來表示麝香，包括*mis*、*misk*與*nafijat*。Misk或許是從阿拉伯文借來的，整個鄂圖曼帝國的西突厥人都使用這個字，如今在土耳其市場中仍在使用，例如伊斯坦堡的香料市集。

在距離巴格達與伊斯坦堡市集很遠之處，亞美尼亞人用*mus*、敘利亞人則用*muška*，衣索比亞人用*mesk*。這顯示波斯與阿拉伯詞彙在整個商業網路通用，沒有明顯中斷。在歐洲，俄羅斯人稱麝香為*muskus*，希臘人稱之為*móschos*，拉丁文則用*muscus*。在羅曼語族中，則發展西班牙文的*musco*、義大利文的*muschio*，以及法文的*musc*。

如今麝香似乎只是世俗香水中的一種原料，表面上是增加性魅力，但是長久以來，麝香也應用在宗教場合，是與永生和純潔有關的香料。在伊斯坦堡聖索非亞大教堂旁邊的藍色清真寺（Blue Mosque of Sultan Ahmed）、馬拉喀什的庫圖比亞清真寺（Kutubia Mosque），以及迪亞巴克爾（Diyarbakir）的薩法清真寺（Iparli〔Safa〕Mosque）都充滿麝香香氣，恰好證明麝香的宗教特質（穆罕默德就很喜歡）。據說這些清真寺的牆面至今仍散發出麝香。相傳在薩法清真寺，一個有錢的穆斯林香料商人在中國西部做生意時，買了七十隻駱駝載運的麝香，混入牆面使用的灰泥中。

Fagong, Kang, et al. "The Musk Production of Captive Alpine Deer (*Moschus chrysogaster*) from the Xinglongshan Musk Deer Farm of Gansu Province, China." *Acta Theriologica Sinica* 28 (2008): 221–24.

Garrett, Theodore Francis. *The Encyclopedia of Practical Cookery: A Complete Dictionary of All Pertaining to the Art of Cookery and Table Service.* Vol. 2. London: L. Upcott Gill, 1898.

Green, Michael J.B. and Bihaya Kattel. "Musk Deer: Little Understood, Even Its Scent." Paper presented at First International Symposium on Endangered Species Used in the Trade of East Asian Medicine. Hong Kong, December 7–8, 1997. http://archive.org/details/ muskdeerlittleun97gree.

King, Anya H. "The Musk Trade and the Near East in the Early Medieval Period." PhD diss., Indiana University, 2007. www.gradworks.umi .com/32/53/3253639.html.

Vaissière, Étienne de la. *Sogdian Traders: A History.* Leiden, Germany: Brill, 2005.

Zhixiao, Liu, and Sheng Helin. "Effect of Habitat Fragmentation and Isolation of Alpine Musk Deer." *Russian Journal of Ecology* 33 (2002): 121–24.

最能證明東方人崇尚西方的例子，並非唐代詩人或商人，而是一名和尚——玄奘。玄奘與穆罕默德同時代，西元六二九年，他還是個年紀尚輕的出家人與語言學家，即從絲路的終點長安城出發，前往西方取經。一路上，他不斷學習關於宗教與世俗的知識。他徒步、騎乘駱駝與馬匹，行走十萬哩路，沿途修行之際不忘觀察風土人情，也記錄各地商棧風光，他途中經過今日的哈薩克、塔吉克、烏茲別克、吉爾吉斯、阿富汗、巴基斯坦與印度。[18]他取經過程耗時十六年才歸國。他曾抵達澤拉夫尚河，及此間的貿易中心撒馬爾罕，他似乎不太欣賞西突厥可汗所把持的軍力，反倒是對所遇到的粟特人、波斯人與猶太人的生意技巧挺有興趣：「異方諸寶，多聚此國……機巧之技，特立諸國。」[19]

我在福建泉州一處古老亭閣的三樓，看過描繪玄奘至西方取經的石刻。泉州與伊斯蘭教的歷史淵源很深，並不亞於佛教。我看見他從長安到撒馬爾罕的路上，行經火燄山下的吐魯番窪地，圖中的城市已不復存在。我曾沿著黃河來到上游的甘肅走廊，曾有數個世紀，回族與蒙古穆斯林就在這一帶枯黃的草原和西藏佛教徒做生意。我在甘肅臨夏市造訪伊斯蘭清真寺與佛寺時，就發現相同的神聖標誌裝飾：大白菜、龍、蓮花與石榴。

這些偶遇讓我想到，與其他信仰的人生活，應該會讓生命更豐富，而不是受到威脅吧？為什麼有些民族，例如回族穆斯林或布哈拉猶太人，常與經濟與政治占優勢的漢族住在一起，或是住在附近？為什麼他們堅持當食物與香料的小販或商人，即使身邊的人成為電腦程式設計師或水電

圖十四：穆斯林、基督徒與猶太商人用雙峰駱駝商隊與海上路線，已經能經常取得來自中亞的香料。圖中是一九〇二年蒙古的駱駝商隊。（資料來源：美國國會圖書館的印刷與照片部門，www.loc.gov/pictures/resource/cph.3b03982.）

工？為什麼他們非得在沙漠與河邊、天與地、佛陀與先知之間，當濾食性生物？如果我們生活之處遠離了這些有種族張力、經常發生創新的地區時，是不是也錯過了什麼？

我在思索這些問題時，發現到波斯與阿拉伯人的觀念已透過伊斯蘭而統一，開始產生對東方的知識好奇。絲路、麝香、薑、樟腦、八角、肉桂與青花瓷已來到中國以外，進入印度次大陸、中亞，甚至進入阿拉伯半島的麥加。市場上的香料大雜燴是來自許多國家的貢獻，但有幾個主要族群，催化全球香料的分布。

中國人聽信粟特人與阿拉伯人所言，以為棉花是從西方才有的動物身上剪下的，其實中國人也有他們的祕密。絲綢早在西元二〇六年，就已進入西域的尼雅（Niya，漢代西域精絕國遺址，位於塔克拉瑪干沙漠。）交易，蠶繭在西元四二〇年，已在吐魯番窪地的阿斯塔納（Astana）生產，不過還需要幾個世紀，蠶絲的生產知識才會滲透到天山以西。世上最險惡的幾處沙漠是實體的阻礙，使得歐洲與小亞細亞無法直接聯繫中國，因此商人聯合起來傳播神話，讓商路一端的人對另一端的人敬畏不已。

若坐下來閱讀《一千零一夜》的故事，就會熟悉將與真實生活冒險有關的幻想、事實與文學手法糅合起來的文類。這文類的起源或許和波斯口述傳統較有關，而不是阿拉伯的說故事人與歌唱者。無論如何，這種文類成了東西方（亦即所謂東方感與西方感之間）的想像橋梁，直到今日，這些故事仍透過國際政策與偏見，影響我們對「他者」的印象。[20]

薑 Ginger

世界各地都見得到薑（*Zingiber officinale*），說起薑的起源，一般認為人類最初是在中國南方採集野生薑。雖然一般認為薑是一種根，其實薑是根莖，從淡淡的銀綠色到象牙棕色皆有，形狀像是胖手與肥短手指。薑的滋味令人難忘，能散發出略帶柑橘味的辛香，又有香草的甜味，而中國各系名菜自古以來都常用薑的辛辣滋味。經過乾燥的薑粉不那麼刺激，但是柑橘調性卻更明顯。

薑獨特的滋味是來自非揮發性的樹脂薑酮（zingerone），它含有羥芳基（hydroxyaryl）化合物。薑黃與南薑都是薑的親族，皆含有這種化合物。薑根莖的精油主要成分為薑烯，會散發出所謂的薑味，而桉葉油醇與檸檬醛則讓人覺得有柑橘味。不同品種的薑有不同含量的薑黃素（curcumene）、薑醇（zingiberol）、芳樟醇（linalool）、桉葉油醇（cineol）與莰烯（camphene）。

中國最早關於薑的記載，是出現在西元前五〇〇年——孔子在《論語》中曾說自己「不撤薑食」，吃飯必定佐薑。薑初次登上全球貿易網絡，應是透過中國泉州、東南亞，一直延伸到錫蘭（斯里蘭卡）的一連串港口。在孔子寫下自己的主張之後，乾薑也從印度賣到阿拉伯，之後又賣到埃及。到了十三世紀，阿拉伯船艦把薑的根莖或是整株栽培植物，送到非洲東岸，遠至尚吉巴。六世紀時，薑在摩洛哥與安達魯西亞也頗受歡迎，因此在距離亞洲遙遠的熱帶及副熱帶氣候區也開始栽種。

我造訪峇里島鄧巴薩時，曾在黎明前的蔬果魚市，見過剛採收的薑放在竹桌上的明顯位置；我也看過衣索比亞藍尼羅河畔說阿姆哈拉語的婦女，把薑裝在手編籃子裡；在檀香山與舊金山唐人街食品行的農產品區，也見過薑的蹤影。薑乘風破浪，爬過白雪皚皚的亞洲最高山，尋找新的家鄉。

中國的薑透過占婆（Champa，今越南）商人，以及錫蘭及印度南部的坦米爾商人，沿著海上絲路南進。待薑抵達印度次大陸時，梵語稱為*shringavera*，還有好幾種印度語支稱之為*singivera*；一般推測，這些詞彙是源自於古希臘文的*zingiberis*。諸如維吾爾人等說突厥語的民族稱之為*sansabil*，並促成薑跨過中亞，傳入波斯語中東。許多用來表示薑的詞，可能都是這個突厥語的同源詞，包括波斯語的*zanjabil*、阿拉伯語的*zanjabil*、希伯來文的*sangvil*（雖然猶太教的《塔木德》或基督教的福音書並未提及薑，但在《古蘭經》至少有一章提到薑）。許多歐洲語言中的薑皆來自這些相同根源，例如拉丁文的*zingiber*、現代希臘文的*dzindzer*。無怪乎薑科植物（包括薑、南薑、薑黃等香料）的學名是*Zingiberaceae*。

薑常與其他味道強烈的香料一起搭配使用，例如中國五香粉和印度咖哩粉。西方人認為新鮮的薑味道太重，因此常切成末或磨碎，再加入肉類、禽肉、魚肉，或塊莖等各種蔬菜料理中。不過，在中國諸多地域料理中，會把鮮薑切大片，加入湯中煮軟，或與其他食材一起炒。比方煮成福建薑母鴨，或與炒莧菜煮成豐盛的湯。宮保雞丁也是一道很受歡迎的薑料理，除了薑之外，還使用雞肉、花生、大蒜與辣椒，是四川的招牌菜色。日本人在吃壽司和生魚片時會配醃薑片（如今可不只日本人這樣吃）。我容易覺得反胃，因此常以薑安撫胃，冰箱裡隨時有個塑膠袋裡，裝著粉紅色的薑片。

雖然歐洲與非洲料理的許多菜色都會用到薑，但薑最常用在飲料中。說到薑汁汽水，薑或許和果糖與碳酸水一比，只是少量的原料，但以薑調味的康普茶（kombucha）味道濃郁，在美國當紅。薑在西方社會也一向用來調味啤酒、麵包與餅乾，薑餅依然是歐美與加拿大小孩子愛吃的零食。

Gambrelle, Fabienne. *The Flavor of Spices*. Paris: Flammarion, 2008.

Green, Aliza. *Field Guide to Herbs and Spices*. Philadelphia: Quirk Books, 2006.

Katzer, Gernot. “Gernot Katzer’s Spice Pages.” http://gernot-katzers-spice-pages.com/engl/index.html. Accessed May 8, 2013.

Sortun, Ana, with Nicole Chaison. *Spice: Flavors of the Eastern Mediterranean*. New York: Regan

Books, 2006.
Weiss, E.A. *Spice Crops*. Wallingford, UK: CABI Publishing, 2002.

一世紀阿拉伯、波斯與粟特人融合後所帶來的創新之多，在歷史上恐怕是空前絕後，包括藝術、建築、水利工程、農業與料理。在伍麥亞家族的哈里發從摩蘇爾遷都到大馬士革之後，他們就發揮在葉門馬里卜綠洲所習得的知識，改善巴拉達河（Barada River）一帶的灌溉農地與梯田果園的生產力。近年皈依伊斯蘭的波斯人與粟特人，也引進食物生產技巧。他們幫穆斯林盟友培養集水、運水與儲水技術稱為「坎兒井」（阿拉伯文的qanat與qarez），傳入阿曼的沙漠山區稱為阿夫拉賈灌溉體系，戈壁也有坎井（kares）。

大馬士革不僅是肥沃月彎的門戶，更是試驗新觀念、新技術與新商品的市場，看看新做法是否能吸引波斯、粟特、印度甚至中國商人青睞。哈里發稅務局更把什一稅與稅務網路核心設在大馬士革，其所創造出的龐大財富，遠超過以往閃族人所見。馬格里卜綠洲或佩特拉的堡壘只能望其項背。

財富從四面八方湧入，而伍麥亞家族哈里發身邊的上流階層，也不再要求生活起居與飲食要像先知住在麥加與麥地那時那般節儉。[21]不過，他們不是只顧著享用在環境嚴峻的沙漠灌木海中，宛如島嶼般的綠洲上所生產的農產品。他們更懂得以越漸宏大的水源運輸及農作物灌溉公共工程，重塑沙漠景觀，把原本的乾荒之地改造成心目中的天堂。

這麼一來，巴拉達河谷出現了茂盛的一年收農作，還有盛產石榴、椰棗、核果與橄欖的果園。這裡有種植大馬士革玫瑰與薄荷的芬芳花園，茂密草原上飼養供應乳製品的牛、綿羊與山羊；葡萄園結著沉甸甸的麝香葡萄。伍麥亞貴族所舉辦的宴會上，飲食遠比先知的食物豐盛，有各種以肉和蔬菜製成的佳餚，以及從附近安納托利亞、黎巴嫩山以及伊斯蘭世界各地進口與移植的香料。值得注意的是，不光是統治階級能端出豐盛的阿拉伯、波斯與粟特料理。其他住在大馬士革的阿拉伯居民，也一樣能擺出這些佳餚。

當初隱居山洞、吃簡樸麵包與燉菜的先知，恐怕認不出這時代的花俏飲食。札亞利說：「大馬士革的第一位哈里發穆阿維亞．伊本．阿布．蘇富揚（Muʿawiya ibn Abī Sufyān）不願拒絕美食。他發現敘利亞與波斯料理多麼精緻，加上在位期間累積了不少財富，因此他想吃什麼就吃什麼……阿拉伯人偏愛波斯料理，是從伊斯蘭期間以前即存在的現象，現在更是如此，例如他們喜歡吃法露德（fālūdhaj）；這道甜點是用糖、澱粉、堅果做成，並以麝香和玫瑰水調味。」[22]

奢侈行為或許招致了偏鄉居民的眼紅與不滿，導致伍麥亞王朝步入衰敗，畢竟偏鄉有許多虔誠的伊斯蘭信徒仍難以溫飽，得辛辛苦苦才能把麵包端上桌，放進簡樸的塔里德燉湯。伍麥亞王朝在大馬士革附近的魯薩法宮（Rusafa palace），是靠著在整個帝國收取的稅金堆砌出的人間天堂。但從過去到未來，都有其他人這樣做。真正引發越來越多人不滿的是，儘管大家表面上都是阿拉的子民，卻只有純正血統的阿拉伯人才能在大馬士革被賦予一級公民權。與波斯、粟特與突厥人通婚的阿拉伯人，失去原本該有的特殊地位，繳稅時被當作階級低的毛拉（mawali，也稱為「釋奴」）——完全沒有阿拉伯血統的人。最後，百姓覺得統治階級非常偽善，因為最後一任伍麥亞哈里發也娶了來自非洲馬格里布的柏柏爾美女。

這一次，來自中亞的波斯、粟特與葉門混雜文化的阿拉伯商人，發動迅雷不及掩耳的大反撲。大馬士革腐敗的統治階級還不明白怎麼回事，最後一任哈里發馬爾萬二世（Marwan II）就被趕出城，遭到追殺，並在七五〇年於埃及遭到殺害。同一年的不久後，一群中亞來的異議分子來勢洶洶，抵達魯薩法宮，來到哈里發親信的餐桌上，滿不在乎雙方格格不入。

那晚餐桌邊，沒有一個伍麥亞家族的人活著離開。伍麥亞哈里發唯一一個成年的後嗣阿卜杜拉赫曼（Abd al-Rahman）不知怎地，在幾名護衛的保護下逃離宮殿。之後，他被帶到離大馬士革遠遠的地方，而魯薩法宮遭到洗劫，被火夷為平地。

接下來幾年，新興的阿拔斯王朝（Abbasid）會設法重新引導伊斯蘭的命運，回歸到穆罕默德後嗣的掌控，也讓先前被剝奪公民權的非阿拉伯人與什葉派回到體制內。再一次，革命從乾枯嚴峻的偏僻土壤溢出，淨化污穢的社會。因此，阿拔斯王朝永遠離開污穢的大馬士革，到土耳其的哈蘭（Haran）建立權力基地，後來又從頭開始建立新都。他們重新打造的環狀首都，就是後來的巴格達。

他們從魯薩法宮的土地上，唯一帶走的奢侈品就是大馬士革玫瑰，盼能獨占這種玫瑰的栽培與使用，可惜未能如願。他們雖然努力掌控這種討喜香氣的智慧財產權，最後仍得承認玫瑰就是玫瑰，這美麗、芬芳的花朵不久就進入許多國家的許多人手中。

不出幾年，阿拔斯王朝的哈里發同樣遭批奢淫，重演大馬士革伍麥亞王朝末年統治者的墮落行為。不過，他們的革命倒是有一個部分延續下來。

伊斯蘭文明再也無法成為阿拉伯人獨占的領域（高檔香料的交易也是）。伊斯蘭作為宗教與經濟體系，無法再讓麥加與麥地那的成立家族享有特權，犧牲波斯人、粟特人、突厥人或柏柏爾人，或是混血穆斯林的權利。最後，另一種資本主義菁英將會興起——金融家（sahib al-mal），但這階級的成員並不屬於任何單一的血脈宗親。到了十世紀，這些經濟鉅子組成不輕易接受外人的香料商人行會，累積不由國家控制的龐大財富。無論是遺傳或語言，都無法保證能成為卡里米（Karimi）的行會成員，因為這只保留給能完全理解能如何在香料之路、乳香之路、陸上與海上絲路拓展經濟力量的人。早在西歐的基督教徒能闡述世界經濟體系的概念（更遑論評估）之前，穆斯林與猶太人早已推動世界的經濟體系。

第七章
伊比利半島的跨文化合作蓬勃發展

我從山丘上俯瞰中世紀古城賈納達（Gharnata，今稱為格拉納達），四周茉莉、薰衣草、形形色色的玫瑰、沒藥與橄欖樹散發出香氣，令我陶醉醺然。我在前往伊比利半島南部的途中，一心期盼聞到這些香氣，這會兒總算如願以償。周遭諸多柑橘類樹木雖然已過了釋放香氣的季節，但空氣中仍有足夠的揮發精油飄浮，任誰聞了都會飄飄然。

我想像自己進入醉心香草的芳療師所創造的花園，周圍許多撫慰人的聲音，也是人工打造。無論走到哪個角落，總會見到飛瀑、水池與噴泉的水勢奔流、滴落、汩汩流動、飛濺或積成小池。在水景周圍還有枝葉颯颯，鳥兒彼此啁啾呼應。

我想，天堂的氣味與聲音是否就是這般光景？我吸進迷人香氣之餘，雙眼從安達魯西亞山丘的燦爛陽光，移向陰影之處。流水進入洞穴與庇護之處，厚實圍牆的澡堂內有從石頭鑿出的浴池，還有地下水塘（aljibes）。我是在安達魯西亞南邊的海峽對岸，也就是摩洛哥的費茲城學到這個字眼的。他們不僅訴說實用之事，也描繪天堂。

我望向蒼翠梯田，每一處的作物功用各不相同。間隔均勻的玫瑰園，花瓣可製作糖漿與芬芳的玫瑰水。橄欖園中小小的綠色果實，會在即將到來的秋天榨油。葡萄園的鮮果可端上桌，做成葡萄乾，釀酒葡萄亦可釀醋。在實驗園（almuñias）裡，人們挑出朝鮮薊、大蒜、洋蔥與香草葉種植，品嚐其滋味。果園中，枇杷、杏桃、歐楂、無花果與石榴結實纍纍。眼前大地上所種植的植物，可不光是賞心悅目而已。講究實用的人，知道如何將本地的食物櫃，裝滿果乾、醋、醃菜等等。

無論走到哪，都可看見當地人把石榴樹修剪成樹籬、防風林或田地邊界。我走在廣大的阿罕布拉宮，以及赫內拉利費宮（Generalife）夏宮花園，發現欄杆柱頂、路標、樓梯扶手，隨處可見鐵與銅打造的石榴。

眼前石榴不斷出現，令我想到與石榴有關的語言，不禁莞爾。在古拉丁文中，石榴稱為 *malum punicum*，意思是「迦太基的腓尼基人蘋果」，或是 *malum granatum*，亦即「多顆粒的蘋果」。[1]在植物學的拉丁文中，石榴稱為 *Punica granatum*，也就是「腓尼基人的多顆粒蘋果」。中世紀通行柏柏爾語的摩洛哥與安達魯斯（al-Andalus，指八到十五世紀時，伊比利半島與法國受穆斯林統治的區域），這個詞更簡潔，於是美味的水果 *gharnata* 出現。後來西班牙人把這個詞變得更簡練好唸，就成了格拉納達（Granada）。

格拉納達就是石榴之城，或許更貼切的名字是石榴孤兒院，因為一名失去父母的、勇敢的流浪者流落他鄉。石榴的故事中，主角是在十三個世紀以前，帶著這水果前來此處的阿拉伯穆斯林後裔。

阿卜杜拉赫曼一世（Abd al-Rahman I）是伍麥亞王朝菁英地位最高的生還者，在我們的故事中再度登場，扮演石榴使者的角色。他在魯薩法宮的大屠殺逃過一劫，彷彿經過地下鐵路，來到西邊的日落國度——馬格里布。[2]他在敘利亞、埃及，及今天的突尼西亞，千鈞一髮逃過暗殺，終於來到母親的柏柏爾部落納夫薩（Nafza，位於今天摩洛哥）避難。他父親的阿拉伯家族遭滅族後的五年，阿卜杜拉赫曼離開摩洛哥荒涼的躲藏地，來到休達城附近的母親家族。如今休達城和梅利利亞（Melilla），是西班牙在非洲大陸上僅有的疆土。

休達對面十五哩處，就是島嶼般的海岬「塔里克山峰」（Jabal al-Tariq），兩處隔著一道海峽。後來，塔里克山峰改稱為直布羅陀巨巖，許多阿拉伯人與柏柏爾人以此為墊腳石，移民到歐洲，尤其是安達魯斯。

柏柏爾人口數量相當可觀。他們在七一一年征服安達魯斯，然而這地方尚有其他民族居住，包括腓尼基人後代；主要來自葉門與南阿曼「古國」的第一波阿拉伯定居者（baladi-yun）；說阿拉伯語的基督教徒，後來稱為莫札拉布（Mozárabes，是源自於「musta'rib」，意思是「阿拉伯化的當地人」）；還有流離的阿拉伯人（shami-yun），他們是在七五二年，阿拔斯王朝擊潰伍麥亞家族後的兩年，逃來伊比利半島的敘利亞軍人。

石榴 Pomegranate

許多人或許不把石榴（*Punica granatum*）多汁的漿果與種子視為香料，但石榴種子與糖漿可裝飾料理，做成沙拉淋醬、醬料與保健食品，和許多香料與香草用途差不多。嚴格來說，石榴果實是表皮堅硬的莓果，而莓果中的每個種子外都有多汁、膠狀的假種皮。有些復古品種的石榴能長出很甜的種子，吃起來很可口，有些則略帶酸澀，但仍廣為使用。石榴汁富含雌酮，是一種可能具有抗癌因子的抗氧化物。石榴在馴化之前的野生祖先可能來自中亞，有些研究水果的歷史學家指出，馴化地點就是在波斯，但有些學者則認為範圍沒那麼狹隘，是廣泛分布在高加索與喜馬拉雅山之間。另一種被栽培成觀賞植物的石榴樹品種，則是原生於葉門海岸外一百五十哩的索科特拉島，不過並未直接把基因傳到馴化品種。巧的是，石榴學名中的「Punica」，暗示著它與腓尼基和布匿商人的關聯，因為他們把這種水果引進地中海東岸。

石榴於青銅器時代早期傳入黎凡特，在耶利哥（Jericho，位於巴勒斯坦約旦河西岸）廢墟曾找到碳化的果皮即為證據。許多聖經歷史學家認為，〈創世紀〉中提到善惡知識樹應是石榴樹，而非蘋果。今天在耶利哥與耶路撒冷仍有種石榴，我曾見過巴勒斯坦太陽鳥（**Palestine sunbird**，又稱北非橙簇花蜜鳥），吸取漂亮紅色石榴花的花蜜。

石榴很快適應黎凡特的環境，從土耳其南邊到西奈半島北部都有石榴，且依照各種文化的人為選擇，呈現出豐富多元的品種。有名稱的馴化石榴品種多達五百種，有些可能大若壘球，也可能小如網球。有些石榴內部和果實一樣深紅，有些品種的種子呈現淡色透明，分布在種皮淡粉色的膠狀果漿之間。我曾在伊斯坦堡的市場看見五花八門的石榴，像在狗展上同時看到聖伯納與吉娃娃。

土耳其和波斯人似乎都將石榴帶上商路，賣到東方、南方與北方。波斯語的*anar*與土耳其語的*nar*，被亞美尼亞語、保加利亞語、迪維希語、旁遮普語、印度語甚至哈薩克語借用。

避居安達魯斯的伍麥亞遺族，把石榴從大馬士革帶到新家園，讓石榴在此受歡迎。西班牙第一種栽培種稱為塞弗利（*safari*），這名稱在七五五年引進之後沿用了數百年。不過，古閃語的石榴（al-rummân）並未被保留下來，摩爾人與移居到西班牙的敘利亞人選擇拉丁語衍生的*pomum granatum*來稱呼石榴，阿拉伯語化後稱為*gharnata*，之後又西班牙語化為*granada*——這是摩爾人統治西班牙的和平共存時代，三大文化與農業中心之一。只可惜，如今我在格拉納達的市場已找不太到新鮮石榴。

塞法迪猶太人與摩爾猶太人，和阿拉伯人一樣喜愛石榴，並在整個西方把石榴的形象放在住家大門上。石榴插枝（包括safarí品種）從西班牙傳入加納利群島，之後再傳入美洲。

有趣的是，美國西南部的納瓦霍（Navajo）與祖尼族（Zuni）印地安人，將石榴花銀飾變成了櫛瓜花，但這仍無疑是受到西班牙的設計影響，且可追溯到傳入西班牙的猶太或穆斯林傳統。石榴本身跟著西班牙傳教士從墨西哥往北，傳入遙遠大峽谷的哈瓦蘇帕族（Havasupai）的村落，以及下加利福尼亞州的荒僻沙漠綠洲。沿著美墨邊界延伸的索諾拉沙漠托赫諾奧哈姆族（Tohono O'odham），仍在住家附近種植石榴，並借用西班牙文的*granada*，稱石榴為*galniyu*。

在美墨邊界的墨西哥科阿韋拉州（Coahuila）與新萊昂州（Nuevo León），暗中信仰猶太教的信徒可能發展出以石榴裝飾的精緻菜色核桃醬佐青椒鑲肉（chiles en nogadas），這在知名小說《巧克力情人》（*Like Water for Chocolate*）與同名電影中，曾大加描繪。石榴籽放在青椒鑲肉上，呼應中東與馬格里布居民把石榴籽放在茄子鑲肉上的做法。雖然並未明說，但在小說中，至少有幾個墨西哥東北部的加爾薩（de la Garza）家族成員是改信天主教的人。

Katzer, Gernot. "Gernot Katzer's Spice Pages." http://gernot-katzers-spice- pages.com/engl/index.html. Accessed May 4 2013.

Menocal, María Rosa. *The Ornament of the World: How Muslims, Jews and Christians Created a Culture of Tolerance in Medieval Spain.* Boston: Little, Brown, 2002.

Musselman, Lytton John. *Figs, Dates, Laurel, and Myrrh: Plants of the Bible and the Quran.* Portland, OR: Timber Press, 2005.

當然，留在伊比利半島南部的天主教徒比穆斯林還多出許多，阿卜杜拉赫曼一世不確定這些基督教徒接不接受他這個伊斯蘭帝國正統繼承人。

阿卜杜拉赫曼一世現在只被當成移民或流浪者（al-Dakhil），低調與母系親戚同住在休達，享受待在丹吉爾海岸半乾燥荒地的最後幾週，之後他就得決定要不要離開非洲的乾燥土地，前往綠意盎然、豐富多元的伊比利半島。[3]在此同時，他的希臘同伴貝德爾（Bedr）已搭船前往安達魯斯，評估穆斯林接不接受伍麥亞的埃米爾把他們的城市當作新家，也間接評估天主教徒的接受度。

結果，眾人的反應好壞參半。雖然多數避居此地的人原本住在大馬士革，也曾與他家族有生意往來，但是敘利亞軍事首領就不願意看到一個家道中落的二十五歲小伙子，搶走他在安達魯斯的權力。柏柏爾人的態度明顯兩極，有些人不滿阿卜杜拉赫曼沒有留在摩洛哥，與母親族人一起居住。最後，一名葉門老守衛告訴貝德爾，他們歡迎阿卜杜拉赫曼一世來當盟友，盼能重新掌握之前落入敘利亞移民手中的政經力量。同時，基督教徒與猶太教徒也得到承諾，若接受新埃米爾的保護，他們不會被迫離開或改信伊斯蘭。

七五五年八月十五日，阿卜杜拉赫曼啟航，來到阿爾穆涅卡爾（Almuñécar）這座小港口，幾個世紀以前，這裡曾是腓尼基人主導的安達魯斯海岸核心。阿卜杜拉赫曼的柏柏爾親戚設法說服他留下，即使船已駛離休達港，他們仍想拘留他。但不到幾個小時，阿卜杜拉赫曼已抵達伊比利半島海岸。接下來三十年，他將會興建世界級的宮殿與清真寺。[4]

但是阿卜杜拉赫曼留下的遺澤中，宮殿與清真寺反而算是小的。他與後嗣會改造他們所稱的庫爾土巴（Qurtuba），即今天的哥多華（Córdoba），成為歐洲發展最鼎盛的跨大陸商務、翻譯與教育樞紐。這裡也是藝術、科學與文學的研究中心，以及農業、園藝和藥用植物的實驗場。[5]他期盼在這裡打造一個小小的天堂，紓解過往傷痛。

阿卜杜拉赫曼抵達西班牙的地點稱為阿爾穆涅卡爾，是很貼切的名稱，能呼應阿拉伯文的「慾望」（munyah），後來在摩爾西班牙語則表示「農場」或「園子」。如今，西班牙人仍以almunia這個字，表示那位移居而來的埃米爾所開設的諸多私人實驗花園。他踏上新的土地，終其一生滋養這塊土地與社會，讓這裡結出前所未見的豐碩果實。

阿卜杜拉赫曼與子嗣還為全球化現象增加另一個面向。他們設法將所知所愛的大馬士革，完全複製過來，讓大馬士革在數千哩外的第二故鄉重現。阿卜杜拉赫曼才剛成年就從魯薩法宮殿逃出來，這時，他在哥多華興建與故鄉一模一樣的花園與宮殿。雖然他無法回到老家，但他竭盡所能，興建同樣雄偉，甚至青出於藍、更勝於藍的家園。

瑪麗亞．羅莎．梅諾科（María Rosa Menocal）等歷史學家，並未忽略重建的意義。[6] 阿卜杜拉赫曼不僅展現懷鄉姿態，更創造文化與經濟上的創新生態系統，大膽主張自己了掌握伊比利半島南部的人民與景觀。梅諾科說：

他在安達魯西亞打造出新的魯薩法宅邸，一方面是紀念在大馬士革東北沙漠草原上的舊魯薩法宮，那是他和家族共度最後時光的地點。另一方面，他也宣揚自己活下來，把這裡當成伍麥亞家族的正統新家。雖然還要兩個多世紀之後，他的後代才會公開宣布，哥多華是哈里發國的所在地，但安達魯西亞已改頭換面，絕不是鄉下的偏安之處……就在哥多華外，阿卜杜拉赫曼建立新魯薩法宮……這裡也是植物園，他可以收集與栽培活生生的東西，那是敘利亞之美與喜悅的核心所在。[7]

阿卜杜拉赫曼聽說兒子蘇萊曼與幾個姊妹，在大馬士革逃過一劫，如今仍然活著，遂請他們乘船前來安達魯斯，盼家族在他興建的新皇宮團圓。為了確保他們旅途平安，他派了最優秀的敘利亞手下悄悄回到中東，帶領家人來到安達魯斯。

不過，有個姊妹不肯一起遠走他鄉。但她倒是堅持請其他人幫她帶個活生生的禮物，送給在安達魯斯的兄弟。她請這位帶路人悄悄溜到魯薩法宮的遺址，在花園的斷垣殘壁中，找出任何還活著的植物。這位敘利亞帶路人偷偷挖了幾株小棗椰樹，又抓了幾個僥倖存活的石榴果實。他把這些寶物及阿卜杜拉赫曼的兒子與姊妹都送上船，盼植物也能在安達魯斯茂盛生長。

接下來發生許多令人動容的故事片段，多年來許多人不斷記錄與重塑。可以想見，阿卜杜拉赫曼看見家人抵達，以及當初種在自己家裡，但稍嫌過熟的石榴送到手上時，他幾乎喜極而泣。石榴散發著他故鄉的香氣與滋味。知名歷史地理學家伊本・薩德・馬格里比（Ibn Said al-Maghribi, 1213-1286）後來對阿爾及利亞出生的歷史學家阿美德・伊本・穆哈默德・馬卡里（Ahmed ibn Mohammed Maqqari）說：

> 君王阿卜杜拉赫曼捧著剩下幾個來自魯薩法宮的完好石榴果，讚嘆石榴的美，很希望能與其他人分享。於是，他把石榴交給一個苗圃園丁，那園丁住在一個靠近馬拉加（Malaga）與阿爾穆涅卡爾港的小村子雷約（Reyo）。這位園丁名叫塞弗・阿布德・阿拉（Safr b. Abd

Allah）。他嘗試以新的方式處理這些種子，使種子發芽。種子果然長成了石榴樹苗之後，他把樹苗移植到苗圃中照顧。他給樹苗充足的水與養分，讓樹苗能移植到果園。後來，樹苗長成樹，很快開花結果。他小心照料第一批果實，讓果實成熟可食。[8]

塞弗後來挑了最美的果實，把這果實放置在陰涼處，以免被烈日曬裂或腐壞。在職員的幫忙下，他立刻把果實送到哥多華，趁新鮮獻給阿卜杜拉赫曼。

埃米爾收到水果時，園丁問，能不能請他確認和他小時候在魯薩法吃的像不像。埃米爾嚐了一口，立刻說和他小時候吃的一樣，於是詢問塞弗是怎麼成功栽種的。

塞弗仔細解釋過程，埃米爾很讚賞這位園丁的能力。他很高興塞弗發現了如何不需要插枝，從種子即可栽種出石榴。埃米爾深深感謝他，給予豐厚的酬賞。

接下來幾年，埃米爾在他的魯薩法宮展示石榴小樹苗，並把小樹苗分送到穆斯林社區的其他花園與果園種植。之後，他把這種品種的插枝，送給整個安達魯斯的其他穆斯林，於是這種品種被稱為塞弗利石榴（*safari* pomegranate），紀念這位讓石榴存活下來的園丁。

有趣的是，safari這個字是個雙關語，有旅行的意思，因此也意味著這石榴是「旅行者」——和埃米爾一樣是來自中東的旅人。值得注意的是，園丁救治塞弗利石榴的故事仍保留著許多細節，過了十三個世紀依然完整保留下來。[9]

園藝史學家費爾柴德・羅格斯（D. Fairchild Ruggles）說，這是世界上首度記錄「第一次外來品種受到刻意控管的馴化，即使在植物園也是頭一遭」。[10]不過，一種植物會受到這麼多關注與讚賞，正暗示阿卜杜拉赫曼多麼渴望能再度一嚐兒時最好的水果。他顯然希望能把這經驗，與安達魯斯未來的穆斯林子孫分享。他把一種椰棗品種引進西方時，曾寫了以下簡短動人的詩作，透露他的情感依戀：

屹立於魯薩法中央的棗椰樹
出生在西方，離開棗椰遙遠的故鄉
我對它說：「你我何其類似，遭到驅除，遠走他鄉！
與親友各居天涯
你從陌生土地，迸出新芽
我和你一樣，遠離家鄉。」[11]

顯然，這位熱愛石榴的移民埃米爾，覺得住在「移居」的植物間能得到慰藉。一旦這種植物到手，他與後嗣便能用它來重建安達魯斯，使這裡更類似故鄉的整體樣貌。在伊比利半島上，在任何能種植的土地上遍植椰棗、大馬士革杏桃、無花果、橄欖與石榴，而樹木下方與樹林之間的樹蔭，則冒出續隨子、番紅花、大茴香與薄荷。於是，全方位的生態帝國主義展開，完全改變文化景觀的構成、結構、機能。這比西班牙人在墨西哥中部的生態帝國主義早了七個世紀。

當然，許多在起源於中東，或在中東多樣化的作物，無論是否偶然，皆隨著腓尼基與柏柏爾人西進。後來在西班牙使用的許多農業與工業技術也是如此。不過，阿卜杜拉赫曼與後代構思出一套過程來引進植物、農學評估，並繁殖出水果、堅果、蔬菜、穀類與芳香藥草，從中判斷哪些最適合這裡的氣候限制，最有機會在第二故鄉生長。他們鼓勵穆斯林農夫、麵包師與廚子參與農學過程，評估這些新引進的糧食品種如何應用到料理上。更重要的或許是，他們召集猶太與基督教學者，一起記錄園藝食物的歷史起源，將眾人在農業、生物醫學與料理實驗上的共同成果散播出去。這三種信仰的語言、歷史與科學學者合作，是文化融合的一大特色，如今稱為「和平共存」（convivencia）。雖然在八世紀展開的和平共存期間，經濟與政治權力並不均等，但在跨文化與知識方面都出現嶄新局面。

在阿卜杜拉赫曼來到安達魯斯的短短幾十年內，猶太與基督教家庭在語言使用、行為、土地管理道德與料理上皆出現阿拉伯化。他們的文化與伊斯蘭文藝復興更接近，而不是一般人心目中歐洲黑暗時期衰退的文化。

接下來的七個世紀，阿拉伯與柏柏爾人主導安達魯斯，穆斯林、基督徒與猶太教徒的多元合作，促成安達魯西亞整體局面的變化與多元化，對整個歐洲帶來深刻的影響。[12]首先，他們建立圖書館及男女兼收的大學，教授課目從家禽學到農業詩無所不包。接下來，他們開設翻譯學校，委託會說拉丁、希臘、阿拉伯與希伯來語的學者，翻譯與印製古代來自乾燥與半乾燥土地的農業經典，期盼農人與果園種植主能從這些著作中，獲得指導與啟發。

一時間，在多元文化的農耕社群中，識字成員開始推動農業革命。這革命能發生，是因為安達魯斯的識字率遠高於同時期歐洲的其他地區。無論是基督徒、猶太教徒或穆斯林，這些農人學者能馬上應用在農學經典上看到的觀念，例如一世紀的《論農業》（*De re rustica*），裡面列出卡迪斯（Cádiz，位於安達魯西亞的濱海城市）的腓尼基與羅馬農人的農場管理知識；八世紀的《納巴泰農業》（*Agricultura nabatea*），更是援引內蓋夫沙漠區更古老的農業做法。[13]不僅如此，透過共同討論這些作品，可促成農業與料理革新，協助讀者長期投入農業技藝。阿拉伯人尤其明白，安達魯斯比中東與北非絕大部分地區有更充分的淡水與可耕地。既然來到了水源充足與土壤肥沃的天堂，一定要好好利用。

經過數十年的辛苦累積，安達魯西亞農田、葡萄園與果園的品質、肥沃度與生產力皆顯著提升。值得注意的是，基督徒、猶太教徒與穆斯林透過文化交流，都有明顯的貢獻。住在安達魯西亞鄉間的農人學者整理與詮釋他們的成果，對於引進植物提出新見解與評估，促成史上最重要的旱地農業著作。其中最歷久彌新的農業經典，包括阿布・查卡里亞・伊亞西亞（Abu Zacaria

Iahia）寫的《農業之書》（*Kitāb al-Filāḥa; Libro de agricultura*）、亞瑪爾・丁・阿富漢尼・穆哈默德（Yamāl ad-Dīn al-Afghani y Muhammad）的著作《思想之喜》（*Kitāb Mabāhij al-Fikar*）中關於農業的篇章，以及蓋伯瑞・阿方索・德・海雷拉（Gabriel Alonso de Herrera）的《農作》（*Obra de agricultura*）。我在新墨西哥恩師、傑出的西班牙後裔農業分布史學家華恩・伊斯特凡・埃爾蘭諾（Juan Estevan Arellano）就曾提醒道，幾個世紀之後，舊基督徒、改信者、暗中信仰伊斯蘭的阿拉伯人與隱匿信仰的猶太教徒逃離西班牙時，就帶著這些著作到新大陸定居與耕種。[14]

從伊亞西亞與海雷拉的著作，特別能看出安達魯斯與今天一樣，園藝與料理這兩種技藝是難以分割的。伊亞西亞在他的農學指南中，把某個二十八頁的章節專用來寫美食學。他以農人身分，詳細說明他所種植的各種糧食作物如何乾燥、醃製、保存與烹煮最好。[15]海雷拉說明大馬士革引進的李子滋味與口感、摩爾香料商人從耶路撒冷引進的某迷迭香品種有何藥效，也談到摩洛哥引進的茄子相關謠言。海雷拉出生在塔拉韋拉（Talavera），如冷面笑將般寫道：「一般認為，摩爾人把茄子引進這一帶，用來殺害基督教徒。」[16]

海雷拉的意思究竟是在西班牙栽種茄子非常辛苦，足以累死基督教徒，或是這植物是屬於有毒的茄科，其實不得而知。我們確實知道的是，幾個世紀之後，西班牙人與義大利人最初都不太敢吃另一種引進的茄科植物——「pomo d'Moro」，意思是摩爾人的果實，也就是新大陸的番茄。

在伍麥亞王朝時代的阿拉伯人抵達伊比利半島海岸前，安達魯西亞居民如何使用這些新累積的糧食與香料？這些是歐洲人過去鮮少感受到的滋味、香氣與口感，因此當地人顯然需要引導，才能在安達魯西亞的泥土上種植這麼多樣的食物，並把這些食物端上桌。

幸好伍麥亞統治者吸引到當時世上最傑出的廚藝家，來到安達魯西亞。這人有阿拉伯語非洲血統，在文化與種族上兼有兩方淵源，和阿卜杜拉赫曼及其子嗣一樣。他的暱稱是「澤亞布」（Ziryab，意思是「烏鶇」），因為他有濃密的黑髮、橄欖色的皮膚、輪廓優美，雙手善於撥奏烏德琴弦，歌聲優美動聽。

伊斯蘭農業革命在西元七六〇年抵達西歐，但是要過六十年、澤亞布從波斯前來之後，料理革命才發生，永遠改變歐洲料理的風貌。或許沒有任何人能像澤亞布改變歐洲那樣，不僅透過料理藝術，還透過園藝、音樂、時尚與高尚的談話，重塑整個大陸的美學。[17]根據諸多記載，在文化多元的安達魯西亞，人人推崇澤亞布於花園、廚房、飯廳以及進行藝術表演的會客廳所展現出的才華，更因為他透過自我風格與機智，讓穆斯林、猶太人與部分基督教徒能融合起來。安達魯斯的穆斯林、猶太人與基督教徒正辛苦共處，避免衝突爆發之際，任何與澤亞布接觸過的人，都能感到純然的興奮。澤亞布一再提醒他們放下彼此的差異。

塞法迪茄子與瑞士蒜菜 Berenjena con Acelguilla

塞法迪猶太歷史學家大衛・吉特里茲（David Gitlitz）發現過一首很值得注意的打油詩或歌詞，其中不僅反映出在摩爾人統治西班牙的時代，改信者社群所面臨的緊張氣氛，還說明那時塞法迪的婚禮上會吃茄子燉菜。西班牙文的茄子稱為*berenjena*（摩爾人統治時的西班牙文稱為*verengena*），顯然是衍生於*bitengen*，中東與非洲的許多阿拉伯人、猶太人與柏柏爾人都使用這個字。摩爾時代的西班牙人喜歡在宴會上端出茄子，或許是因為這種茄科果實很有口感，能吸收香料的風味。中東也有類似的茄子料理，稱為「凱澤拉」（cazuela，這個詞衍生於阿拉伯文的碗，可用來裝茄子砂鍋菜或燉菜，也用來指煮這些菜的陶鍋），且已流傳了數個世紀，與知名的烤茄子（imam biyaldi）有關係，而這道菜的字面意思是「樂到昏倒的教長」。

接下來的引文出自一首有六十五個詩節的歌謠，演唱者是十五世紀的塞法迪猶太詩人羅德利格・柯塔（Rodrigo Cota）。他寫這首詩的目的，顯然是為了發洩心頭怨氣，因為他改信其他宗教的親戚沒有邀他去婚禮。參加這場婚宴的皈依天主教者，慶祝這場媒妁婚約。女方是主教佩德羅・岡薩雷茲・德・門多薩（Pedro González de Mendoza, 1428-1495）的家族，而新郎的祖父是當時在加泰隆尼亞國王亨利四世宮廷中擔任財政部長的狄亞哥・阿利亞斯・達維拉（Diego Arias Dávila），也是皈依的天主教徒。亨利四世於一四五四到一四七四年在位，又被稱為「無能亨利」。這首詩的其中幾句如下：

這場猶太婚禮
沒有吃長著鬃毛的豬；
也沒有半條無鱗之魚
進入新郎的食道；
不過，倒是有茄子砂鍋
配上番紅花與蒜菜；
任何用「耶穌」來罵人的
都不准吃鍋子裡的肉丸。

這道料理本來是由吉特里茲與妻子琳達．凱伊．大衛森（Linda Kay Davidson）一起重現，收錄在他們的優秀著作《加點蜂蜜》（*A Drizzle of Honey*）。但我考量過去和茄子一起搭配的香料，因此稍加調整。建議使用較小的亞洲茄子，而不是大型圓茄子，味道和蒜菜比較搭配。六人份。[6]

材料：

亞洲茄子或小的圓茄子／九百公克

鹽

紅的瑞士菾菜（亦稱為加茉菜或牛皮菜）／一大把

未過濾的或初榨阿貝金納（Arbequina）橄欖油／兩大匙

番紅花絲／足量

白洋蔥／一個，切絲

埃及紅蒜頭或其他蒜頭／一瓣，壓碎

水、蔬菜高湯或杏仁奶／半杯

白胡椒／四分之一小匙

新鮮肉桂粉／一小匙

整顆丁香，壓碎／四分之一小匙

新鮮研磨肉豆蔻或肉豆蔻粉／四分之一小匙

新鮮芫荽葉／三大匙，切碎

烤過的松子／三到四大匙

做法：

茄子去皮，橫切成半公分厚。把茄子片在桌上平鋪一層，兩面撒上一、兩大匙的鹽，靜置三十分鐘。之後洗淨茄子，用紙巾擦乾後靜置一旁。

把瑞士菾菜的莖與葉分開。莖切成二．五公分的長度，葉子略切即可。把莖與葉分開放置。

在大炒鍋或砂鍋中，以小火加熱橄欖油與番紅花絲，使油呈黃色（約四到五分鐘）。加入洋蔥、大蒜與菜莖，炒至莖與洋蔥透明，大約十分鐘。之後把茄子片加入，偶爾翻面（約三分鐘以上），讓茄子片略軟。加入水、胡椒、肉桂、丁香、肉豆蔻，及一小匙鹽拌勻。把火關小，加蓋，煮到茄子片變軟（十五到二十分鐘）。

拌入菜葉，加蓋把菜煮軟（五到七分鐘）。放入盤子，撒上芫荽與松子，趁熱食用。

Gitlitz, David M. *Secrecy and Deceit: The Religion of the Crypto-Jews.* Albuquerque: University of New Mexico Press, 1996, p. 478.

Gitlitz, David M., and Linda Kay Davidson. *A Drizzle of Honey: The Lives and Recipes of Spain's Secret Jews.* New York: St. Martin's, 1999, p. 46.

＊

澤亞布的本名是阿布・哈桑・阿里・伊本・納非（Abu al-Hasan 'Ali ibn Nafi），出生在巴格達一帶，那時阿布杜拉赫曼一世才剛在哥多華逝世不久。即使他來自多元種族家庭，又是已獲釋的奴隸後代，但他曾在阿拔斯菁英階層學習歌唱、彈撥樂器、廚藝與植物學。澤亞布年紀輕輕就展現彈奏烏德琴的才華，導致老師摩蘇爾的伊薩克（Isaac of Mosul）嫉妒他的知名度，把他從皇室資助的藝人名單中剔除，把他逐出宮廷。澤亞布流浪到南方，卻發現大馬士革亂成一團，因此他往西邊，想找份樂師工作。

他來到突尼西亞海岸當起樂師，那地方在中世紀稱為伊菲里基亞。後來，他受邀參加第三任伍麥亞君主哈卡姆一世（al-Hakam I）的宮廷樂師。不過，等到他在八二二年來到安達魯西亞時，他的贊助者已經去世。身在遙遠異鄉的他感到絕望，不知何去何從，意氣消沉。幸好在猶太樂師阿布・那瑟・曼殊爾（Abu al-Nasr Mansur）引介之下，澤亞布遂得以謁見新任埃米爾阿卜杜拉赫曼二世（Abd al-Rah-man II）。幸運的是，這位年輕埃米爾一聽澤亞布演奏與歌唱，就把他留在宮廷。不僅如此，他看過澤亞布表演之後，便明白澤亞布的才華不僅限於音樂。

澤亞布早年在巴格達，曾任職於伍麥亞家族之敵的阿拔斯宮廷。在耳濡目染下，他明白時尚與飲食作樂是伊斯蘭帝國的核心所在。從埃米爾的政治利益來看，給予澤里布自由發揮的空間，才能讓他改善安達魯斯宮廷生活的文化精緻度。阿卜杜拉赫曼二世代表出走到伊斯蘭帝國西邊的伍麥亞王朝，他致力於發展農業、料理與藝術，盼能超越經濟實力較強的阿拔斯上流社會。

或許正因如此，在西元九五五年，也就是澤亞布逝世後百年之內，一名來自甘德斯海姆修女院（Gandersheim abbey）的天主教修女說哥多華是「位於西方世界的燦爛裝飾……這裡的人富有、善於享樂，一切燦爛耀眼。」[18]

基本上，澤里布有如埃米爾的文化部長，旋即著手提升當地菁英的一切，包括衛生與服裝、建立餐桌禮儀標準，設計用餐環境、規劃晚餐順序，並嚴謹訓練宮廷廚師與樂師。[19]他的食譜深受喜愛，有不少流傳至今，例如「鹽烤蠶豆」（ziriabí）。[20]這隻「烏鶇」的創新之舉掀起風潮，穆斯林、猶太人與基督教徒都欣然接受。正如年輕的埃米爾所願，安達魯西亞的精緻優雅，讓歐洲人顯得智性駑鈍、美感缺乏。

札亞利言簡意賅，說明澤亞布為安達魯西亞料理賦予新風貌的影響：「阿拔斯王朝美食風潮的傳播路線頗耐人尋味。從巴格達經過地中海與北非，抵達哥多華。澤亞布很可能帶著他的寶貝魯特琴與食譜，亞麻袋裝滿中國肉桂（阿拉伯文稱之為「達秦」）與其他香料……可以想見，他設法重現在阿拔斯哈里發哈倫．拉希德（Hārūn al-Rashīd）的宴會中所嚐到的滋味，演奏曾在巴格達聆聽的音樂。」[21]

澤亞布於八五七年逝世後，安達魯斯坐擁土地的仕紳，肯定已在日常生活中使用大量的香草與香料，也懂得種植這些植物，用量超過歐洲其他地區的總和。和平共存期間的食譜顯示，阿拉伯人、柏柏爾人與猶太人經常購買、分享與嘗試鹽膚木、番紅花、孜然、丁香、芫荽、大蒜、肉豆蔻仁與肉豆蔻皮、薑、薄荷、奧勒岡、芸香、月桂與萊姆，還有苦橙與玫瑰水。這形形色色的香料，和當時中東地區廚房使用的顯然差不多。

鹽膚木 Sumac

鹽膚木（*Rhus coriaria*）酒紅色的果實很像漿果，放入口中會覺得清新又酸溜溜的，但接下來會有柔和、木質的柑橘感，還帶點甜味、酸味與鹹味。鹽膚木的酸味與果味，能在口齒間徘徊。鹽膚木的果實會成簇生長，每一簇皆呈錐形，秋天來臨時顏色會更深。每個漿果皆有薄薄的外皮包覆種子，而種子很硬，通常要先浸泡才能研磨成粗顆粒的粉。鹽膚木的栽種之處從阿富汗往西，遍及中東與地中海，遠達加納利群島。

鹽膚木在黎凡特阿拉伯語稱為*simmaq*，販售時通常磨成粉，肉串在燒烤前會撒上這種朱紅色粉末。我小時候看見裝在碗裡的豆泥，中央常有如口紅般豔紅的東西，以為那是辣椒粉配點檸檬汁，後來才知道只要撒點鹽膚木粉，就會出現這奇特的顏色與檸檬味。在伊朗、土耳其部分地區、黎巴嫩與敘利亞，鹽膚木是很重要的香料，會用來抹在各式燒烤肉類、魚類與家禽類。黎巴嫩、敘利亞、約旦與巴勒斯坦常用的扎塔綜合香料中，有些也會把鹽膚木當作主要原料。

美國的中東市場販售的鹽膚木常令我失望，多半不夠新鮮，少了我在中東時常吃到的鮮活滋味。為解決這難題，我會去採三裂葉鹽膚木（*R. trilobata*）的紅色莓果，這是在半乾燥的美國西部分布最廣的鹽膚木（也稱為檸檬汁莓）。北美西部最大的原住民部落納瓦霍族（或稱Diné），很久以前就開始吃這種莓果。這個部落的基因與中亞突厥語系及東北亞的人有些相同。由於美國各州多半都有一種以上可食的鹽膚木（還有幾種有毒品種），因此不妨到你家附近，尋找野生的鹽膚木樹叢。

Gambrelle, Fabienne. *The Flavor of Spices.* Paris: Flammarion, 2008.

Hill, Tony. *The Contemporary Encyclopedia of Herbs and Spices.* Hoboken, NJ: John Wiley and Sons, 2004.

Katzer, Gernot. “Gernot Katzer’s Spice Pages.” http://gernot-katzers-spice-pages.com/engl/index.html. Accessed May 8, 2013.

Sortun, Ana, with Nicole Chaison. *Spice: Flavors of the Eastern Mediterranean.* New York: Regan Books, 2006.

但最值得注意的是，許多藥草與香料是初次在西歐種植。歐洲基督教國家並不缺乏農耕與料理傳統，也有種植多種藥草，只是嶄新的觀念與滋味匯入之後，大幅改善西歐傳統做法。再一次，伊比利半島的阿拉伯人與塞法迪猶太人相對「缺乏地方性」與四海一家的個性，讓他們能開啟先河，改變各大陸的香草與香料用途，也把這些香料變成栽培作物。他們強化文化與農業生態的傳播過程，使之更為精緻。這傳播過程從亞洲延伸到非洲，之後到西南歐。這過程在美洲重演時，歷史學家阿弗列德・克羅斯比（Alfred Crosby）卻誤以為是新現象，並稱之為「哥倫布大交換」。

其實哥倫布大交換只是全球化一種型態，類似情況早在三千五百年前，就在阿拉伯半島的沙漠中發生。到了十世紀，安達魯斯的番紅花多是本土種植，而非仰賴進口，且成為海鮮燉飯與庫斯庫斯的重要材料。那時在受到伊斯蘭影響的西班牙，番紅花的種植數量遠比歐洲其他地方還多。[22]在同期間，阿拉伯或猶太商人也把綠色大茴香引進到哥多華與格拉納達。大茴香很快在安達魯斯的泥土生根繁殖，並化身為野草，闖入麥田與葡萄園，至今是天然且偶爾會被採收的入侵物種。

顯然，「風土條件」（terroir）的概念（亦即某地方所種植的食物）對伊比利半島的移民文化來說，不如累積財富、穩定得到愛吃的食物重要。雖然安達魯斯的塞法迪猶太人與阿拉伯人嘴上說渴望回到聖地，實際上卻已與祖先的中東故鄉格格不入。後來，伍麥亞家族的大本營過於奢侈，在一〇三一年再度崩潰，成員散居各地，雖然有些阿拉伯穆斯林仍在這一區進行貿易活動。

我走在山脊上，前往比哥多華古城更高之處。我來到札赫拉古城（Madinat al-Zahra），通過城門入口。城牆內原本有歐洲最大的穆斯林式花園，如今造訪此地，仍能感覺到伊斯蘭的過往鬼魅不散。

大茴香　Anise

大茴香（*Pimpinella anisum*）是舊大陸的香草，果實微小芬芳，呈現鼠尾草綠，隱約散發出土味與甘草香。大茴香的滋味是來自茴香腦（anethole）散發出的甜味，常與茴香、八角、冬青甚至蒔蘿混淆。雖然拉丁美洲有一種味道類似的茴香草（yerba anís），但真正的大茴香原產於黎凡特。它旋即分布到整個地中海區域和小亞細亞，到了西元前四世紀在希臘也很普及。古羅馬的老普林尼曾說：「無論是新鮮或乾燥，大茴香都很適合用來製作蜜餞與調味料。」

三百年前，大茴香被引進美洲栽培，如今，大茴香是新舊大陸各種茴香酒的常見調味料。在許多國家，大茴香可用來幫助消化，也是麵點與香腸的使用香料。如果你在義大利吃過義式脆餅，或是在印度看過裹著糖的大茴香子（saunf），應該就嚐過真正的大茴香滋味。

茴香酒在整個北地中海岸都頗受到歡迎，有安達魯西亞稱為*anis*與*anisette*；南法稱為*Pernod*、義大利為*sambuca*。此外，希臘的烏佐酒，土耳其、賽普勒斯與克里特島的拉克酒，以及黎巴嫩和敘利亞的亞力酒都是茴香酒。我第一次喝到亞力酒，是十幾歲時，黎巴嫩裔的美國叔叔請我喝。他很得意自己曾在美國禁酒期間，幫最好的黎巴嫩與敘利亞後裔私酒釀造者工作，他們總有辦法源源不絕供應烈酒給美國中東移民社區。

但他也會酸楚回憶道，他和我差不多歲數時曾坐牢一小段時間，因為他把叔父的私釀亞力酒，賣給了便衣警察！他父親與我祖父在成長過程中，曾在貝卡谷地蒸餾發酵的葡萄汁，然後用敘利亞霍蘭區（Houran）貝都因人採收的大茴香籽來調味。時至今日，敘利亞仍是全球最大的大茴香種子種植國，而這裡的野生大茴香也最受珍視。

雖然有些學者指出，在歐洲一帶多數語言使用的*anis*這個詞，是從拉丁文的*anisum*或希臘文的*anison*借來，但我得說這個詞是源自更古老的閃語系。希伯來文的*anis*與阿拉伯文的*anisun*和*yansun*，都不太可能是從希臘文或羅馬文轉介過來，而是應該反向而行。波斯文也採用*anisun*。世界上有些語言並未採用*anis*的變體，而是把大茴香視為甜的茴香、蒔蘿、孜然或八角。在南亞與中亞，有幾種語言（例如梵語）以描述的方式，稱大茴香為「百花」，而泰語、泰盧固語與僧伽羅語（Sinhala）中拼法類似的詞彙，很可能是指蒔蘿。

美洲有幾種野生與半栽培的「茴香葉」（yerba anís），在植物學上和舊大陸的大茴香沒有親屬關係，而是和洋香菜（parsley）同科。墨西哥最常說的茴香葉和舊大陸的龍蒿（tarragon）親緣較近，屬於菊科蒿屬。更令人混淆的，西班牙傳教士引進美洲的真正大茴香，已在西北墨西哥的沙漠綠洲野生與歸化，常稱為山茴香葉（yerba anís del monte）。在墨西哥，大茴香會用在不含酒精的茴香玉米漿（atole de anís），以及各式蒸餾飲料中。加了大茴香調味的甘蔗酒在西語系國家和茴香甜酒一樣很受歡迎，包括委內瑞拉的卡圖加酒（Cartujo）與西班牙的猴子茴香酒（Anís del Mono）。

拉丁美洲的甜點中很常使用烤大茴香籽。墨西哥北部與美國西南部會在喜餅中使用大茴香，而祕魯以南瓜或地瓜做成的油炸餡餅（picarone）也會加大茴香。在部分西班牙與拉丁美洲的甜點中使用大茴香，應可追溯到腓尼基、阿拉伯與柏柏爾人在數個世紀以前來到伊比利半島時的做法，即使那區域如今屬於西班牙。在墨西哥下加利福尼亞州的偏遠綠洲聖博哈爾（San Borja），我曾發現有種植真正的大茴香，用法和阿拉伯與北非綠洲自古以來相同。就像椰棗，大茴香也代表沙漠綠洲的味道，無論綠洲在哪個區域。

Hill, Tony. *The Contemporary Encyclopedia of Herbs and Spices.* Hoboken, NJ: John Wiley and Sons, 2004.

我在參訪這處古蹟時覺得很不舒服，因為政府在推廣這處古蹟時，根本不容忍發想、設計與建造這個地方的人。不僅如此，許多學者與觀光客來到西班牙安達魯西亞，想看看散布各處的摩爾時代安達魯斯遺跡時，都免不了有這種感覺。這裡雖然彰顯過往的榮耀，呈現的方式卻極度貧乏，缺少當年的伊斯蘭元素，也鮮少（甚至沒有）留下活生生的痕跡，例如以前人種植的植物或豢養的家畜。這裡只有乾淨無瑕的牆面、階地與隧道。我從最高的階地走下來，眼前最主要的景色就是堡壘建築。我看得到古老的花園與噴泉，那是阿卜杜拉赫曼三世花了四十年設計、建造、栽培，枝繁葉盛的美景相當迷人。精美的石造門道（miradore）能框出花園景觀，在穿過門道時，便可以看見層層疊疊的景色全貌。不過，今天重建的門道已看不見阿卜杜拉赫曼三世的賓客所見到的景致。石榴、無花果、榅桲、葡萄與椰棗等摩爾時代西班牙的文化地景特色，早已不復存在，全被桃金孃、茉莉、開花灌木、棕櫚與柑橘等觀賞植物取代。

在這裡，中世紀居民熟悉的杏桃與大馬士革玫瑰，已被沒有香氣、不可食用的園藝品種取代，唯一的好處就是長年翠綠。第三處階地曾有形形色色的香草、香料與蔬菜，如今徒留人工造景設施，看來歷史保存者似乎偏好光禿禿的石頭，而不是活生生的植物。即使手冊、摺頁與導覽書上聲稱，西班牙考古學家會利用在隧道與儲藏洞穴中找到的死種子與果核，在階地上翻新文化景致，但目前仍看不到、聞不到、吃不到也碰不到。那些植物或許在等待重生，或許不久之後大地會突然出現裂縫，所有的鬼魂都會重新在這乾燥卻芬芳的土地出現。

失望的我只好下山，前往下方大約二十哩路的現代哥多華市中心，期盼某個香料市場能賣柏柏爾與阿拉伯式綜合香料。我在露天市場找了幾個小時，終於在城市花園市場（Mercado Ciudad Jardín），找到曼紐爾．瑞茲（Manuel Ruiz）開設的曼諾拉之家（Casa Manola）香料行。不過，摩爾人繁複的綜合香料似乎精簡了許多，每包只剩下四到六種香草。這些香草是事先混合好，真空密封後貼上標籤，大量販售。

我問瑞茲，城裡有沒有哪個本地的廚藝家仍可依照客人需求，將剛乾燥的香草與種子調製好販售。他搖頭。「沒有，現在這邊沒有了，」他回答，「不過在格拉納達東邊的阿普拉哈斯山區（Alpurrajas），可能還有人混合香料。」我掃視他單一香料的皺皺包裝，心想被關在這些包裝中的鬼魂。我想像其中的香氣在三更半夜逃逸到夜空，各種香氣遊戲似地彼此混合，直到清晨店主回來。

第八章
和平共存瓦解、跨國行會興起

柏柏爾人掌控西班牙摩爾地區後，陸續有許多穆斯林埃米爾、王子與軍事將領取代伍麥亞家族。他們與摩洛哥親族仍保持強烈連結，未來若需要逃離基督徒的勢力，便能有安身之處。無獨有偶，塞法迪猶太人與各地其他猶太人創造出更巨大的貿易聯盟，範圍遍及葡萄牙、普羅旺斯、比利時、西西里、摩洛哥、突尼西亞、埃及、土耳其……等等。他們常洽談西藏麝香、中國絲綢，以及非洲大西洋岸（可能是茅利塔尼亞）的龍涎香價格。[1]他們不認為將遙遠國度的「移民」（植物）帶到自己的地盤種植有什麼風險。若栽培的作物有助於掌控料理資源的貿易，他們更是無所畏懼。

伍麥亞王朝崩潰之後，和平共存年代的利他心態逐漸消失。雖然表面上大家和平共存，但實際上，少數人的信仰往往面臨衝突與壓迫。伊比利半島穆斯林／猶太教徒／基督教徒之間的商業與科學合作瓦解後，無怪乎會出現兩個獨立於統治階級的重商組織，掌握國際貿易權力。這組織不僅掌握半島，更控制全世界。他們是拉特納猶太人（Radhanite Jew）與多種族背景的卡里米行會（Karimi）。這應該是經濟史上，完全獨立與超越於民族國家的群體，頭一次掌控香料貿易。埃米爾和帝國總是快速更替，但這兩個實體卻持續發揮勢力好幾個世紀。他們不僅交易香料與其他芳香製品，更在西班牙與中國之間運送所有能賣的重要製品，從黃金到亞麻無所不包。

拉特納（Radhanite或Radaniya）是個猶太香料商人的行會或宗親會，最初是在西元五〇〇年以這個名稱出現，但後來在西歐與小亞細亞重要性日漸增加，成為穆斯林與基督徒之間的重要仲介者。他們的名字或許源自於波斯文的*rad-han*，意思是「知道路的人」，雖然其他歷史學家認為，這名字應與他們在波斯北邊、美索不達米亞與法國南部的商業樞紐地名有關。他們在西元八〇〇年崛起，那時穆斯林與基督徒的領導者正式禁止信徒彼此直接貿易。顯然有多語能力、遊歷範圍甚廣的拉特納商人，在扮演基督徒與穆斯林商人之間的橋梁時，賺了許多財富。

拉特納猶太人剛開始專門經營跨大陸的貿易時，只買賣四種香料：麝香、樟腦、沉香與中國肉桂。[2]西元八〇〇年，基督徒開始實施對穆斯林的貿易禁令，過了一個世紀之後，歐洲南邊城邦國家的這四種香料，幾乎全由拉特納獨攬。但不久之後，他們也買賣其他香料與香水、寶石、珠寶、絲綢、皮毛與刀劍。記載他們活動的文獻保存得不多，但拉特納後來顯然也投入奴隸買賣，毫無困難將女奴與閹人，在各種信仰、國家與大陸間運送。

拉特納的人數相對較少，但他們搬移大量的高價物品小包裹。他們進出的港口包括君士坦丁堡、士麥納、阿勒頗、貝魯特與亞歷山卓，其他定居的猶太人會在艱困時期給予他們落腳之處。

和多數定居的猶太商人不同，拉特納不局限於在某些港口工作。相反地，有些人還會從隆河河谷（Rhône Valley）前往安達魯斯的哥多華，穿越直布羅陀海峽到費茲與亞歷山卓，之後到巴格達、巴斯拉、科欽與廣州。圖德拉的班雅明（Benjamin of Tudela）是猶太旅人與商人，可能就是拉特納成員的後代。他在一一六五年離開西班牙之後，造訪歐亞非超過三百個城市，一一七一年才回到西班牙。一路上，他行經義大利、土耳其、敘利亞、黎巴嫩、波斯、埃及與摩洛哥時，皆與猶太人同住；同時，他與其他來自伊比利半島的猶太人，仍維持緊密關係。

圖德拉的班雅明在沿著香料之路前進時，拉特納霸權的全盛期已有兩個世紀。在西元九〇〇年之後，威尼斯人與卡里米行會打破了拉特納運送香料的壟斷局面。一時間，許多群體恢復掌握拉特納稱霸前的貿易路線，但沒過多久，卡里米商人行會就贏過各方，掌管廣大商路網絡的管轄權。

如今，卡里米行會商人活躍的時間已是幾個世紀前的往事，歷史學家對這個行會的了解依然不多，因為這個行會對於組織如何運作相當保密。「卡里米」這個詞，似乎來自印度次大陸的坦米爾語，意思是指參與買賣事務的人。但是到了一一五〇年，「胡椒與其他香料商人」的菁英群體採用這個名字。雖然最初卡里米行會的商人是分居各地，範圍從西班牙延伸到中國，但成員會集體向帝國與海盜付錢，讓他們在行動時能受到保護。他們掌握商業得到的財富，已使之前的拉特納人與腓尼基人相形失色，成為經濟史學家伯恩斯坦所稱的「中世紀最大的財富集中之處」。[3]

這個行會一開始是一小群可能不到五十人的商人組成，成員來自坦米爾、印度、波斯、阿拉伯，甚至還有幾個埃及的猶太企業家。[4]但是到了馬木路克（Mamluk，原為阿拉伯傭兵，後來發展成統治埃及的強大軍事集團）時代（約從一二五〇年開始），被新選入行會的成員多半是阿拉伯穆斯林，他們只遵守伊斯蘭的商業、道德與社會規範。之後，卡里米族群的菁英成員身分多為父傳子，因此旅館驛站（funduqs，位於具有策略重要性的商業樞紐）仍穩穩把持在某些家族手上。這種長時間的穩定性，讓卡里米商人具有前所未見的集體議價力，就像今天石油輸出國組織（OPEC）產油國成員從一九七〇年代以來，就掌控石油的價格與供應。

卡里米家族可能控制了他們根據地的香料交易，但他們的集體利益是跨國的，不與哪個政治勢力緊密結合。一開始，他們聯合起來，確保能掌握紅海、阿拉伯海與印度洋的海上貿易。他們最初掌控多數今天葉門與埃及的港口出口貿易，後來也納入印度、錫蘭與非洲角上最好港口的貿易。

不久之後，他們的網絡又納入代理人、造船者、商船隊，勢力範圍從西邊的安達魯斯與馬格里布海，往南延伸到撒哈拉以南的非洲與馬達加斯加島。到了一四一五年，他們利用繁榮的休達港，獲得數十萬磅從非洲取得的天堂椒與其他幾內亞胡椒（西非胡椒[Selim]），把這些東西送到阿拉伯、義大利與伊比利半島的商人手上。[5]

歐洲仍不准天主教商人與卡里米行會的穆斯林直接交易，安達魯斯種族多元的和平共存風氣雖已衰退，但仍有些殘餘勢力，可協助把卡里米掌控的貨物轉運到西歐。卡里米行會家族或代理人廣泛分布在麥加、大馬士革、阿勒頗、巴格達與士麥納。透過他們，行會也在陸上商路發揮可觀的控制力量。後來，行會商人從泉州與其他東海上的港口，直接與中國接觸。

卡里米行會中的階級，有些成員相當於亞里士多德．歐納西斯（Aristotle Onassis, 1906-1975，希臘船王，曾為世界首富）、愛德華．哈里曼（Edward H. Harriman, 1848-1909，美國鐵路大亨）與科尼利厄斯．范德比爾特（Cornelius Vanderbilt, 1794-1877，美國航運與鐵路大亨）——這些人並非出身皇族，但是地位顯赫，把持區域與國際貿易的交易與運輸。他們和同時期扮演輔助角色的猶太商人不同，卡里米商人並未參與金錢借貸、稅款承包、銀行業務或大宗商品批發。在前工業時代的世界首富並非銀行家或國王，而是卡里米商人亞瑟．巴里希（Yasir al-Balisi），他的財富高達一千萬迪納爾，相當於今天美國幣值的五億美元。[6]許多卡里米家族在一到三代之間，累積出一百萬迪納爾（相當於今天的五千萬美元）。

十三世紀的香料商人穆哈默德．賓．阿比德．拉哈曼．伊什梅爾．札奇里（Muhammad bin Abd al-Rahman b. Ishmail al-Jaziri）創業時，手上僅有不到五百迪納爾，但一三〇二年逝世時，資產已上漲百倍。他是個人仲介，專門把貨物從亞歷山卓亞塔林市集（Souk al-Atarrin）的卡里米基地，轉手到開羅、麥加、大馬士革、阿勒頗、巴格達、巴斯拉與馬斯喀特。此外，他也前往泉州三次，鞏固經濟利益。[7]若他無法親自前往這些港口時，也可以利用卡里米的銀行機構來貸款或轉帳到中東、日出國度（遠東），或是日落國度（馬格里布）。

在伊比利半島，卡斯提亞人與其他說西班牙語的基督徒，或許覺得阿拉伯與猶太人和這個地方的淵源深厚真誠，因此對他們更加猜忌。從西班牙天主教徒的眼光來看，安達魯斯的穆斯林與猶太人在知識與文化的影響力越來越深，政治與經濟勢力也在增強。西班牙天主教徒常傳播猶太銀行者與放款者的謠言，使民眾害怕他們。自從一〇九五年十字軍東征之後，西班牙天主教徒對於南邊的阿拉伯與柏柏爾穆斯林鄰居，態度越來越模糊。鄂圖曼帝國（Sublime Ottoman State）在一三八七年，從威尼斯人手中奪下商業中心塞薩洛尼基（Thessaloniki），天主教與東正教徒就擔心，他們會在伊斯蘭湧入歐洲時遭併吞。

兩年後的一三八九年，鄂圖曼部隊贏了科索沃之戰（Battle of Kosovo），梵蒂岡的憂心顯然成真了。鄂圖曼帝國開始從東邊往歐洲擴張，位於格拉納達的獨立國家奈斯爾王朝（Nasrid dynasty），也開始掌控直布羅陀海峽的海上貿易。

但是西班牙天主教徒害怕的，並不是猶太人與穆斯林可能掌握政治或軍事力量來對抗他們。

他們擔心的是，這些移民能發揮無與倫比的航海科學，得以無孔不入、效率極高地控制這些「西班牙」城邦之間及世界各城邦、各帝國的每個商業層面。

卡斯提亞、亞拉岡、加泰隆尼亞與熱內亞的國王，看見鄂圖曼帝國在一四五三年占領君士坦丁堡，切斷絲路通往歐洲的途徑，因此非常苦惱，而穆斯林嚴謹控制直布羅陀海峽也令他們憂心忡忡。卡斯提亞人曾數度設法控制直布羅陀海峽，可惜徒勞無功。國王阿方索十一世（Alfonso XI）在一三四九年曾想發動圍攻，掌控直布羅陀海峽，卻不幸染上黑死病而身故。結果直布羅陀海峽仍在穆斯林柏柏爾人的掌控，直到一四六二年才改觀。那時伊斯蘭西班牙的面積只剩過去的十分之一，[8]更重要的是，那之後沒有任何新的伊斯蘭部隊入侵西班牙。

對於信仰某宗教的文化而言，要承認自己的知識、精神乃至於經濟能力，須歸功於其他信仰文化恐怕不容易。若少了穆斯林與猶太人在伊比利半島的大學學術成就，以及猶太人與穆斯林在非洲與中東高明的商業手腕，天主教家族根本累積不了財富。可惜同樣信仰天主教的亞拉岡王國斐迪南二世（Ferdinand II）與卡斯提亞王國伊莎貝拉一世（Isabella I）不太明白，為什麼要繼續投資能推動知識與經濟的引擎。這對表親彼此通婚、整合伊比利半島的王國，向從北非進口大量香料與其他貨物的猶太、阿拉伯與柏柏爾商人，榨取鉅額貢稅。他們一點也不珍視自己的權力泉源。他們從最後一任安達魯斯的伊斯蘭埃米爾、笨手笨腳的布阿迪勒（Boabdil）奪取阿罕布拉宮的鑰匙，難怪布阿迪勒對斐迪南感嘆道：「阿拉一定十分愛你，因為這是通往天堂的鑰匙。」[9]

八百年來，靠著基督教徒、猶太教徒、穆斯林激盪出的創新，最後終於瓦解。多數穆斯林馬上離開。塞法迪猶太人可能在伊比利半島待久一點，但地位勢必難保。

斐迪南與伊莎貝拉原本還假惺惺地尊重戰敗的穆斯林，在一四九二年二月穿上阿拉伯服裝，登上格拉納達山丘，接收壯麗的阿罕布拉宮。他們也立刻宣布，穆斯林與猶太商人仍可以去清真寺與會堂、市場與海上商路。不僅如此，他們還寬宏大量，為那些跨海移民到休達或費茲的人祈福，請他們帶著自己的財物離去。不幸的布阿迪勒接受他們的赦免，離開阿普哈拉（Alpujarras）涼爽高地上的象徵性封地，前往炎熱的沙漠費茲，並帶走一千一百名僕人與退役軍人。

但早在一四八一年，西班牙展開第一次宗教審判時，斐迪南就已私下告訴教皇，他打算把全數穆斯林與多數猶太人逐出半島。在一四九二年三月三十一日，斐迪南與伊莎貝拉頒布阿罕布拉指令（Alhambra Decree），強行驅逐所有未改信天主教的猶太人與穆斯林，要他們離開半島上的王國。斐迪南與伊莎貝拉彷彿擔心無法立刻扼殺和平共存似地，還找上弗朗西斯科·希梅內斯·德·西斯內羅斯神父（Fray Francisco Ximénez de Cisneros）。他原本是方濟會的修士，之後擔任西班牙加泰隆修會的會長。夫妻倆要他展開新一波宗教審判，請他擔任宗教法庭庭長。西斯內羅斯也是伊莎貝拉的懺悔神父，和女王交情匪淺，在政治上有無與倫比的人脈。一四九九年，西斯內羅斯在造訪原本兼容並蓄的避風港，亦即今天的格拉納達時，掀起了西班牙天主教徒前所未見的恐外程度。這位恐慌的高級教士寫道：「這海岸到處都是摩爾人，距離非洲又近，加上他們人

圖十五：法蘭西斯哥．普拉蒂亞．奧提茲（Francisco Pradilla Ortiz）一八八二年的畫作〈格拉納達投降〉，描繪布阿迪勒（穆罕默德十二世）向斐迪南與伊莎貝拉投降。

數眾多，對我們遲早會造成危害。」[10]

宗教審判開始之後，選擇留在西班牙的猶太與穆斯林家族剩不到百分之一，許多人更是永遠離開半島。有許多人提出估計數字，說明究竟有多少猶太教徒與穆斯林速速離開西班牙南部，這估計範圍很大，有十八萬到八十萬。即使已改信天主教的猶太人與穆斯林也開始逃命，因為只要有人指控他們恢復先前的信仰，他們就可能遭處火刑。西斯內羅斯發動的控訴，導致超過十二萬五千名伊比利半島的猶太、柏柏爾與阿拉伯後代居民，遭調查是否有信仰罪。到了一五三三年，宗教法庭做出四萬四千項判決，被處死的猶太與穆斯林人數超過兩千兩百名，因為他們在家舉行有猶太教或伊斯蘭信仰的儀式。但還有成千上萬的人，未經審判就遭基督教守護者殺害，還有無數的人在遭囚禁、等待審判時死於疾病。後來有學者估計，在獄中喪命的穆斯林人數，是猶太人的兩倍。雖然學者在正確數字上有所爭議，但是猶太人與穆斯林在這恐怖的年代吃了多少苦，絕非統計數字足以表達。

極少數仍留在伊比利半島的「前」猶太與穆斯林，小心地拋棄舊有信仰的痕跡，以免表露於外，尤其是根深柢固的飲食習慣。基督教徒不僅強迫猶太教改信者（converso）與穆斯林改信者「摩里斯科」（morisco）吃豬肉，還把羊隻徜徉的安達魯西亞鄉間，變成處處聽得到豬叫。更糟的是，西班牙人稱猶太教改信者為「瑪拉諾」（marrano，意思是「豬」），提醒他們現在得學著吃豬肉。這裡不能再執行任合潔食（Kashrut）與清真（Halal）屠宰儀式。然而逃離了西班牙的猶太人，也以有貶義的「瑪拉諾」一詞，貶損拋棄信仰與古老飲食禁忌的同胞。

安達魯西亞正式禁止烘烤與食用芝麻麵包（pan de semita，以麥麩或芝麻做成的無酵麵包）與卡佩羅塔達（capirotada，以水果和堅果製成的麵包布丁），這些都是和逾越節和齋戒月有關的傳統食物。斐迪南與伊莎貝拉分別在一五一六與一五〇四年去世，但他們去世之前把種族淨化行動大幅擴張，從皈依者的地窖、食物櫃、廚房與宴飲中，除去所有有疑慮的食物。

這些食物過去能強化與中東的連結，住在西班牙的塞法迪猶太人、柏柏爾人與阿拉伯人都不能再吃。[11]西班牙猶太人與穆斯林後嗣（例如伍麥亞家族）向來鍾愛的香料，尤其是澤亞布從中東帶來溫暖如陽光的香料，忽然從伊比利半島上消失。

我大概是太天真，才會一到安達魯西亞，就去尋找這些香料與其他調味品。我常走訪馬拉加（Málaga）、格拉納達、哥多華與其他城鎮的農夫市集。我很喜歡在那邊見到的水果，尤其是品種五花八門的杏桃、李子、歐楂、榲桲。怪的是，我在肉鋪常看見伊比利火腿（pata negra），卻找不到多少小羊肉或山羊肉。我想找新鮮香料，卻只買得到一點點，不像幾個星期前在摩洛哥市集看到的那麼新鮮、數量繁多，且當地人趨之若鶩。

阿拔斯與安達魯西亞沾醬　Sibāgh

學者札亞利說到沾醬（sibāgh）時表示：「在古典伊斯蘭料理中，沾醬的重要性排名第一。」在以下食譜中，是將水果與香料做成乾餅存放起來，需要時再用醋還原，當作醬料或醃醬使用。就和檸汁醃生魚一樣，這道菜是用醬汁來「煮熟」紅肉、白肉或魚類，沾醬有點類似西班牙或墨西哥辣椒肉末（picadillo）。以下食譜可做三十塊餅。

材料：

石榴籽／五杯

麝香葡萄乾／五杯

黑胡椒／一大匙（壓碎）

孜然／一大匙（壓碎）

蘋果醋（泡發用）

把石榴籽與葡萄乾放進大木碗中，以杵搗過。加入黑胡椒與孜然，混合均勻。以手將混合物捏成直徑五公分的丸子，再用杵把丸子擀成八到十公分的餅。

把圓餅放在烤架上，輕輕蓋上烘焙紙、起司濾布或細紗網，以免引來蟲子。把架子放在通風良好的炎熱戶外（但是避免陽光直射），讓圓餅完全乾燥。每天檢查圓餅，完成時間會隨著溫溼度而有不同。也可以把圓餅用烤箱低溫烘烤，用乾果機亦可。把乾燥後的圓餅放到密封容器，存放在陰涼乾燥處。

若需要用來當烤肉串的醃醬時，把圓餅放入木碗，加入約一大匙的醋，用木匙壓碎，讓食材泡發成醃醬的質地。可酌量加醋，做出喜歡的濃稠度。將串好的羊肉、洋蔥、茄子與水果沾醃醬，趁炭爐生火時候靜置。等炭爐準備好了，即可開始烤肉串。

Zaouali, Lilia. *Medieval Cuisine of the Islamic World: A Concise History with 174 Recipes.* Translated by M.B. DeBevoise. Berkeley: University of California Press, 2007, pp. 129–30.

芫荽 Coriander, Cilantro

芫荽（*Coriandrum sativum*，又稱香菜）有紋路的棕色種子，會散發出類似柑橘的香氣，還帶著鼠尾草與剛割下的青草調性。芫荽籽富含吡嗪（pyrazine），因此味道溫潤帶點堅果味，還隱約帶點檸檬花與橙花的花香感。芫荽葉和洋香菜的葉子很像，味道卻與種子截然不同，而可能因為遺傳體質的關係，有些人很喜歡，但有些人卻敬謝不敏。我曾帶一位國際慢食組織（Slow Food International）的義大利成員前往大峽谷，她在一百八十公尺之外，就能聞到墨西哥餐廳飄出芫荽葉濃濃的脂基醛氣味。她和許多人一樣，堅稱芫荽葉的氣味像肥皂，或像燃燒橡膠或椿象（參見以下的語言學證據），但有些人則覺得芫荽葉的氣味很棒。

值得玩味的是，《聖經》中的嗎哪很類似芫荽籽。最早把芫荽當成香料作物栽培之處，應是位於今天土耳其的安納托利亞地區，且早早傳入黎凡特、埃及、亞美尼亞、東南歐與俄羅斯南部。在西元前二五〇〇到前一五五〇年，埃及的莎紙草文件上就有把芫荽當成藥用植物的紀錄。而在美索不達米亞地區所發現的泥版上有現存最古老的食譜，可看出阿卡德帝國時代的人在做燉菜時，會用芫荽等諸多香料。七世紀的亞述國王亞述巴尼拔（Ashurbanipal）的圖書館中，收藏如何栽培芫荽的資料。根據我多年來栽種芫荽的經驗，在溫暖、半乾燥氣候帶環境中，芫荽是唯一可全年採收的葉菜。

芫荽最古老的名稱和許多今天的詞彙都有聯繫：西突厥語的 *kisnis*、波斯語的 *geshniz*、塔吉克語的 *gashnich*、烏茲別克語的 *kashnich*、烏爾都語（Urdu）的 *kishniz* 及亞美尼亞語的 *kinj*。這表示突厥或原波斯語傳播到整個中亞，進入印度次大陸。波斯語的名稱在中國的部分地區使用，這可支持一項假設：芫荽是在伊斯蘭出現之前，透過帕提亞（Parthian）或粟特人的香料之路，引進中國。中國五世紀的農業手冊中就指出，芫荽的綠葉（不光是磨碎的種子）很有價值。

阿拉伯文中的 *kuzbarah* 頂多算是中亞名稱的遠親，卻可能和亞洲的用詞有些關聯，例如梵文的 *kustumbari*、阿卡德語的 *kisburru*、泰盧固語的 *kustumburu*、古吉拉特語的 *kothmir* 和烏爾都語的 *kothamir*。

幾乎所有對自然史與農業有興趣的希臘羅馬重要學者，都寫過芫荽，例如阿里斯托芬（Aristophanes, c.448-c.380 BC，希臘作家）、泰奧弗拉斯托斯（Theophrastus, c.371-c.287 BC，古希臘哲學家與科學家）、希波克拉底（Hippocrates, c.460-c.370 BC，醫學之父）、戴奧科里斯（Dioscorides, 40-90，希臘醫生與藥理學家）、老普林尼與科魯邁拉（Columella,

4-70，羅馬帝國的農業作家）。在他們熱中推廣下，芫荽的希臘文名稱*koriannon*（意為椿象）與拉丁文名稱*coriandrum*廣為流傳。西歐語言中的芫荽多可追溯回這些同源詞。拉丁美洲通行的芫荽葉（cilantro與culantro）也衍生於相同詞源，不過*culantro*還可指刺芹（Eryngium foetidum），這種植物有獨特的香味，在加勒比海與東南亞很常使用。

如今，芫荽籽是印度咖哩與混合辛香料葛拉姆馬薩拉（garam masala）的重要原料，而葉門的左格（zhoug）、衣索比亞的貝貝爾（berbere）、摩洛哥的拉斯哈諾，以及整個阿拉伯語系的巴哈拉特等綜合香料，都會使用芫荽籽。芫荽葉也會出現在幾種香料中，例如泰式料理的綠咖哩醬，以及某些墨西哥莫雷醬。

Green, Aliza. *Field Guide to Herbs and Spices.* Philadelphia: Quirk Books, 2006.

Katzer, Gernot. "Gernot Katzer's Spice Pages." http://gernot-katzers-spice- pages.com/engl/index.html. Accessed May 7, 2013.

Sortun, Ana, with Nicole Chaison. *Spice: Flavors of the Eastern Mediterranean.* New York: Regan Books, 2006.

我把從烹飪書中找到的中世紀安達魯斯食譜，與現代安達魯西亞食譜相比較。過去安達魯斯居民常使用芫荽籽，但如今這一區的傳統料理則很少使用。食譜中使用番紅花的頻率，也只有中世紀安達魯斯的約三分之一。肉桂用量也減少了，當地對於丁香、薑、芸香、玫瑰水與杏仁的需求也都降低。幾個世紀以來，只有黑胡椒與大蒜的使用頻率提高，而在殖民美洲之後，紅辣椒很快取代了味道不那麼刺激的非洲天堂椒。

在一四九二年八月初，從安達魯西亞山上蜿蜒到地中海岸的山路，出現大批猶太人與穆斯林，他們扛著家當、拉著小推車前進，多數財物留給還在賽維爾、哥多華與格拉納達改信天主教的親戚。如今西班牙的天主教徒中，有十分之一帶有柏柏爾人與阿拉伯人的基因；五分之一帶有猶太人基因，這些人的祖先就是當初沒有離開的人。那些不願意假裝與其他信仰結盟的穆斯林與猶太人，得趕緊搭船離開。

不幸的是，西班牙直達摩洛哥的各大港口人滿為患，難民人數比船位還多。尤其是卡迪斯與馬拉加，擠滿流離失所的逃亡者。即使搭上船、抵達彼岸，說不定仍會在那年稍晚的饑荒中餓死。

在卡迪斯登船被拒的人當然不知道後來發生的事。不過，其中有些人在一四九二年八月初，改前往帕洛斯港（Palos de la Frontera）。大約在同時，一名熱內亞航海家克里斯多福．哥倫布（Cristóbal Colón）從附近的拉維達（Rábida）方濟會修道院，前來見兩個人：路易斯．德．托雷斯（Luis de Torres）與璜恩·羅德里戈·伯梅約·德·特里亞納（Juan Rodríguez Bermejo de Triana），這兩人將與他同行。哥倫布認為，猶太改信天主教的托雷斯（原名約瑟夫·本·哈·列維·海弗里[Yosef ben Ha Levy Haivri]）會說希伯來語、阿拉伯語、亞拉姆語和葡萄牙語，待抵達遙遠的印度群島之後，會是很有幫助的譯者。第二位通常稱為羅德里戈·德·特里亞納（Rodrigo de Triana），他父親是知名的摩里斯科陶匠，母親則是個塞法迪猶太美女。特里亞納特別注重細節，因此哥倫布要他當守望員，攀登到品達號（Pinta）的桅杆上——那是他駛出帕洛斯港的三艘船之一。

這三艘小船在一九四二年八月三日，從帕洛斯出發，往西航行。那時，沒有人知道伊斯蘭在歐洲已無法再恢復昔日風華，無法再擴張領土。有一段時間，猶太人往歐洲北邊發展，但就和穆斯林一樣，在西班牙宛如幽魂，處處看得見他們的痕跡，卻見不著他們的身形。

永遠離開西班牙的塞法迪猶太人，在里斯本附近的海域徘徊一段時間之後，又重新在貿易中心聚集成小小的難民社區，包括安特衛普、阿姆斯特丹、波爾多、巴約訥、費茲、亞歷山卓、開羅、貝魯特、阿勒頗、士麥納、果亞、佩薩羅（Pesaro）、佩拉（Pera，今伊斯坦堡的貝伊奧盧區[Beyo lu]）、提比里亞（Tiberias）、君士坦丁堡、安科納（Ancona）、塞薩洛尼基與威尼斯。這些塞迪法猶太人的包圍土地與其說是獨立的小社群，不如說是商業網絡的節點，這網絡跨越三個大陸與歐亞非等諸多文化的商人互動。

住在這些節點的猶太家庭嫁女兒時，會找住在另一個節點的人當女婿，鞏固貿易網絡的供應鏈。[12]即使雙方未曾謀面，但在談婚時會以嫁妝與契約，建立或重建雙方家庭的經濟合作關係的契約。不久之後，一名猶太男子就會抵達這節點。多數年輕女性在嫁給了貿易商人之後，泰半人生就像從耶路撒冷驅逐、從出生地被驅逐，也被核心家庭驅逐。

碧翠絲・德路娜（Beatrice de Luna）出生在里斯本取得庇護的塞法迪猶太家庭，是這個有六百年歷史的望族中年紀較長的孩子。後來，她以「葛蕾西亞・納西」（Gracia Nasi）這個名字聞名於世。[13]她會成為歐洲女首富，不僅如此，她還具體代表全球化所有的善惡層面。葛蕾西亞・納西、她近親通婚的親族及同事，會得到費爾南・布勞岱爾（Fernand Braudel）所稱的「巨型規模的成功」。[14]

十八歲時，葛蕾西亞女士（她猶太朋友稱她為漢娜[Hannah]）嫁給父親那一輩的兄弟法蘭西斯科・門迪斯（Francisco Mendes，門迪斯的希伯來文為班文尼斯特[Benveniste]），她足足比先生小了二十八歲。法蘭西斯柯與兄弟已是葡萄牙「約翰國王（King João）最重要的商人」，就連國王本人也承認，他們已「在此累積了龐大的財富」。[15]這說法可能還太輕描淡寫，因為他們早已富可敵國。在法蘭西斯柯人生的最後六年，他與兄弟透過與印度貿易所累積的財富多得離譜，在當時西歐銀行所存的銀高達九千磅，無人能比。[16]

他們善於操縱胡椒、薑、肉豆蔻、肉桂與丁香交易，在世界各地不同的港口都能贏過對手。他們尤其壟斷從印度經北非到南歐的胡椒貿易，因為這種香料據說可改善視力、消除肝臟疼痛、治療水腫、掩蓋腐肉與油耗味。門迪斯家族似乎總能克服萬難，讓船隻載著胡椒從果亞出發，經君士坦丁堡與威尼斯，抵達亞歷山卓，一路到里斯本與安特衛普的倉庫。飲食歷史學家麥可·克朗德（Michael Krondl）曾生動記載：威尼斯、里斯本與安特衛普，已是基督教世界最大的香料城市（至少是歐洲最大的香料城市），門迪斯家族在這些城市中有合作者，也有競爭者。[17]透過這些城市，炙手可熱的香料可送到西歐所有種族的廚房餐桌、食堂與食物櫃。根據塞法迪猶太歷史學家安德烈·布魯克斯（Andrée Brooks）所言，門迪斯家族在整個歐洲的香料市場享有霸權，葛蕾西亞·納西與夫家成為全球市場的「龍頭業者」。[18]

後來，寡婦葛蕾西亞女士已取代亡夫的地位，和先生的兄弟狄奧哥（Diogo）掌管門迪斯的商業網絡，家族也稱霸全球珍珠與諸多昂貴香料的貿易。為了把持商品的控制權，這位寡婦經常賄賂國王與軍事指揮官，金額之高，連農夫辛勤耕耘一整年也只能望其項背；事實上，每一次的賄賂金額，比家族每年的濟貧金額高出十五到二十倍，也比任何商人整年賺的錢還多。[19]葛蕾西亞從里斯本搬到穩居歐洲北方香料中心地位的安特衛普，[20]與狄奧哥聯手，讓家族香料公司與狄奧哥的阿費塔第公司（Affaitadi Company）每年兩次接收葡萄牙艦隊四十到一百三十艘香料船貨物。船載來的貨物有百分之八十是胡椒，其他貨物則包括薑、南薑、五倍子（gallnut）、肉豆蔻皮、肉豆蔻仁、肉桂、丁香、蓽澄茄、孜然與樟腦。[21]葛蕾西亞・納西把香料銷售的利潤，提供貸款給軍閥，協助他們解決長期以來的過度花費衍生出的現金流問題。她很快讓不少王公貴族與軍事將領聽命於她。每年進入西歐的四、五百萬磅的香料，幾乎全由葛蕾西亞女士及狄奧哥壟斷，[22]他們快速累積的巨額財富，遠超出她亡夫想像。後來，他們買賣所有能想像得到的香料，從龍涎香到中亞苦蒿無所不包。

我正是在葡萄牙港口，感覺到香料貿易與沙漠產地已產生了深刻的疏離感，雖然對猶太人與阿拉伯香料商人來說，香料貿易原本都與沙漠故鄉有關聯。或許我對這小國期望太高。在很久以前，這國家曾靠著胡椒、薑、肉桂、檀香與甘松致富，因此我以為這裡仍找得到昂貴的東西。如今這裡和葛蕾西亞・納西的時代一樣是金融中心，但多數國際貿易收入是來自勉強稱為「第三產業部門」：煉油廠、煉鋼廠、染整廠與借款。里斯本位於壯闊的大西洋岸，蓬勃發展為大西洋岸的大港之一。這裡的財富多仰賴重新包裝其他地方種植、挖礦或生產的東西。當我放眼四周，看著這國度一處處沉悶的工業港口，有學者說這些過去都是大探索時代的樞紐港口。我感覺到這裡經過幾個世紀之後，早已失去原有的獨特性、動能與美感。

葛雷西亞・納西（亦即碧翠絲・德路娜）是里斯本的女兒，塞法迪猶太人稱她為「跨越時代的英雄、今日的模範」。[23]許多人說，她其實是個自大狂，曾密謀讓自己的姊妹和外甥女失去繼承權；她和女婿有染、踰越文明規矩；她令拉比憤怒，操縱與賄賂蘇丹與教宗，以確保自己的經濟帝國繼續大幅擴張，即使那時歐洲絕大部分遭到饑荒蹂躪。她視社會規範於無物——這女子不屬於任何國家，隨時改變名字、服裝、宗教與政治盟友——同時打造出一個個香料壟斷市場。門迪斯家族成為第一個不用繳稅的跨國企業；壓迫政府給予它獨家權利來轉手某些貨物；表現得宛如超越任何國家的法律。每當葛雷西亞女士透過廣泛的情報網，發現有國家或宗教信仰領袖要限制她時，她會反將對方一軍，讓那些人唯恐避之不及。

布魯克斯曾轉述與葛雷西亞．納西同時代的猶太拉比約書亞．森奇諾（Joshua Soncino）的說法，門迪斯納西家族的改信者儼然成為「搜刮金錢的敗德者」。[24]要是她今天還活著，並不會被當代的猶太人視為英雄或角色模範，而是遭到占領華爾街的年輕運動分子抨擊，視為代表那百分之一獨占鉅額財富的人。

葛蕾西亞．納西太善於運用高利貸，獲得政治與經濟的好處，對手與債務者對於她大權在握的情況，既恐懼又嫉妒。當她拒絕讓女兒嫁給來自伊比利半島的基督教貴族（或許是厭惡她純正的猶太血統，會被「老基督教徒」污染），[25]西歐的貴族認為她實際上是猶太教徒，沒有真正轉信天主教。[26]她決定離開從出生後就待著的基督教世界，在威尼斯與安科納逗留之後，定居於君士坦丁堡。

歐洲上流社會成員刻意忽略葛蕾西亞・納西的香料走私者就近在眼前，也看不見葛蕾西亞・納西利用自己的財富與歐洲商人人脈，幫助數千名猶太人與穆斯林逃過西班牙宗教審判。諷刺的是，伊莎貝拉與斐迪南先是資助收復失地運動（Reconquista），後來又資助哥倫布往西尋找印度香料，幾乎使得國庫山窮水盡；但同時，這個被斐迪南與伊莎貝拉趕出王國的西班牙猶太商人家族，發展成門迪斯香料龍頭，很快比壓迫他們的王朝更有錢有權。

葛蕾西亞・納西把家族的香料企業撤離伊比利半島之後，就設法利用她曾從宗教審判者手中救出的改信者。她在一五五三年抵達君士坦丁堡時，已把他們安置在世界各地諸多有策略重要性的地點，因此他們能從更遙遠的國度取得香料與其他商品。其中有些人仍悄悄在西班牙與葡萄牙的港口工作，把來自印度、非洲或新大陸的壓艙走私貨取出，速速送到摩洛哥，之後再靠著塞法迪猶太人仲介，不斷在各港口轉運，直到抵達君士坦丁堡，也就是門迪斯家族的最後樞紐。

有趣的是，多數新大陸的珍貴物品進入歐洲市場與文化的過程，並非透過西班牙，而是透過土耳其。天主教西班牙與葡萄牙長期以來對哥倫布大交換的貢獻實在是被高估，因為那些作物與牲口的流通，只是在全球化逐步完整的過程中的一個階段。[27]送到美洲與加勒比海的種子、果實與牲畜品種，多半來自加納利群島，而不是西班牙本土。[28]小米在歐洲部分地區稱為「grano turco」，意思是「土耳其穀類」，新大陸菸草稱為土耳其菸草。向日葵、南瓜、辣椒的軌跡也差不多。無論從遙遠的土地送來哪些新奇的料理與香料，可能都是靠著門迪斯家族引介到歐洲，並掌握這些東西的交易。雖然斐迪南、伊莎貝拉眼中只有美洲送來的黃金與貴重金屬，但更珍貴久遠的影響卻從他們手中溜過，反而前往土耳其，之後再進入東歐、北非、小亞細亞與更多地方。一開始，這些新奇的東西能送到市場上，就是仰賴葛蕾西亞·納西的網絡。上百個基督教國王、主教與教宗只能望其項背。

第九章
搭起大陸與文化的橋梁

我來到泉州港，尋找古代的石橋。泉州港是東海的古老港口，如今隱藏在現代泉州市的鋼筋混凝土叢林中。朋友與我被橫衝直撞的中國計程車司機載著到處跑。司機一聽見我們要離開摩天大樓間的柏油路，到工業廢棄物之間去尋找老港口的破橋梁，臉色馬上沉下來。我們看見右邊有些白鷺鷥飛過，便決定跟著牠們，期盼溼地就在不遠處，以免還沒抵達目的地就被司機趕下車。

我們來到一條泥巴路，這裡只見得到砂石車行駛，把岩石填充物載送到工地。我們在石堆間蜿蜒前進，司機不斷咒罵。終於，我們瞥見一座低矮的橋跨過淺淺的溼地，水面上布滿香蒲、布袋蓮、紅荊與巨大的蘆葦。在香蒲上的橋面，媽媽們推著嬰兒車散步。年輕人在慢跑，青少年在休憩站的隱密處親熱，老年人在開放平台上練太極拳。這一切，都發生在惡水上的古橋。水面上如鏡子般的機油，映照著高壓電線劃過的天空。

宋朝時，古泉州的海岸線一帶給人的印象就是橋梁極多，可說是橋之鄉，共有三百一十三處的堤道與橋梁，橫跨福建省這一帶的水鄉澤國。不過，說泉州以「橋梁」聞名，也可視為比喻。從七到十四世紀，泉州的經濟與多元文化群體確實是遠東與中東的橋梁，連接起一邊的漢族，及另一邊的阿拉伯與波斯領域。[1]

多年來，我就嚮往到泉州朝聖，這裡是海上絲路的最東處。泉州曾是世界商場，往東送來的香料，以及靠海運往西的貨物，都以泉州為主要集散地。[2]我想像這裡可以聽到中國的南腔北調，還有波斯文、阿拉伯文、希伯來文、印度文，眾商人討價還價，買賣絲綢、香料、薰香與茶葉。如今說泉州話的人多居於此，但也隨時可聽到美國搖滾樂與嘻哈樂中夾雜的街頭英文。

泉州以前被稱為Zayton，但究竟是誰、何時與為何這樣稱呼，仍沒有定論。不過，歷史學家大致同意，這個詞可能是從阿拉伯語轉借過來的。有些人懷疑，這個字是源自於阿拉伯語的zeitun，這個字經過西班牙語化之後變成ceituna，如今伊比利半島與美洲仍用這個字代表「橄欖」。歷史學家從十世紀的中國文獻中發現這港口稱為「刺桐」（Zi-tong），但在七五八年開始來到這裡的波斯與阿拉伯商人稱這裡「Zayton」，是不是和「刺桐」為同源詞仍無法確知。[3]這名稱可能是指從中東引進的橄欖樹——或至少是代表多元文化和平繁榮的橄欖枝。當然，沒有人知道種族與信仰差異這麼大的民族，能共享這樣的和平繁榮多久。

既然橄欖樹可能是Zayton的名稱來源，因此我走過安平橋時，便想尋找橄欖樹的遺跡，可惜未能如願，在這波瀾不興的水岸根本找不到。一群說英語的觀光客從我身邊經過，我聽見其中一人說，安平橋是世上現存的中世紀橋梁中最長的一座。這橋是在西元一一四〇年左右，用巨大的粉紅花崗岩板興建，而那些石板現在仍在原處，只不過被海水沫、油、酸以及持續不斷的人流侵蝕。每塊石板大約半公尺寬，彼此緊緊排列，打造出七公尺寬的橋梁。一排排的石板，是靠船隻從附近的島嶼送來，放置在沿海低地的河口，最後橫跨在兩千兩百五十公尺的河面上。漢人也稱古代的安平橋為「五里橋」（中國古代的一里約五百公尺），可看出原本橫跨約兩千五百公尺。當然，在十二世紀，漢人並非唯一穿過這橋梁的民族。曾踩過我腳下的這些石板的民族，還有阿拉伯人與波斯人、猶太人與撒拉森人、坦米爾人與蒙兀兒人、古吉拉特人與占族人（今越南）的足跡。勇敢無畏、來自丹吉爾朝的旅人伊本．巴圖塔，在一三四〇年代來到這裡，這時橋梁已興建了兩個世紀之久。他聲稱在泉州港一帶，有將近兩萬名「色目人」。他還特別提到，這裡有波斯人出現，包括穆斯林教長、法官與商人，[4]還有蘇非派的謝赫。

有些色目人是大食人，指的是十一世紀以來，人數越漸增加的阿拉伯語系民族。那時對中國的海上貿易已超越陸上貿易。[5]大食人帶來的貨物來自葉門海岸的亞丁港、沙烏地阿拉伯內陸的麥加、荷莫茲灣、波斯馬里基（al-Malighi）與今天塔吉克的布哈拉。有些人搭船橫渡海上絲路，有些人則沿著沙漠之海與白首山脈邊緣的內陸道路前來。他們最初是來尋找香料、藥品與薰香，後來則是前來找茶與絲。泉州商人經手的絲之多，因此這港口的名稱音轉之後，成為豪華質感的絲綢（satin）。

圖十六：安平橋的東段，介於水心禪寺與水心亭之間。
（攝影：維門克夫[Vmenkov]）

沒錯，絲綢一詞是源自於早已在中東和北非廣為流傳的橄欖。中國人或許認為橄欖是外國的珍饈，就像阿拉伯人與波斯人認為絲為異國的布料。他們不僅轉手可銷售的商品，連文字也在各文化間流轉，這些文字雖然有相同的地位，卻是指稱不同的東西。比方說，亞洲原生的棗子就像乾燥後的小椰棗，阿拉伯人稱之為「中國椰棗」。如果你家買得起這種奢侈品，有能力取得半個地球外的異鄉珍寶，那麼你一定是上流社會的人。你有本事能取得其他地方的資源，即使你從未見過那個地方，正代表你神通廣大！

我沿著橋前進時，聞到空氣中飄

來一股奇特香氣。於是我從粉紅花崗岩石板上抬起頭，想一探究竟。我循著香氣走了二十多步，來到一處佛寺。寺內有人正在燒香念佛，誦念「唵嘛呢叭咪吽」。我深吸一口氣，聞到檀香、沉香、乳香與沒藥的芬芳，滿足我的嗅覺。

空氣中還飄著其他我熟悉的香氣。我逛逛這座禪寺所在的河口小島上時，發現有玫瑰叢、柑橘與石榴樹開花。那香氣和我在中東時芬芳的花園聞到的一樣。雖然沒能找到橄欖樹，卻輕輕鬆鬆在福建聞到阿拉伯的影響。

離安平橋不遠之處，還有另一座古橋——仍屹立於泉州灣後渚港的洛陽橋。西元一二三九到一二六五年之間，曾有艘三百八十噸的船沉入泥土中。一九七三年，居民發現這艘船，翌年開始在低地海灘開始挖掘。潛水者與挖掘者發現，這艘船大致仍保持完整，貨艙內幾乎未遭水破壞。考古學家小心打開十三處水密隔艙，找到兩噸半保存超過七百年的香料。這些貨物顯然來自印度洋、波斯灣與非洲之角的海灣。考古學家找遍貨艙之後，輕鬆辨識出乳香、龍涎香、沉香、龍血與胡椒。但還有其他香料與薰香，無法光靠著氣味與外觀就能確認。

因此，考古學家詢問中國歷史學家，是否有任何與這艘船同時代的文獻，說明當時進行的貿易，盼從中得到資訊來幫助辨識其他香料。沒想到從現存的分類帳目中，即可看出中世紀進出泉州港的商品琳琅滿目、豐富多樣。

八角　Star Anise

八角（*Illicium verum*）和大茴香一樣，同樣都有甜而溫潤的芳香油脂，除此之外，倒是和原產於西亞的大茴香就沒什麼相似處。八角桃花心木顏色的豆莢，形狀像八角星，尚未完全成熟就會從一年四季常青的八角樹採下。八角的精油帶有大茴香、柑橘、丁香、胡椒與肉桂的味道，來源是豆莢果皮裡的乾燥果漿，而不是種子。

八角原生於中國西南部與越南東北部，雖然現已沒有真正的野生品種，但在整個中國南方、寮國、柬埔寨、印度與菲律賓都有栽培種，連離原生地很遠的牙買加也找得到。今天唯一遠離人類管理的聚落，是廢棄果園中的殘存野生八角。部分文獻指出，中國栽種八角的歷史至少有三千年。

在整個亞洲的栽種範圍，八角是世上最獨特的綜合香料中的最主要原料。在中國，八角通常和薑、肉桂、花椒、丁香，以及茴香或甘草做成五香粉，主要用來製作醃醬，增加北京烤鴨等肉類菜色。八角也用在葛拉姆馬薩拉粉（garam masala），這種波斯口味的調味料常用在北印度的蒙兀兒料理，製作肉類與家禽類的醬料或醃醬。調製葛拉姆馬薩拉時，通常會加上錫蘭肉桂、茴香、小茴香、丁香、芫荽、胡椒、肉豆蔻與月桂葉。泰國南部會在冰茶中加入八角，使它產生可口的甜味。

中國普通話和廣東話都把這種香料稱為「八角」，指的是外觀像八角星星形，但在其他中國方言中，則會以比較敘事的詞彙，形容八角類似茴香的香味。不令人訝異，八角傳入西方之後，許多文化都覺得它與大茴香類似。不過，在其他語言中，味道濃郁的八角多呼應其波斯語名稱「*badijian*」，例如烏爾都語稱為 *badyani*；馬其頓語稱為 *badijan*；西班牙語稱為 *badián*；俄語稱為 *badyan*；拉脫維亞語稱為 *badjans*；法語稱為 *badiane*；德語是 *badian*，英文則稱為 *badian anise*。這些類似的詞彙或許反映出波斯語系的粟特人與巴斯人舉足輕重，將中國的八角沿著絲路送到歐洲與其他地方，讓他們樂於享用。

Green, Aliza. *Field Guide to Herbs and Spices*. Philadelphia: Quirk Books, 2006.

Katzer, Gernot. "Gernot Katzer's Spice Pages." http://gernot-katzers-spice- pages.com/engl/index.html. Accessed May 8, 2013.

這帳目上記載的買賣與運送紀錄包括：香豆蔻（black cardamom）、綠豆蔻、番紅花、茴香、白胡椒、蓽拔、薑與丁香。帳目上還有錫蘭肉桂、朱砂、中國肉桂，八角、榛果、檳榔、松子與葫蘆巴的運送紀錄。雖然杏桃、大黃、椰子、亞麻籽如今不常被當作香料，但當年則和孜然與芫荽的處理方式差不多。分類帳目確認了沉香、蘇木（sapanwood）、乳香與沒藥確實跨大陸賣到中國，還記載龍血、檀香、蘆薈與木樨的用途。帳目上還寫著貨艙會攜帶象牙與犀牛角，這發現實在令考古學家喜出望外。

乍看之下，宋代的中國人似乎精通海運，水手與商人會和來自數十個其他國家做買賣。此外，外國水手也會在這裡把貨物賣給漢人，並買些中國製的貨品再返航，來來回回與泉州的中國商人買賣更多有價值的貨物。但在五個世紀的時間，主要掌控前往中國海上貿易的，是其他非漢族商人的上流社會。這些族群當然有穆斯林（主要是阿拉伯、維吾爾、突厥與波斯後裔），可能還有猶太人與聶斯托里基督教徒，甚至來自東南亞或印度次大陸的印度商人。

可以確定的是，早在穆罕默德的舅舅瓦卡斯於西元六一六年，初次提醒中國皇帝展示伊斯蘭的勢力逐漸增長時，他來自麥加與麥地那的父親與其他親戚，早就在五八六年安排遠程貿易，來到福建省。他父親大約在六二八年，便與其他阿拉伯商人一同返回。到了六二九年，中國歷史學家就曾記錄穆斯林居民住在今天泉州市一帶的港口附近。在每次造訪中國之間，瓦卡斯會策略性地協助中亞的伊斯蘭帝國擴張。到了六五一年，他以伊瑪目的身分與兒子回到泉州時，受到唐高宗的歡迎。唐高宗是在伊瑪目第二次來訪（應該也是最後一次）前兩年才登基，瓦卡斯的兒子與其他伊斯蘭先驅聖人，都葬在泉州城外的靈山聖墓，那裡成為後來伊斯蘭航海人的主要寺廟與試金石。[6]

為什麼中國皇帝給予外來族群貿易特權，又讓瓦卡斯的兒子代表已經在這裡群居的早期伊斯蘭社群，興建懷聖寺（之後這座清真寺又在原地修葺至少兩次，如今也稱為光塔清真寺）？其中一種說法是，皇帝認為雖然他在政治或經濟上，必須容忍穆斯林在泉州生活與崇拜，但他可以受惠於貨物的賦稅與進貢。此外，中國人並不完全了解伊斯蘭帝國擴張得多快，不會相信伊斯蘭已比世上其他任何信仰或王國的力量更大。中國人戲稱吟誦《古蘭經》者為「回教徒」，並把伊斯蘭的宗教、社會與經濟法則稱為「大食法」。

第一座清真寺沒多久就容納不下泉州方興未艾的穆斯林人口。接下來的兩個世紀，泉州又另外興建六座清真寺。一一二七與一三五〇年之間，泉州是遠東擁有最多阿拉伯與波斯人口的城市。馬可波羅於一二九二年造訪泉州時，這裡已超越亞歷山卓，成為世上最重要的香料交易國。比薩的魯斯蒂謙（Rustichello da Pisa）重述馬可波羅家族的遊歷，讓馬可波羅從這中國港口離開時的經歷十分奇妙：「所有從印度來的船隻，都會停在泉州，船上裝滿昂貴的器具與寶石……所有商人會把貨品聚集於此，送到鄰國。我可以保證，一艘船從從亞歷山卓接收胡椒，出口到基督教國家時，泉州早已有百艘船進港。」[7]

福建穆斯林社群的成員（如今稱為回族）在南宋（1227-1279）與元代（1271-1386），曾由朝廷招募，擔任官員與負責外交。回回的夏與丁姓兩個家族，聲稱他們可追溯回祖先為來自波斯的波漢・丁・克澤魯尼（Borhan al-Dīn Kazerūni）與賽亞・阿吉爾・夏姆斯・丁・波

圖十七：泉州的清淨寺是中國現存最古老的阿拉伯式清真寺，讓人想起在先知穆罕默德的時代，阿拉伯香料商人來到泉州港。（攝影：作者）

克里（Sayyet-e Ajall Shams-al-Dīn Bokārī），且已有好幾個世紀的系譜。[8]另一個福建穆斯林社群據說是來自於中亞——蒲氏。這個家族的家長蒲壽庚在一二七四年，奉命成為市舶使，其子也長期在穆斯林商人與南宋政府間，擔任舉足輕重的仲介者。經過多個世代，蒲氏家族成為最有影響力的穆斯林家族，維繫與長期盟友的貿易關係。[9]

在伊本・巴圖塔於一三四六年造訪泉州的最後幾天，提到「泉州港口已成為世上數一數二的大港」，不僅有中國戎克船進出，還有許多中東的阿拉伯帆船，載著許多商人前來洽商或永久定居。[10]同一年，方濟會的神父馬黎諾里（Giovanni de Marignolli）寫道，泉州的外國居民不光有阿拉伯人、波斯人與土耳其穆斯林，還有亞述、熱內亞與威尼斯的基督徒，港口附近的三座天主教堂即為明證。這個時期的一個大衛之星石刻，引起都會歷史學家與考古學家的矚目。這表示，在泉州歷史上的某個時期曾有猶太人進出。事實上有非正式的紀錄顯示，在泉州這座光明之城裡，有猶太與薩拉森商人。[11]簡言之，波斯人與阿拉伯人在那時已能自由進出泉州，但漢族似乎和穆斯林一樣，是在容忍有經者。這座城市靠著多元性成為世界商場，吸引來自超過七十個國家的商人，交易規模遠超過中國其他港口。[12]

之後，大約在一三五〇年，亦即巴圖塔與馬黎諾里見證泉州多元文化鼎盛後的四年——發生了前所未見的事情。不同文化族群間出現了緊張關係，導致東西關係丕變。當時的情況是，有錢的穆斯林商人不願再進貢給中國人，因為推動泉州商業繁榮的功臣是他們，而不是中國人。阿拉伯與波斯商人保留了從海上貿易賺取的財富，一時間，波斯語成了東海港口的通用語。有一名泉州的知名阿拉伯商人掌控中國整體外來收益的四分之一，近乎獨占跨大陸香料交易的財富。這現象也代表全球化的結構演進：如果商人比政治霸主掌握更多財富，經濟帝國主義就會對政治與軍事的帝國主義造成威脅。

油炸小豆蔻番紅花炸糕 Zalābiya、Shaqima、Buñuelos

中國料理有一道甜點是波斯人與阿拉伯人引進的：將炸麵團用甜醬泡過。這道波斯油炸甜點到了中國，成為類似炸糕的甜點，在福建與廣東很常見。這道甜點從波斯往西傳到安達魯斯之後，居民把麵團做成圓圈或螺旋形，炸成金黃色，再浸泡番紅花糖漿。古波斯人稱這道甜點為*zoolbiya*，最早的文字記載是阿拔斯王朝的穆哈默德．賓．哈珊．巴格達底（Muhammad bin Hasan al-Baghdadi）的食譜書，這本書是波斯人與突厥人最愛的食譜。如今，伊朗稱這油炸甜點為*ziebia*；敘利亞、黎巴嫩與埃及稱為*zalābiya*；馬格里布稱為*zlabia*或*zlebia*。蒙兀兒商人把這道料理傳進印度次大陸，稱為*zoolbier*，音轉後稱為*jalebi*。

這道麵點西傳之後，成為西突厥所稱的*lokma*，希臘人則稱為*loukoumades*。阿爾及利亞人流傳的說法是，*zalabia*是衍生於柏柏爾人對澤亞布的稱呼。摩洛哥的*zalābiya*或*zlebia*是齋戒月期間在晚上吃的食物。在西班牙以及以外，塞法迪猶太人則用一套類似的名字來稱呼這道甜點，包括*bumuelo*、*binuelo*、*bermuelo*與*bulema*。暗中信奉猶太教與伊斯蘭的人遷徙到美洲之後，製作這道甜點時就不再使用番紅花。但是相同的甜點在墨西哥與美國西南稱為布奴耶羅（*buñuelos*）。地下猶太教徒在三個世紀以前，把這道料理帶到新墨西哥州的聖塔菲一帶，至今依然很受歡迎。

這道甜點離開發源地之後，麵團裡不再加入小豆蔻，糖漿中也沒有檸檬汁、酸橙汁與玫瑰水，因而失去了最具特色的滋味。不過，新墨西哥式的布奴耶羅會在糖漿加入大茴香、肉桂甚至葡萄乾。在今天的東方，這道甜點通常有很漂亮的造型（例如麻花狀）。在西方，這道料甜點的大小像甜甜圈的洞，與乒乓球相仿。無論是哪一種形狀，麵團大約是介於有嚼勁與酥脆的口感，周圍還有亮晶晶的酥脆糖衣。可做十二個。

材料：

【麵團部分】

活性乾酵母／一又半小匙半

溫水／四分之三杯（大約攝氏四十度）

低筋麵粉／一杯半，過篩

糖／一小匙

綠豆蔻莢的種子／兩根，壓碎

鹽巴／少許

紅花油或米油（油炸用）

番紅花糖漿做法

散裝紅糖／一杯半

番紅花絲／一小撮，以一杯水浸泡

一個檸檬的皮與汁；苦橙汁或玫瑰水一大匙

做法：

製作這道麵點時，先在一只碗中加入溫水與酵母，輕輕攪拌後靜置到冒泡（大約五分鐘）。加入麵粉、糖、小豆蔻與鹽，攪拌成平滑的溼麵團。

用碗蓋住麵團，放在溫暖處，讓麵團發到兩倍大。

麵團快完成時先製作糖漿。在不沾鍋裡放紅糖、番紅花水與檸檬汁。以中火拌勻，使糖融化。之後煮滾，不要攪拌，以中小火慢慢煮，直到糖漿變得稍微濃稠（約八到十分鐘）。離火，加入檸檬皮屑，放入隔熱碗，蓋好蓋子保溫。

麵團準備好之後，在夠深的炒鍋或油炸鍋，加入大約七．五公分深的油，加熱到攝氏一九〇度；這時一兩滴水彈入鍋中熱油時會滋滋響。準備好一碗水。

等油夠熱，將雙手沾水，一手捏起胡桃大小的麵團，把麵團以手掌揉成球，小心放入油鍋。以同樣的方式做更多麵團丸子，加入油鍋。小心避免各個球黏成一團。也可用湯匙舀出麵團，放入油鍋中。在舀麵團前可先沾點油，以免沾黏。炸麵團時可適時翻面，讓每一面顏色均勻，呈現酥脆的金黃色（約三到五分鐘）。用漏勺把麵團放到紙上吸油。重複這些步驟，把麵團炸完。

糖漿可視需求加熱。把熱騰騰的麵團丸子放在盤子上，一旁放置糖漿。請客人自行沾糖漿食用。

Butel, Jane. *Jane Butel's Southwestern Kitchen.* New York: HP Books, 1994, p. 28.
Shaida, Margaret. *The Legendary Cuisine of Persia.* New York: Interlink Books, 2002, p. 264.
Twena, Pamela Grau. *The Sephardic Table.* Boston: Houghton Mifflin, 1998, pp. 242–43.

*

不用說，這做法不僅惹惱中國人，也令泉州其他種族的商人不滿。他們開始破壞穆斯林經營的經濟重鎮。窮人淪為海盜與強盜，洗劫穆斯林，中國官方也扣押、徵稅、侵占或蓄意破壞穆斯林掌有的貨物。穆斯林商人惱怒之餘，招募兩支波斯傭兵賽甫丁（Saif ud-Din）與阿迷里丁（Ammir ud-Din），他們成立了亦思巴奚（espāh，波斯語）民兵，對抗幫派、官僚與黑市商人，這些人都反抗掌握所有資本的波斯與阿拉伯人（在中亞與南亞，就像非洲與小亞細亞，espāh與

sipahi是用來指傭兵的民兵，這些民兵雖然絕大多是穆斯林，但並非全部）。不令人訝異，受惠於穆斯林財富的中國統治階層無感於人民的憤怒，不明白這些相當於中世紀華爾街的百分之一人口，會招致何種民怨。一三五七年，數千民穆斯林傭兵認為皇帝不會阻撓，遂繼續胡作非為，掌控福建省的部分地區，包括興化（今天的莆田）、福州，以及泉州港的商業區。

朝廷後來決定不再姑息，這時阿拉伯與波斯穆斯林不僅主張他們有經濟上的自主權，甚至要求政治獨立，成立如今已鮮為人知的穆斯林國家「亦思法杭國」，掌握福建內外的所有海上貿易。雖然在歐洲語言中，很少文獻記載短暫的亦思法杭國，不過這國度的興衰仍在回族口傳歷史流傳下來。

為什麼這個新的國度稱為亦思法杭國，原因並不明朗。這個字可能與阿拉伯文的「‘ishra」為同源字，長久以來用來描述穆斯林與諸多亞洲、阿拉伯與非洲民族「共好經濟關係」。[13]若是如此，或許亦思法杭國的當權者，是希望把併吞泉州的行動加以美化，暗示要讓財富流向所有與新階級合作的成員。

波斯人與阿拉伯人在福建的嘗試可說非常大膽妄為。他們破壞地主權力，聲稱他們的投資殖民地是主權國家——不是阿拉伯或波斯的附庸，而是獨立實體——藉以掌握往返從故鄉延伸而出的全球化商路（要到中國東海以西，需要花幾個月的時間）。這場行動稱為亦思巴奚兵亂。

從道德觀點來看，這就像英國殖名者在北美洲宣布從英國獨立，但同時又主張，自己擁有這土地與水源的經濟與政治主權，雖然那明明是屬於美國原住民。不妨從從另一個比喻來思考：當代有些跨國企業的行動，已凌駕（或迴避）母國的法律與道德，以謀取更大的資本利得與更多自治權：二〇一二年，威名百貨（Wal-Mart）遭到披露，他們曾以行賄的方式，成為墨西哥最大的食物、飲料與香料的銷售來源（以及最大的民營雇主）。另一個例子是前面提過的德州的哈里伯頓石油公司，在阿拉伯聯合大公國成立第二總部，以避開稅務與道德的詳細檢視。

回顧起來，成千上萬的穆斯林傭兵與商人採取這個行動，實為不智之舉，畢竟他們無親無故，離鄉背井，周圍又是數以百萬計的中國人。一三六二年，中國軍隊開始反擊，削弱了穆斯林在港口的掌控權。之後在一三六五年，元代將領陳有定在興化與西帕希（sipahi）民兵起衝突，殺害數千名穆斯林傭兵。[14]他來到泉州時，來不及逃到海上或到內陸躲避的穆斯林、基督教徒或猶太居民，亦全數遭殺害，倖存者莫不設法掩飾自己的身分。到了一三六六年，元代朝廷已完全重掌所有港口，也瓦解了穆斯林獨立帝國，把留下來的色目人全貶低到更順服的地位。

這段插曲讓遠東的「自由貿易」年代畫下句點，也使中東商人無法進一步殖民。但值得注意的是，慢慢回到泉州的穆斯林與基督教徒並未遭到逮捕或驅逐，而是在附近的陳埭鎮定居。這一次，元代朝廷重新安置他們，如果有心留下，亦協助他們轉換自己在中國社會的角色。為了避免穆斯林再壟斷貿易，朝廷鼓勵許多阿拉伯人與波斯人成為漁夫與採蛤人，這些職業一直沿襲到今日。有些人則成為福建知名茶葉的茶農與製茶者。

穆斯林重新與中國人合作之後，固然能得到經濟利益，但也不無缺點。長期以來支持福建經濟的國際貿易已完全停擺，因此雙方都覺得合作是被迫的。由於外國商人不再來貿易，有些福建穆斯林受中國人邀請，協助重掌跨國香料貿易。

歷史語言學家與地理學家潔絲．華森（Jesse Watson）、我與妻子蘿莉，早已久仰泉州海外交通史博物館的大名，但抵達博物館時，卻覺得不太對勁，因為有些部分看起來相當凌亂。我發現，策展人好像拆解了原本應該是很大的展覽品——大得足以占去整座博物館一樓的側翼。

這裡有些東西放在箱中，有些東西放在地上，解說標誌則堆在附近的桌上。這些東西是原本屬於泉州居民，也有當地民俗學家收集來的口述歷史資料。我們看到的東西似乎是在泉州最古老的區域所發現的石造標誌。在泉州仍稱為刺桐時，這一帶的石雕師傅以雕刻與符號，將港口附近各文化的故事刻下來。石雕的出土時間，大概都是古泉州的最後幾棟建築將被夷平，挪出空間給現代泉州的摩天大樓與購物中心時被挖掘出來的。

有些墓碑及住宅標示已有六百到一千年的歷史。有些上頭刻著阿拉伯文，有些刻波斯文，有些則兼有中國古文與阿拉伯文。有些上面沒有任何文字，只有大衛之星或有象徵性的植物，和我在摩洛哥索維拉看到的房屋雕刻不無類似。

整體而言，這些石頭頗令人感動，赤裸裸安坐在那裡，誰知道這展覽品被拆解了多久？不過，我們來不及繼續探索與思考它原本的模樣，一名保全人員從外頭速速朝我們走來，解釋這裡不對外開放參觀。他又說，這展覽缺失的東西，最近擺到隔壁新設立的伊斯蘭文化陳列館。潔絲、蘿莉與我決定離開這昏暗的海交館，看看一旁的陳列館是不是還開著。

福建的回族穆斯林，在一處龐大建築物裡占用四個展館。展館中記錄了他們的歷史，從六百年前開始參與海上香料交易說起，到今天在整個福建省的生活。這些照片、繪圖、物品與口傳歷史，訴說他們不僅世世代代從事香料交易，還當過烘焙者、採蚵者和漁夫。雖然這展覽並未忽略知名穆斯林航海家與商隊成員所留下的資產，但仍側重於一般百姓的歷史。

我走在展覽間，看著一張張的照片與解說，發現當地人一直到了相當近期，才將回族身分表露於外。他們多半遵循遜尼派的哈納非教派（Hanafi）的教義，和阿拔斯王朝一樣。他們知道，祖先是沿著好幾條絲路前來中國，只是不確定時間與原因。有些人知道祖先曾和今天的越南或印度人做海上貿易，而許多人在皇帝打壓時仍虔信回教。但是在亦思巴奚兵亂之後，許多人搬出泉州，以免遭到進一步迫害，例如陳埭鎮就成為丁氏家族的新根據地。[15]

這些照片與口述歷史，訴說多元種族中少數人口的故事，令我印象深刻。我覺得很親切，知道這些資料很珍貴，鮮少納入福建的「正統」歷史。這些故事談的不是英雄、政治人物或是軍事將領，而是平凡百姓在做日常工作及祈禱。

有張二十世紀初的黑白照片格外引起我注意。這張照片明白展現出三十五位福建回族香料商人剛結束祈禱，步出在陳埭的清真寺。眾人如同朋友、同事與親戚般齊聚。這群成員散發出凝聚感，彼此間有很強烈的歸屬感，流露出愛與尊重。他們不是在某一天恰好經過清真寺的人，而是一個群體。

至少，現在這些阿拉伯人與波斯商人對我來說不再抽象。他們所從事的傳統香料貿易已延續數個世紀，未曾中斷。這讓我想起在費茲與耶路撒冷看過的照片，記錄著一個世紀以來的店主人在打理香料。我甚至見過有些香料商人的家族，在同一處市場做生意已有四百年。

我驚喜發現，文化陳列館也展出回族丁氏家族的資料，我曾在附近陳埭鎮的宗族辦公室接觸過他們。他們的祖先蒲壽庚在南宋原本為商人，後來成為市舶使。許多人就住在附近的漁村，和這一帶的回族一樣採收蟶子、在製作包包與涼鞋的小工廠工作，或種植罌粟，採收鴉片。然而，在蒲氏投入香料貿易已過了六百多年，如今仍有成員仍在做香草、香料與藥用植物的生意，以善於貿易而馳名，尤其與越南。我很高興得知，蒲氏是福建省從事植物貿易的八大穆斯林家族，其他尚有金、陳、李、黃、楊、吳與張氏宗親。這令我想起仍在阿曼市集販賣乳香的納卜漢尼家族後代。有些家族傳統是不會輕易消失的。

我離開展覽館之後，對於回族蒲氏曾住在一個地區這麼長久仍印象深刻，即使後代子孫並未全數從事自古以來的貿易。他們在一個地方世居了至少六個世紀，抗拒多數阿拉伯、波斯與猶太家族的漂流渴望。他們想一探麥加、巴格達或耶路撒冷的期盼，或許在家族傳說中冒出來，但這些離散的後代就算有機會，又有多少人搬回祖國？他們帶著文化，就像小販帶著麻布袋或舊皮箱——可以輕輕鬆鬆提起、移出來源地，就像從疼痛腳趾上敷好藥草膏，再掀起雞眼一樣簡單。

第十章
航行於從中國到非洲的海上絲路

阿拉伯人、波斯人、粟特人與中國人靠著絲路交易香料，但在十四世紀的最後二十五年，貿易幾乎停擺，主要原因是突厥人帖木兒崛起。他戰無不克，勢力橫掃諸多區域，不亞於數個世紀前的忽必烈與成吉思汗。帖木兒的大本營在撒馬爾罕，到處破壞東西方的陸上商路。他尤其想報復中國漢人，因為他們在一三六八年，推翻了與他有親族關係的元朝。帖木兒在十四世紀征服今日的亞美尼亞、喬治亞、亞賽拜然與伊朗，等於打斷從中國到近東與北歐的內陸貨物流動可能性。諸如突厥人與亞美尼亞人等高明的中介者，深深受到衝擊。局勢變化反倒刺激阿拉伯、印度，經東南亞前往南海港口的海上貿易，也促成阿拉伯與波斯以外的穆斯林商人，設法掌控從孟加拉、馬拉巴爾到東南亞海岸的路線。在這裡，印度次大陸的穆斯林將不少海港納入伊斯蘭的掌控中，不僅宗教如此，經濟上也是如此。

同時，這一帶海盜猖獗，盜匪會搶劫船上的檀香、花椒與黑胡椒、肉豆蔻皮與肉豆蔻仁，再把掠奪物高價賣出。一四〇四年，帖木兒從中亞對中國發動攻勢，吃了苦頭的中國朝廷明白，既然可能無法奪回陸上商路的掌控權，勢必得掌控東南亞的海上道路。

帖木兒在一年後過世，但中國朝廷仍擔心在經濟上遭到孤立。於是，明朝皇帝決定與海上絲路的周邊諸國，建立更強、更無所不在的貿易與朝貢關係。他們在那時擬定出的官方區域交易政策，就像二十世紀末，美國靠著北美自由貿易協定（North American Free Trade Agreement），占有經濟霸權。他們的政策是，每個貿易夥伴只能前往南海的一個貿易港口，並把所有貿易交給前來貿易的單一家族管理，而這家族必須向明朝進貢。這麼一來，明朝即可壟斷所有中國港口的貨物進出。

我開始思考海上絲路的歷史發展時，已不太熱中於造訪博物館，不再相信由策展人凍結在時光之流的東西，寧可看看洋溢在大街小巷與市集裡的活力。我本來希望泉州海上交通史博物館能啟迪我，可惜那裡實在把國際知名的英雄鄭和太過神話，太過推崇他，並稱他為「中國」的全球旅行家。展覽中沒提到他的中亞（或許是阿拉伯）血脈，更嚴重的是，還說他所率領的中國艦隊，率先探索與「發現」外界。這項展覽依循加文．孟席斯（Gavin Menzies，英國作家，著有《一四二一：中國發現世界》，指出鄭和的船隊曾實現環球之旅，比西方更早發現美洲與紐澳。）的大眾史觀，[1]聲稱中國人發現美洲與南極洲，並暗示他環遊世界，在在彰顯中國人的創新能力。我看見各階段的造船術演進史，固然大開眼界，卻發現這裡主要是談河運，和真正的航海沒什麼關聯。

花椒 Sichuan Pepper

花椒（*Zanthoxylum* spp.）是生長於亞洲的芸香科植物，乾燥的果實內有兩顆種子，堪稱是世上最辛辣的香料之一。花椒的味道相當獨特，中國人稱這種味道為「麻」。

我來到黃河畔的梯田花椒園，朝一株四．五公尺高的花椒樹走去。樹散發出檸檬香，模樣相當纖細，令我想起鹽膚木。我旋即發現一串串的花椒果實從橄欖綠轉變成暗紅色，可準備採收。我把一顆果實放進口中，口感脆脆的，一開始的氣味猶如檸檬，之後帶有草味、單寧味及油油的後韻。但這些滋味沒能讓我做好心理準備——接下來四十五分鐘，我的嘴唇辣得發麻，舌頭分泌出洪水般的大量唾液，湧進喉嚨。這麻辣的滋味還真刺激！

即使只碰到一丁點花椒果漿，也可能嘴裡發麻，因此香料專家說花椒味道令人驚奇、刺激、發癢、像滋滋響的電擊。花椒充滿各種奇特的化學物質，包括烷醯胺（alkamides）、生物鹼（alkaloid）、類黃酮（flavonoid）、木酚素類化合物（lignoids）、精油與單寧酸；化學家仍持續找出花椒所包含的各種化學物質。

花椒屬中最常用來當成香料的，就是蜀椒（*Z. piperitum*），分布地區從華中、華東、韓國延伸到日本，有幾種品種生長在喜馬拉雅山區與東南亞。我初次與這辣得發麻的花椒交手，情況如上所述，地點是在甘肅走廊的半乾燥小山上，那曾是絲路位於中國西部的一段。在七月底，當地的漢族與回族會在接下來二十天全家出動到花椒園去，爬上樹木與梯子採收花椒果實。在五、六公尺高的樹上，有刺的樹枝約十幾顆的漿果，他們摘下，丟進籐簍中，再將整簍東西倒扣在墊子與油氈布上，讓花椒果實在陽光下曝曬一整天。八月初，來自四川的仲介會來買一簍簍的花椒，曬乾的果實每公斤大約賣六十到八十塊錢人民幣。

中文稱呼這種有麻辣感的果實為「椒」。蜀椒在中文與日文也稱為「山椒」。在四川高地，蜀椒是經典川味五香粉的主要材料，中國各地都有使用這種材料來燉肉與調味。在家庭餐桌上時，剛烤好的四川花椒通常會是最後才撒到菜色上。例如炒羊肉、青椒、辣椒做成的三椒爆羊柳，這道料理在西方社會也很知名。

由於花椒很獨特好認，在遠東以外的其他國家也有不同稱呼，但意思都是來自中國四川或日本的辣椒。不過，花椒傳播到其他地區倒是相當近期的事情。在一九六〇年代晚期發生過很遺憾的事，花椒因帶有一種會導致柑橘黑腐病的細菌，對佛羅里達州的柳橙園來說是最大的致病威脅，因此禁止進口到美國。然而這項禁令，卻導致花椒走入地下，從加州與西北太平洋岸的港口走私進來，因為日本與中國移民實在少不了這種調味料。但是在二〇〇五年，加熱處理（無法發芽）的花椒已可以進口美國，因此在亞洲商店與部分香料行都可以買到，尤其在美國西岸。

Green, Aliza. *Field Guide to Herbs and Spices.* Philadelphia: Quirk Books, 2006.
Katzer, Gernot. "Gernot Katzer's Spice Pages." http://gernot-katzers-spice- pages.com/engl/index.html. Accessed May 8, 2013.

博物館的標示三不五時揶揄外國帝國主義者，從日本到荷蘭都成了批評對象，完全無視於過去漢族在經濟、生態甚至軍事上也表露出帝國主義心態；這些標誌實在令人啞然失笑。不過，和其他帝國主義者不同的是，他們的目標不在擴張領土，而是鞏固與延伸貿易網絡，再把網絡上的各方參與者納入朝貢系統，使中國在貿易關係上具備財富與名氣的霸權。如果承認博物館透露出「漢族帝國主義」，那麼這些國家出錢製作的標誌肯不肯承認，鄭和在一四〇五到一四三三年的壯舉不僅是漢人的成就，也必須歸功於回族、波斯人、中國其他種族及其貿易基地的影響？中國人似乎不願承認，阿拉伯人、波斯人、坦米爾人與古吉拉特人會影響他們的命運。

我看了泉州海交館評價甚高的常設展覽最後一眼，便走到外頭，去看看最近完成的古代商船仿造品。我早該承認，多數博物館不太有空間或耐心給「亂糟糟」的故事。這實在可惜，因為長途航海家與商隊的故事從來就不是非黑即白。好的跨文化故事，或許就像激情的魚水交歡，總是一團混亂，有時也挺黏。

在中國與阿拉伯的關係中，最常出現在泉州與陳埭鎮的知名人物就是鄭和。他是明朝寶船艦隊的指揮官。[2]鄭和於一三七一年出生於回族家庭，那時穆斯林的亦思法杭國剛瓦解六年，他成年之後，同時信仰佛教與伊斯蘭教。鄭和把這兩種宗教的觀念結合起來，達到社會上前所未見的航海、商業與外交成就。

鄭和出生在雲南滇池旁的昆陽，原本姓馬，祖先是來自其他地方。有些記載顯示，他的玄祖父可能是蒙古帝國的知名波斯行政官，在元朝被派到雲南。[3]相傳馬和的祖先曾是一位布哈拉國王，控制位於今天烏茲別克的領土；也有祖先曾是成吉思汗的軍隊成員。[4]簡言之，他祖先可能是散居在絲路的哈納非穆斯林。馬和的祖父與曾祖父都曾從中國前往麥加朝聖，因此完成朝覲是他家族中的重要傳統，他日後也會延續。

馬和雖然日後成就斐然，但早年正逢元朝末年，過得相當坎坷。馬和的父親是元朝雲南的小官，他十一歲時，明朝軍隊攻進了元朝位於雲南的最後據點，並殺害他的父親。雖然明軍與穆斯林軍閥曾有結盟關係，但仍抓了這個沒了父親的孩子，把他變成宦官。馬和最初服侍燕王朱棣，後來成為他的親信。後來燕王奪權，殺害明朝第二位皇帝，而馬和是扶植朱棣的重要軍事角色。一四〇二年，朱棣即位，國號永樂。兩年後，賜姓鄭給馬和，肯定他的武功，並指定他成為內官監太監，派他出使海外。[5]

據說鄭和是個非凡人物，和時人印象中的太監大不相同：「鄭和身長九尺，腰大十圍，四岳峻而鼻小，眉目分明，耳白過面，齒如編貝，行如虎步，聲音洪亮。」[6]

他在南京成立外語訓練機構，身邊有許多以其他語言交談的有識之士，例如說阿拉伯語的公使與傳記家馬歡，及其他穆斯林翻譯與航海者。鄭和顯然靠著這些翻譯來強化外交能力，能與其他想法不同的人相處。這對他而言是很重要的能力，有助於擬定貿易協定，為永樂皇帝贏得朝貢關係。他自己也是飽學之士，學過孔孟之道。這些特質讓他有辦法處理深居皇宮、與世隔絕的皇帝所無法解決的問題。鄭和能從其他文化的盟友，以及身邊的知識分子與策略家得到建議。他懂得設想在陌生環境下該做些什麼，因此能在領導史上最大的航海活動時迎向重重挑戰。

從一四〇五到一四三三年，鄭和七次下西洋，表面上是為了積極建立廣泛的貿易新關係，或是修補過往的貿易與朝貢關係。他從中國帶了上好的麝香、不同的椒類（無疑包括川椒）、瓷器與布匹，吸引更多貿易夥伴，而對方也會回送香料、鹽、龍涎香、乳香、寶石與各種珍奇異獸，包括長頸鹿、鴕鳥、獅子、阿拉伯馬與斑馬。[7]

歷史學家曾記載鄭和艦隊的規模與性質，而艦隊之壯觀令人敬畏。如今普遍認為，明朝艦隊在一四〇五年出航於海上絲路時，共有六十二艘寶船，每艘船足以容納數百人，另有一百九十三艘小船負責搜尋、監視、保護與後勤補給。鄭和過去鮮少在海上度日，這時卻掌管世上最龐大的船隊。[8]

圖十八：中國古代的港口有許多類似這種三桅戎克的商船。這些小型戎克船在鄭和的九桅寶船旁，顯得更加渺小。（圖片來源：iStockphoto）

鄭和為彌補缺乏航海經驗的問題，遂以中國、波斯、阿拉伯艦隊與商船航海者的航海圖、日誌與口傳歷史的圖，加強學習航海知識。在這些累積了數個世紀的資料中，多少有些相同的海峽、海灣與開放水域資訊。事實上，他大型艦隊所走的路線，在過去幾個世紀已有其他航海人經過。印度人、古吉拉特與其他南亞文化的民族，長期以來皆於各島嶼間往返，轉運香料等諸多物資。鄭和不僅研究他們的圖表，還予以修正，畫了數十頁的長條地圖，日後由其他人完成與出版，範圍涵蓋從中國到非洲的水域。鄭和去世後兩百年，他的圖表被收錄到中國的軍事百科《武備志》，如今依然是經典的航海之作。

鄭和七次下西洋時，寶船艦隊多從南京出發到占婆（今越南中部的歸仁港），以及爪哇島。艦隊可能停留在爪哇的錦石（Gresik，當時稱為革兒昔）或蘇門答臘南邊的巨港，裝載香料、薰香與木材，之後又速速前往麻六甲，這是肉豆蔻仁與肉豆蔻皮、西谷米與摩鹿加（香料群島）的丁香樞紐港口。[9]之後若時機不對，艦隊有時會進入印度洋上的赤道無風帶，之後才抵達今天斯里蘭卡的可倫坡，或在離開可倫坡時進入赤道無風帶。航行的季節可能促成船隻前往馬爾地夫探險，或者直接駛向幾處印度港口，包括奎隆（Quilon，小葛蘭）、科欽（柯枝）、科澤科德（古里）、彭亨（Pahang，彭杭）與蘭布里（Lambri，南浡裡）。艦隊也可能一路往阿拉伯海前進，抵達荷莫茲灣的忽魯謨斯（Hulumosi）。鄭和的隨行紀錄者馬歡會在各地市集，鉅細靡遺記下當地市場販售的香草、香料、薰香。馬歡還會針對荷莫茲灣的異國種族市集，寫下社會經濟方面的評語：「各處番船並旱番客商都到此處趕集買賣，所以國人殷富。」[10]

艦隊每次遠征過了荷莫茲灣之後，接下來就會走不同路線。艦隊至少有一次繼續沿著今天的阿曼海岸前進，停留在朵法爾或馬斯喀特取得薰香，之後進入今天的葉門。鄭和第五次下西洋時初次來到葉門，被亞丁港超過七千名步兵與騎兵攔下。但是這次衝突很短暫，統治者拉蘇里王朝（Rasulid dynasty）的蘇丹，給了他們精美的異國禮物當作朝貢品。在亞丁（阿丹國），馬歡記錄中東的料理已全球化。他羅列出：「米、麥、穀、粟、麻、豆並諸色蔬菜俱有。果有萬年棗、松子、把聃乾、葡萄、核桃、花紅、石榴、桃、杏之類。」[11]

在亞丁停靠之後，鄭和最後三次下西洋時曾繞過非洲之角。艦隊在此停靠在幾個非洲港口，包括摩加迪休（Mogadishu，木骨都束）、巴拉韋（Barawa，不剌哇）、帕泰島（Pate，在拉穆群島）與馬林迪，這些地方在十世紀時，都是阿拉伯商人經常造訪甚至殖民之處。在其中一趟航行中，艦隊可能抵達尚吉巴，甚至可能抵達馬達加斯加島，可惜沒有多少資訊能確認鄭和或他的手下抵達更遠之處。[12]鄭和可能是在一四三三年，從古里返回的途中去世，遺體進行隆重的海葬。後來，他的一綹頭髮與其他個人物品，被葬在南京外的鄭和墓。[13]

鄭和在去世前不久，曾獲得穆斯林名字哈兒只．馬哈茂德．瞻思丁（Hajji Mahmud Shamsuddin），因為他最後一趟旅程中曾去朝覲。在那個年代，朝覲的最後一段路在習慣上可請人代理完成。鄭和在古里等待時，使者馬歡與洪保繼續前往阿拉伯海岸。船由阿拉伯人或印度人航行，之後循陸路前進，並攜帶中國麝香送給麥加的穆斯林領導者，當作是鄭和與永樂皇帝的禮物。

把鄭和視為探險家、發現家與新土地的征服者，或許並不正確。他其實較投入於重建中國曾有的朝貢關係與香料交易。[14]為了這個目的，他組成軍事與宗教聯盟，鞏固朱棣與穆斯林貿易夥伴的跨大陸貿易。只要比較鄭和選擇登陸的港口，以及穆斯林香料商人曾活躍之處，即可證明鄭和的商業目的：麻六甲、錦石、可倫坡、科欽與古里、荷莫茲、馬斯喀特與佐法爾、亞丁、摩加迪休與重波（Jumbo），可能還有馬達加斯加與馬林迪、蒙巴薩（Mombasa），以及肯亞海岸外的帕泰島。鄭和最初曾在巨港與亞丁碰到抵抗，那都是不久前穆斯林商人失去香料之路控制權的地方。鄭和是奉命去聯繫這些點。

有學者主張，鄭和把這些地點連結起來，強化「印尼與馬來西亞伊斯蘭的發展」。[15]首先在麻六甲海峽，鄭和尋找巨港橫行的陳祖義海盜集團。陳祖義集團控制了巨港，這是蘇門答臘的重要城市，更是全印尼的香料貿易樞紐。陳氏於巨港的據點，在一四一〇年左右，攔截住在爪哇錦石港的中國穆斯林商人要送給朱棣的薰香、香料與銅幣。

鄭和的艦隊設法阻止這次海盜搶劫，遂在上風處襲擊陳祖義的十七艘海盜船。艦隊以飛箭、泡過毒藥的手榴彈與砲彈攻擊海盜船，十艘海盜船遭到焚毀沉沒，而陳祖義逃亡。後來，鄭和的手下抓住海盜首領陳祖義，在一四〇七年將他斬首，之後中國與穆斯林的貿易又重新開啟一段短暫期間。

杏仁醬香料雞 Dajaj Gdra bil-Lawz

鄭和在十五世紀抵達荷莫茲、亞丁或馬林迪等以穆斯林人口為主的港口時，都吃些什麼？如今雖已不得而知，但想必有人宴請他享用高級菜色，讓他品嚐融合波斯、阿拉伯與摩爾特色的料理。他可能吃過衍生出墨西哥南部與中部莫雷醬料雞的舊大陸版本，這道菜在北非摩洛哥直布羅陀海峽還找得到（即使他沒去過這麼遠的地方）。我認為在柏柏爾與阿拉伯食譜中，最接近莫雷醬的，應該是把香料雞與杏仁一起放在大鍋（gdra）裡煮，或是放在雙層鍋（couscousièr）的下層煮。亦可用小型塔吉鍋煮——塔吉鍋有錐形鍋蓋，放在摩洛哥烤爐（kanoun）上煮。

我認為這道料理，是十六、七世紀墨西哥莫雷醬的先驅，兩者皆使用了四種要素：家禽肉（雞或火雞）讓湯更鮮美；色素（例如番紅花、薑黃、辣椒或胭脂樹紅）使湯顏色鮮豔；堅果或其他能讓湯變濃郁的東西（例如杏仁、芝麻、花生、胡桃或甚至巧克力），讓湯更富有滋味；各種香料（例如孜然、肉桂與芫荽），使這道料理有溫潤豐富的滋味。摩洛哥人在做這道菜時，會以栗子取代杏仁。這表示，任何食材只要具備前述元素的其中一種，即可替換。

搭配庫斯庫斯米飯吃，四人份。

材料：

雞／一隻（一千五百公克—一千八百公克重，切成四到六塊）
白洋蔥／大型兩個或中型四個；切成末
葵花油或麻油／一大匙
奶油或印度酥油／兩大匙
水／兩杯
番紅花絲／適量

薑粉／一小匙

新鮮研磨孜然／一小匙

新鮮研磨芫荽籽／一小匙

新鮮研磨肉桂／一小匙

新鮮研磨多香果或天堂椒／一小匙

墨西哥紅椒或卡宴辣椒／一大匙

月桂葉／一片

黑胡椒

杏仁／一又四分之三杯（新鮮研磨）

海鹽

蜂蜜／一大匙

大蒜／兩瓣，切碎

新鮮扁葉洋香菜／四分之一杯，切碎

檸檬或萊姆／一顆擠成汁

做法：

把雞肉塊、一半分量的洋蔥、油、奶油與水放進大鍋中。將番紅花、薑、孜然、芫荽、肉桂、多香果、辣椒、月桂葉、適量黑胡椒、杏仁全部放入，以大火煮滾。之後把火關小，加蓋以文火煮，雞肉塊稍微翻面一兩次，把雞肉煮軟（約三十到四十五分鐘）。

離火。用漏勺把雞肉放到盤子中稍微放涼。湯以鹽調味，並加入蜂蜜攪拌均勻，再加入剩下的洋蔥、大蒜與三分之二的洋香菜。之後把鍋子放回爐子上，不加蓋，以小火煮到洋蔥與大蒜變軟，湯汁變成濃稠美味，大約十五分鐘。

等雞肉夠涼的時候去骨，把骨頭丟掉，肉切成五公分肉塊。等湯汁煮好，把肉放回大鍋子，徹底加熱。

食用時，用漏勺把雞肉放到盤中。之後把收乾的杏仁醬汁舀起，淋到雞肉上，並撒上剩下的洋香菜，擠檸檬汁。

Roden, Claudia. *Arabesque: A Taste of Morocco, Turkey, and Lebanon.* New York: Knopf, 2006, pp. 88–93.

——. *The New Book of Middle Eastern Food.* New York: Knopf, 2000, p. 219.

Salloum, Habeeb, and James Peters. *From the Lands of Figs and Olives: Over 300 Delicious and Unusual*

Recipes from the Middle East and North Africa. Brooklyn: Interlink Books, 1995, p. 135.

*

鄭和除掉海盜之後，便率領中國穆斯林商人從錦石前往巨港，協助其社群建立有歷史意義的清真寺。歷史學家陳育崧表示：「這些早期中國殖民地的居民是中國的穆斯林移民。在鄭和的大力扶持下，形成了一個勢力範圍，宗教與貿易交織在一起進行……積極建立各種伊斯蘭社區，然後以此為基地開始了對當地居民進行改宗伊斯蘭教的工作。」[16]

當然，早在伊斯蘭傳播之前，從阿曼與葉門來的阿拉伯航海者就學會運用東北季風，在十二月到三月之間穿越印度洋，再靠著四月底到八月的西南季風返航。但如果夏季季風晚到，或是寶船艦隊太早抵達，指揮官就得面臨難題：必須決定該停在港口，或卡在海上的熱帶無風帶，之後再順風啟程，穿越印度洋。

我在距離爪哇與蘇門答臘不遠處，坐在一艘四十呎的單桅帆船上無法動彈。因為沒有風，帆船根本不能移動。我眺望巴塘海峽（Badung Strait），朝著小小的蘭夢島望去，眼前波瀾不興，看不出一點點海浪。周圍的水域毫無動靜，海水儼如沙漠的天空，是一縷雲都見不到的天藍色。

眼前猶如荒蕪的沙漠，耳邊聽的是低氣壓，這就是柯立芝（Samuel Coleridge, 1772-1834，英國浪漫派詩人）在〈古舟子漁歌〉中描述的無風帶：

日復一日，週復一週，
我們無法動彈，無法喘息，難以移動，
猶如畫中之船，停頓在
畫中之洋。[17]

我坐在帆船邊緣，腳在下風處晃，等船長決定是否要啟動備用引擎，帶我們離開。但我趁著這個時候，想想在六百年前中國寶船艦隊的穆斯林指揮官來到這一帶時的情況。他的船駛入了赤道無風帶，也就是赤道周圍的熱氣產生一道低壓帶。有時候連續幾天連一縷風都沒有，海鷗、軍艦鳥、飛魚和海龜也跟著消失蹤影。這一帶宛若死城，沒有馬達的船隻動起來比阿氏沙龜穿越乾燥多沙的平原還慢。

雖然鄭和的船員航海能力嫻熟，又以巨大的樹幹，打造出前所未見的大船，還掛上巨型風帆，但有時候鄭和也只能掃視地平線，他不信自己的船真的會動。鄭和和我一樣，大半輩子都待在陸地上，不太習慣這樣無法動彈的無風帶。他是個坐不住的行動派。

這畫面十分弔詭：永樂皇帝的龐大艦隊堪稱當年全球化的先鋒，能比過去任何艦隊前進到更遙遠的地方探險。但有時候，所有船隻都動彈不得。他們日日夜夜吃無風帶的苦頭，有時候會耗掉好幾週。航海者最辛苦的時刻，或許不是突然抵達和家鄉截然不同的遙遠土地，而是完全無法動彈。正如聖傑若米（Saint Jerome）曾說，無論是在陸地或海洋，這樣的荒漠喜歡把你生吞活剝。荒漠會掏空你的心靈，直到你一無所有。

在一四〇九年，鄭和從印度洋的赤道無風帶返回時，他決定親自投入取得香料的過程，不只擔任全球化商業的推手。他在第二次下西洋時，令幾名水手在小島上岸，親自採收一種從東海到大西洋都求之不得的東西。據說這附近蘊藏豐富的薰香，他要手下放下身段，直接尋找與取得這種香。

艦隊在麻六甲海峽九嶼島（Pulau Sembilan）附近徘徊，直到水手確定，他們在不遠之處就能找到傳說中的沉香木。鄭和的船員與商人過去可能聞過沉香，畢竟數個世紀以來，佛教徒、印度教徒、猶太教徒、穆斯林與基督徒，都知道沉香的氣味。中文的「沉香」有「沉沒薰香」或「沉重之香」的意思。[18]沉香是源自於一種熱帶低地的沉香樹（*Aquilaria malaccensis*），其木材密度很高，受到黴菌感染後會散發出濃郁的香氣。[19]與鄭和同船的費信，記錄了這段一四〇九年的事蹟：

永樂七年，正使太監鄭和等差官兵入山（九洲山）採香，得莖有八九尺長、八九丈者六株，香清味遠，黑花細紋，其實罕哉！番人張目吐舌，悉皆稱讚天兵，贔贔之神，蛟龍走，兔虎奔也。[20]

如今，馬來西亞與印尼海岸的沉香已耗竭，列入瀕危物種。雖然薰香與香料的生物資源枯竭，並不能歸咎於某個特定文化年代，但這短短的插曲倒是提醒我們，香料的全球化貿易總是以長期的生態為代價。

下西洋昂貴費時，無論得到什麼戰利品或有什麼冠冕堂皇的理由，總之目的並非從茶與香料快速獲利，而是要為明朝重建長期的貿易選擇。要恢復貿易與朝貢網絡，必須與穆斯林香料商人及蘇丹打造更強的結盟關係，畢竟若陸上商路又被蒙古人與突厥人打斷時，就需要商人及蘇丹給予協助，維持海上貿易。根據推測，當初締造結盟關係的出發點，或許皇帝與一品宦官不能完全透露給當時的漢人知道。雖然支持這項假說的證據不多，也很難確認，但我們不免猜想國家或帝國的政策決定，有時是出於未公諸於世的個人、家族或宗教理由。

沒有多少人知道，鄭和與永樂帝的人生彼此關係緊密，超越了一般安全、軍事或政治結盟。朱棣的一名張姓後代（Yusuf Chang）是來自台灣的穆斯林，近年表示他是洪武皇帝的後代，而洪武帝的四子永樂帝，表面上是佛教徒，實際上是信仰伊斯蘭。

張氏表示，他不否認自己是以穆斯林的眼光看待歷史事件。他說，他家族有好幾代相信洪武帝的馬皇后（亦為朱棣之母）是穆斯林，馬就是回族的常見姓氏。張氏從家族口傳歷史中得知，馬皇后是唯一可幫家中男子準備食物與茶的人，能依照清真飲食的原則來準備食物。不僅如此，不光是皇室禁酒，洪武帝甚至在整個國家禁酒，即使漢族愛飲酒。有趣的是，張氏列舉十條馬皇后是穆斯林的線索時，就和當代猶太教學者用來指稱美洲的地下猶太教徒一樣。[21]

明太祖洪武帝確實興建過清真寺，也寫詩讚揚先知穆罕默德。然而，和鄭和一樣，明成祖在必要時也會執行佛教儀式，讓漢族子民知道自己與他們同在。根據傳說，鄭和是代替主子去麥加朝覲。（或許文獻中馬歡和洪保代替鄭和前往麥加的旅途，其實是為了幫鄭和與皇帝兩個人，完成朝覲的願望。）

顯然，皇帝允許鄭和重新與穆斯林結盟，甚至援助散居海外的穆斯林興建清真寺，因為那些穆斯林遠離了過去伊斯蘭帝國影響的香料貿易網絡，有時非常孤立，根本無法到麥加朝聖。鄭和設法重新連結起這些關係，將豐盛大禮送給他們的領導者，換取他們向皇帝進貢。在東南亞穆斯林眼中，這種交換大概就像今天商人把營業稅當成做生意的成本。

普洱沱茶　Tuocha Pu-erh , Camel's Breath Tea

有一種古老的發酵茶磚，是將散裝的茶葉、莖與茶末，壓成小鳥巢、冰棍球或瓜的形狀。早在西洋人聽過「茶」這個字的千年前，中國南方的茶農就會把葉子較大的大葉種茶樹（*Camellia sinensis var. assamica*，又稱阿薩姆種）的葉子與花苞稍微氧化，之後將這種綠茶（毛茶）乾燥、揉捻，再靠著麴黴、青黴菌與多種酵母發酵。經過半年的發酵之後，普洱茶就會壓成不同形狀的茶磚。

中國雲南與福建的山區住民，在山坡梯田的茶園種植大葉種茶樹已有一千七百年的歷史。不過，最先把黑茶壓成甜甜圈形茶磚，以便保存運送的，是雲南普洱貿易站附近的茶農。普洱茶磚很快流傳到雲南與福建山區以外，一直到十四世紀末的明朝。

甜甜圈形的茶磚稱為沱茶，名稱是源自於古代商路起點「沱河」。為了方便駱駝商隊運輸，茶磚會先用繩子串起，再放到駱駝身上。茶磚放在雙峰駱駝的鞍具下，運送到中國其他省分與更遠之處的過程中會繼續發酵，於是滋味更濃。根據傳說，有人異想天開，把沱茶茶磚獨特的芬芳與氣味稱為「駱駝氣」。用沸水沖泡乾燥的陳年沱茶時，樸實的滋味究竟是來自駱駝的汗水或氣息，恐已不可考。但可以確知的是，茶磚會產生深色、味道濃郁飽滿的飲料。一名熱愛沱茶的人，或許會慎重說這茶的滋味「扎實」，另一名則可能大瞻的說它「好喝得要命」的質地，就像加了糖漿的義式濃縮咖啡。雖然如今沱茶茶磚仍在生產，但已製成鳥巢狀或碗狀，中央沒有洞，不能用繩子串起。

明朝之後，散裝茶葉逐漸風行，普洱茶磚不再那麼常見，在長城以外的茶葉貿易尤其如此。不過近年普洱茶磚再度風靡歐美，價格一飛沖天。

不久前我到中國時，從東邊的北京與泉州、西邊的烏魯木齊，都見過普洱茶用彩色包裝紙包得漂漂亮亮地展示。雖然有「駱駝氣」的茶很珍貴，未必每家店都有，但我在絲路天山山脈邊緣草原的商店看過。我也在世界另一邊的類似環境喝過普洱茶——科羅拉多州博德市（Boulder）附近，落磯山脈前嶺（Front Range）下矮矮的草原。無論何時看見茶磚，我都會把它捧到鼻子前，閉上雙眼，聞聞駱駝商隊行經的氣味。

Ahmed, Selena, and Michael Freeman. "Pu-erh Tea and the Southwest Silk Road: An Ancient Quest for Well-being." *HerbalGram* 90 (2011): 32–43.

Hohenegger, Beatrice. *Liquid Jade: The Story of Tea from East to West*. New York: St. Martin's Press, 2007.

有些當代東南亞穆斯林聲稱，鄭和讓哈納非穆斯林水手留在這社群工作，並運用明朝的資源，興建蘇門答臘、爪哇、麻六甲、菲律賓與印度港口最早的公共清真寺。鄭和的手下可能也在肯亞外海拉穆群島的帕泰島上興建廟宇，只是這些廟宇究竟屬於哪些宗教並不清楚。[22]如今鄭和在許多地方，都被當成是特殊的穆斯林聖人。

鄭和第一次下西洋曾在馬拉巴爾海岸遇見阿拉伯穆斯林，回國後，似乎籲請永樂皇帝頒布宗教包容的重要敕諭。這份敕諭在一四〇七年六月十六日頒布時，正逢鄭和第二次下西洋，敕諭不僅要保障所有穆斯林的信仰，同時也要確保他們在全中國的清真寺，不會受到其他宗教的歧視與打擊。在泉州清淨寺花園外牆的石匾上，就刻有讚美中國穆斯林居民的文字，上頭寫著他們是帝國誠心善良的子民，「能敬天上益切志誠眷茲行良可嘉尚」。[23]

根據近年在泉州靈山發現的石碑銘文來看，鄭和在一四一七年第五次下西洋之前，來到這裡的穆斯林墓園中長了草的墳上焚香祭拜。[24]在回族的口傳歷史中，鄭和也從泉州前往位於陳埭附近的穆斯林村莊，在回族居民間休養生息，居民至今仍尊他為穆斯林聖人。

朝廷官員認為下西洋耗資過大，因此永樂帝在一四二四年駕崩之前，已縮減下西洋的行動。然而，鄭和在一四三一年仍最後一次下西洋，這時在位的皇帝是永樂帝之孫明宣宗朱瞻基。如先前所言，鄭和這次下西洋之後兩年返回，但回來的只剩下一絡頭髮、幾件個人物品，以及他的親信、商業使者、翻譯、軍人與水手的追憶。鄭和去世不僅為寶船艦隊畫下句點，也使幾個世紀以來，國家出資的大規模海上探險與貿易成為絕響。中國與印度之間仍有小規模的商業貿易與黑市走私，並非如某些歷史學家所說的完全孤立。不過在接下來的數百年，東海岸的回族與更廣大的伊斯蘭世界，已大幅減少直接接觸的機會了。

第十一章

達伽馬，全球化的新推手

泉州港與橄欖枝似有淵源，而在地球另一端的葡萄牙大城里斯本，依然能在大道上見到橄欖樹（azeitonas）林立。鄭和與瓦斯科・達伽馬（Vasco da Gama, 1469-1524）分別是這兩個地方備受喜愛的知名人物，但兩人在心理上的差距有如天壤，不亞於兩地的地理距離。從個人行為與外交手腕來看，很難想像有誰比這兩位「探險家」與艦隊司令差異更大。

達伽馬與鄭和造訪非洲東岸的時間，僅僅相差七十年。葡萄牙的香料與奴隸販子從一四四〇年代開始，進入了非洲西岸，那時距離鄭和去世不到十年。但達伽馬本人抵達穆斯林香料商人經常造訪的非洲東岸，已是一四九八年的事了。[1] 歷史地理學家李露曄（Louise Levathes）曾問：「我們不禁好奇，若兩人相遇會是何種光景。達伽馬若明白明朝水軍勢力多麼龐大，還敢不敢率領八十五到一百呎長的船隻，繼續穿越印度洋？這位中國的艦隊首領看見葡萄牙船隻如此破敗，會不會像是踩扁路上的蝸牛，防堵歐洲人打開東西貿易之路？」[2]

或許中國人、佛教徒與穆斯林聯合起來，就能三兩下扼殺剛萌芽的葡萄牙殖民主義，或至少挫挫年輕達伽馬的銳氣——他自詡為神聖十字軍，想對抗伊斯蘭在香料之路上經濟與宗教的霸權。[3]達伽馬沒有多少航海經驗，又沒學過外交，加上脾氣暴躁、愛惹麻煩，為什麼曼紐一世（Manuel I，又稱為「幸運兒曼紐」）在一四九七年會看上年輕的達伽馬，讓他率領遠征隊伍繞過非洲之角，實在不得而知。他是個異類，不能代表老練的葡萄牙水手，和當年的西方航海家更無法相提並論。費南德茲—阿梅斯托曾揶揄道：「他到海上之後，能犯的錯都犯了。」[4]他十幾歲時，可能和其他年輕人在摩洛哥的埃弗拉鎮（Évora）參加過小戰役，或許這件事讓年輕的曼紐一世印象深刻——他在政治上不太能幹，卻是一個虔敬的天主教徒。曼紐一世娶了西班牙斐迪南與伊莎貝拉的女兒之後，便下令把未改信天主教的塞法迪猶太人與安達魯西亞的穆斯林，全逐出葡萄牙。[5]

十五世紀，香料抵達西歐之後價格就一飛沖天。葡萄牙人盼能跳過中介者，直接與印度或其他香料產地接觸，何況他們已接收假的番紅花與黑胡椒超過半個世紀。國王可能也想遠征，掌握香料群島，以遏止國內日漸強大的反對香料勢力，包括道德人士與經濟保守派。這些團體不滿歐洲上流社會人士過分耽溺於對昂貴香料的渴望，聲稱這樣的慾望會榨乾歐洲國家的國庫，讓穆斯林坐大。[6]

達伽馬率領有配備的船隻，奉命往南繞行非洲。他旋即指派比他冷靜的兄長保羅（Paulo）

擔任左右手，之後便從里斯本出發。國王並未要求他們征服異國國土，而是要和東方的基督教國家接觸，尋找是否有哪個國家願意成為葡萄牙的盟友，從穆斯林手上奪取香料之路的控制權。或許國王是羨慕岳家，竟能幫哥倫布成功找到歐洲人仍未在地圖上繪製的「某個地方」，因此可不願屈居下風。天主教世界認為，控制香料之島非常重要，因為那邊的貿易助長了伊斯蘭日漸龐大的財富與權力。

然而，就算有葡萄牙最好的海外航海家同行，例如幾個在一四八八年曾跟著巴爾托洛梅烏．迪亞士（Bartholomeu Dias, 1451-1500，葡萄牙貴族與航海家）往南繞過好望角的水手，但達伽馬仍差點無法抵達好望角，因為小船在四個月的航行期間，幾乎禁不起南大西洋的強浪衝擊。即使這些水手過去確實曾經過好望角，仍在非洲南部的海岸暫停，恫嚇一群住民。三天之內，住在海岸的居民對葡萄牙人的行為大表憤怒，甚至以箭射傷達伽馬及其手下。

在數度嘗試，經歷與非洲海岸居民的溝通不良之後，達伽馬和暈船的水手總算繞過好望角，進入斯瓦希里海岸（Swahili Coast），來到過去葡萄牙航海家不知道的諸多港口。一四九七年耶誕節，達伽馬罹患壞血病的船員們，終於踏上長期由阿拉伯航海者與商人控制的商路。然而，他們還得再花兩個月的緩慢航行，從非洲南端到馬達加斯加島，這時才總算看見食物上點綴了他們認識的香料：「一瓶搗碎的棗子，用丁香與孜然一起做成果醬。」[7]他們或許盼望，香料之島就在不遠之處。

一路上，達伽馬穿上阿拉伯人的服裝，得到機會覲見當地蘇丹及其家族，卻無法獻上能配得上皇室尊貴身分的進貢之禮。他無法了解進貢在非洲與亞洲都十分重要，這情況在他遠征過程中將多次重演。

一四九八年，他們離開斯瓦希里海岸南方海域前，這三艘葡萄牙船隻確實找了三名會說阿拉伯語的黑人當作嚮導，帶領船員前往莫三比克。但是達伽馬竟很快咬定這些人是「白衣摩爾人」（也就是阿拉伯人）的間諜，對其中兩人施以酷刑，以熱油澆灌在他們赤裸的皮膚上，要他們懺悔。[8]達伽馬的伎倆帶來嚴重的後果：那兩人痛苦掙扎，最後跳海死亡。

少了能懂當地語言的人當領航者與中介人，這群葡萄牙人尚未抵達蒙巴薩就缺乏補給，決定搶劫阿拉伯貨船。穆斯林商人在準備離港的獨桅帆船上，早就看到達伽馬與水手們只不過是一群可憐兮兮的海盜，於是達伽馬一進入蒙巴薩港就被趕走。他們往北漂流到馬林迪。由於馬林迪商人與蒙巴賽商人素為競爭對手，達伽馬因而獲得較好的接待，也與馬林迪蘇丹正式簽下合作條約。蘇丹請達伽馬飽餐一頓，端上烹煮得滋味濃郁的六隻羊，還把羊肉所使用的香料送給葡萄牙人當禮物：多香果或肉豆蔻、丁香、孜然、薑與胡椒。[9]由於他們輕鬆取得世界上最昂貴的香料，有些船員便推測，目的地就在不遠之處。

但到了一四九八年四月，達伽馬仍不知如何前往香料之島，也不知究竟離那裡有多遠。於是，他挾持蘇丹的一名外交官，要求蘇丹以一名專業航海者來交換人質。想必蘇丹別無選擇，只得同意或退讓。二〇一二年古吉拉特歷史學家與紀錄者論壇上，與會者一致認為，這位能幹的領航員很可能是來自印度喀奇縣（Kutch）的古吉拉特人，但他究竟是穆斯林或可能改信基督教，仍莫衷一是。[10]這群學者認為，他名字是康吉．馬藍（Kanji Malam），是個經常出海的靛草與棉花商人，[11]他可能在阿曼海岸，向阿拉伯航海天才艾哈邁德．伊本．馬吉德（Ahmad ibn Majid）學習。馬吉德來自朱法爾（Julfar，今天的拉斯海瑪[Ras al-Khaimah]）。[12]馬藍過去可能曾帶著地圖穿越過印度洋，也知道如何善用季風風向，算出船隻的適當啟航時間。

在這位航海老鳥的帶領下，達伽馬總算在一四九八年五月，來到距離古里港幾哩之處，旋即聲稱替西方發現了印度。但葡萄牙旅行者佩羅．達．科維良（Pêro da Covilhã）早已循陸路抵達這處港口，比達伽馬早了將近十年。[13]令達伽馬失望的是，他在這處港口的第二天，竟有兩個說西班牙話的突尼西亞人上船！他們是來自柏柏爾海岸的穆斯林，經由開羅和紅海來到古里，常和當地商人做生意。[14]這兩位突尼西亞人把達伽馬來到港口的事情轉告印度最大香料市場的監督者，沒多久，達伽馬就受扎莫林（samudra-raja 或 samuthiri，或葡萄牙人稱為 zamorin，為馬拉巴爾海岸的世襲統治者）歡迎。當時在位的扎莫林個性害羞，是穆斯林商人的印度傀儡首領。實際上掌管古里港的仍是穆斯林商人，而後來的統治者更成為葡萄牙軍人在印度洋的最強悍對手。

孜然　Cumin

孜然（*Cuminum cyminum*）會在本書的原文書名（*Cumin, camels, and caravans : a spice odyssey*）中出現，是因為它足以說明料理的全球化：孜然的栽培、利用與貿易歷史相當悠久，沒有任何植物學家或考古學家能確定孜然的起源在哪裡。即使可粗略地說孜然源自「西亞」，但確切地點仍莫衷一是；巴勒斯坦、敘利亞、黎巴嫩、土耳其、希臘、衣索比亞甚至亞洲西南，都可能是最早的馴化地點。孜然是在何時何地由誰馴化，恐怕難有定論，但孜然會開始被採收、管理，最後栽培的理由倒是很明顯。孜然經過烘烤研磨之後，卡其色的種子會散發出無人能抵擋的濃郁香氣。孜然精油中的枯茗醛（cuminaldehyde）會散發出溫暖質樸的香氣，滋味初嚐之下帶有不難吃的苦味，之後化為甘甜。孜然的味道很適合帶出許多豆類的風味，從舊大陸的鷹嘴豆、扁豆到新大陸的萊豆（皇帝豆）、斑豆與花菜豆（tepary）都是如此。

不少學者確信，早在聖經剛開始記錄的時代，黎凡特人就採收與使用孜然。早期書面記載指出孜然出現在菜園與野外，這表示孜然在美索不達米亞與埃及文明出現時，已在底格里斯河與幼發拉底河流域生長。阿拉伯香料商人似乎先將孜然帶到印度，腓尼基人則透過北非殖民地，把孜然往西傳入伊比利半島；柏柏爾人則帶著孜然穿過跨撒哈拉的商路，將之傳入半乾燥的薩赫爾地區。

英文的孜然（cumin）一詞源自於閃語系，包括阿姆哈拉語的*kemun*、阿卡德語的*kamûnu*、亞拉姆語的*kamuna*、阿拉伯語的*al-kamoun*、古希伯來語的*kammon*及埃及語的*kamnini*。古希臘文的*kyminon*與拉丁文的*cuminum*顯然衍生自閃語系同源詞，而不是影響閃米語系。多數羅曼語言多從這些古老詞彙演變，包括*cumino*、*comino*、*cominho*與*cumin*。中文會把孜然稱為「枯茗」，藥用時則多稱為孜然，後來也稱為「小茴香」，因為它和茴香很類似，就像有些語言把孜然與葛縷子（caraway）混淆。在印度次大陸附近，多數名稱似乎源自於梵語的「jri」，意思是「消化」或「發酵」。的確，孜然籽在世界上許多地區都當成消化用藥。

孜然被引進新的大陸與文化之後，就會輾轉深入當地料理，成為世界上最常用的香料。我曾接待過一名以色列學生，他說他在台拉維夫時吃的芝麻醬（hummus bi-tahini），孜然就是重要香料。我乍聽之後覺得很訝異，以為那是墨西哥香料呢！請印度廚子想像一下，如果葛拉姆馬薩拉少了烤過的孜然會怎樣？他們可能告訴你，打從印度人開始烹飪，就沒少過jira！在中國，孜然可能是從沿著絲路而來的粟特人、波斯人與阿拉伯人引進，最常使用孜然的就是說突厥語的新疆維吾爾人。孜然是綜合香料所不可或缺，例如柏柏爾人的拉斯哈諾、喬治亞人的斯凡諾里馬里利（svanuri Marili）、葉門人的左格與阿拉伯人的巴哈拉特等綜合香料，都少不了孜然。孜然也是卡郡綜合香料、馬來西亞七海咖哩（seven seas curry），以及印度馬薩拉的主要原料。孜然用量最少的應該是歐洲，多局限於幫乳酪調味，包括豪達（Gouda）與萊頓（Leyden）乳酪。此外，芬蘭文的乳酪稱為*juusto*，而孜然則稱為*juustokumina*。

Gambrelle, Fabienne. *The Flavor of Spices*. Paris: Flammarion, 2008.

Green, Aliza. *Field Guide to Herbs and Spices*. Philadelphia: Quirk Books, 2006.

Katzer, Gernot. "Gernot Katzer's Spice Pages." http://gernot-katzers-spice-pages.com/engl/index.html. Accessed September 3, 2011.

Sortun, Ana, with Nicole Chaison. *Spice: Flavors of the Eastern Mediterranean*. New York: Regan Books, 2006.

Weiss, E.A. *Spice Crops*. Wallingford, UK: CABI Publishing, 2002.

葡萄牙人很快看出古里這個地方蘊含龐大財富，因為過去兩百年來，這裡是南亞海上香料貿易的基石，也是內陸交易的重鎮。葡萄牙文藝復興時期的歷史學家費爾南・洛佩斯・德・卡

圖十九：達伽馬把葡萄牙曼紐國王的信件，交給古里的扎莫林（圖片來源：美國國會圖書館印刷與照片部，www.loc.gov/pictures/item/92513908。）

斯塔聶達（Fernão Lopes de Castanheda）後來記錄道，這裡的市集滿是「各種香料、藥品、肉豆蔻與其他廣受喜愛的東西，還有各種寶石、珍珠與小粒珍珠、麝香、檀香、沉香，精緻陶器、漆器與鍍金櫃，還有中國的珍品、黃金、琥珀、蠟、象牙、有白色與五顏六色的精緻與粗製棉製品；許多生絲與捻絲、絲與黃金製品、金縷衣、纖維布料、穀類、猩紅色染料、絲毯、銅、水銀、朱砂、明礬、珊瑚、玫瑰水，以及各種果醬」。[15]這裡果然是蘊含大量胡椒之處，也是西歐基督教徒多年來想發掘的馬拉巴爾海岸。

達伽馬只獻給扎莫林微薄之禮，想藉此交換興建貿易據點的權利，讓香料只能從這裡送到西方。這要求令向來與扎莫林有同樣協定的穆斯林商人相當憤怒。扎莫林是次大陸最大香料市場統治者，也是達伽馬夢寐以求想見的人，然而他獻給扎莫林的禮物，只有一箱蔗糖、兩桶橄欖油、兩箱蜂蜜、十二塊條紋布、四件紅斗篷、六頂帽子、四串珊瑚與六個銅盆。扎莫林本人認為達伽馬不懂禮數，而這位葡萄牙指揮官則表示，他會帶這麼少東西，是因為國王只吩咐他來探索。[16]

扎莫林與策士拒絕給予他獨家權利，要求葡萄牙人支付海關費用，才能在他的王國做生意。之後，扎莫林綁架達伽馬與另外三人，並通知他哥哥保羅付贖金，否則不會放人。保羅在一艘小船上，裝滿大船上剩下的所有寶物（除了聖母像與十字架），支付贖金。又羞又怒的達伽馬要幾個手下留在古里，當作馬拉巴爾海岸地主的主要聯繫窗口，以免扎莫林過一陣子回心轉意，願意談談。達伽馬帶著一些異國物品啟航，只盼這些物品足以向曼紐國王證明，這趟昂貴漫長旅程是值得的。就在他離開古里之前，他又綁架了幾個當地人，逞逞威風。他回到葡萄牙之後，拿出足夠的黑胡椒，就被誇讚為英雄。

一五〇二年，葡萄牙艦隊第四次匆匆趕赴印度，因為他們接獲通報，當年達伽馬把幾個值得信賴的同行者留在古里，但這幾年的時間，其中幾名遭到穆斯林商人殺害。新艦隊的總指揮原本要由佩德羅．阿爾瓦雷斯．卡布拉爾（Pedro Álvarez Cabral）擔任，他是第一個抵達巴西的歐洲人，也是艦隊第二、三次前往印度時的領導者。但是在艦隊出發前幾天，這個職位又被達伽馬取代——曼紐一世授與達伽馬阿拉伯、波斯、印度與東方海洋艦隊司令的職位。他先到科欽請求支持，之後率領十六艘配備強大武器的船抵達古里。他要求扎莫林驅逐城市裡的阿拉伯穆斯林商人，也希望馬拉巴爾海岸的其他港口比照辦理。達伽馬的請求遭拒，於是他砲轟城市，逼得君主不得不投降。後來，葡萄牙獨攬所有進入馬拉巴爾海岸港口的貿易權。他消滅了伊斯蘭獨霸香料交易，可說是他個人聖戰過程中登峰造極的一刻，也為接下來五個世紀的全球化埋下令人不安的種子：經濟、宗教與軍事的帝國主義，將攜手並進。

在抵達古里之後，達伽馬為了替先前遭到殺害的同儕報仇，遂先俘虜一艘往返古里與科欽之間，沒有武裝的阿拉伯船米里號（Mīrī）。船上有將近三百名穆斯林，包括至少十位從古里來的香料富商，他們都剛從朝覲返回。這群人的領導者賈哈爾·法齊（Jauhar al-Faqih）不僅是知名香料商人，也是麥加蘇丹派到古里的外交顧問。他設法與達伽馬交涉，只要達伽馬放過他的親友，就給他許多香料與其他寶物。但是達伽馬令手下去搶奪他們的所有黃金、綁架所有的孩子，還放火燒船。經過五天掙扎，達伽馬看著將近兩百五十名尚未跳海的乘客命喪黃泉。

一名與達伽馬同行的葡萄牙人賈斯伯·科雷亞（Gaspar Correia）目睹這樁慘劇，聲稱他同胞犯下史上最慘無人道行為。[17] 幾個世紀之後，一名印度歷史學家桑賈伊·蘇布拉馬尼亞姆（Sanjay Subrahmanyam）在研究了這場事件之後指出，這是海上貿易的歷史轉捩點，使得系統性使用暴力出現在海上。蘇布拉馬尼亞姆語出驚人主張，說這樣系統性的種族屠殺，始作俑者就是葡萄牙天主教徒，他們在一場未被批准的聖戰中，毀滅伊斯蘭世界。[18]

曼紐一世的兒子約翰三世繼承王位之後，封達伽馬為總督，在一四二四年派他第三次前往印度。他抵達後的幾個月，就因為不明疼痛而飽受折騰，最後死在科欽。據說他頸部底下出現硬癤子，導致他「陣陣的不舒服，而他的作為與未竟之業，令他內心痛苦加倍。」[19]

達伽馬接下來幾個世紀不斷在各處移轉，鮮少停留夠久。他最初是穿著絲質服裝，被葬在科欽寒酸的方濟會教堂。科雷亞說，有些葡萄牙商人因為失去了「如此值得榮耀的父親，還讓他葬在葡萄牙王國中如此荒涼的地點」，因而悲慟不已。[20]一五三八年，他的遺骨被送回葡萄牙維迪蓋拉（Vidigueira），也就是一五一九年獲得伯爵頭銜之處。一八八〇年，達伽馬的遺骨被挖掘出來，重新葬在里斯本外貝倫區的熱羅尼莫斯修道院（Jerónimos Monastery）。但幾年後發現，當初送來的遺骨是錯誤的。在這之後不久，官方把但願是達伽馬真正的遺骨移到修道院，並舉行隆重的儀式。[21]

如今，達伽馬之墓和歷代君王一起位於里斯本海岸邊的修道院。這位探險家距離他的捐助者曼紐一世之墓，只有幾呎之遙。

我造訪里斯本只有短短一週，一到旅館放好行囊，就從海岸邊的山坡漫步下來，到太加斯河岸（Tagus River）。下山後景色豁然開朗，河流開敞為海灣。貝倫教區的熱羅尼莫斯修道院，離河邊只有幾百公尺。

我走在修道院的大教堂，看著多國語言的標誌，訴說曼紐一世興建了這處地點，讚頌葡萄牙在所謂「地理大發現」期間所扮演的角色。我漸漸覺得暈頭轉向。達伽馬之墓就在入口旁，周圍圍繞著一大群觀光客等著往前一探究竟。等我總算靠近鍍金的達伽馬之墓時，想看看更多這位一開始是維蒂蓋拉伯爵、司令與印度總督，以及基督教修會備受敬重的成員事蹟。後方群眾不斷推擠，我覺得透不過氣，只得轉身離去，沒看看其他知名人士的長眠之處。

我在里斯本時，每天都會到街上走走，逛逛附近的香料市場，可惜沒什麼重大發現。第四天在河邊散步時，我遇見一位里斯本居民，於是問他哪裡有典型的市場，可以讓我看看新鮮的農產品與香料。他疑惑地看著我，並未推薦我去位於室內、有一百二十五年歷史的河濱市場（Mercado da Ribeira），逛那些魚肉、乳酪、農產品、香草、花卉與肉品攤子。雖然那是很大的市場，卻沒有多大歷史意義。他反而要我去里斯本現存最古老的市場，那處市場位於山坡上，可俯瞰太加斯河。

我爬呀爬，循著狹窄的道路蜿蜒而上，總算來到那人給我的地址。我這才明白，多數葡萄牙人的「市場」（feira）是什麼意思。美國人或許會稱這裡為跳蚤市場，或是窮人的舊貨交換會。雖然有幾個小販在賣飲料與新鮮西瓜汁，剩下的產品都是過去半個世紀西方文明拋棄的衣物。沒有香料植物，甚至便宜的壯陽藥都沒有。何必呢？反正這裡有色情卡帶與一大堆CD。市集還有手機與電動攪拌器、電晶體收音機與揚聲器。有些攤子擺滿假的皮帶、項圈與手鍊，還有成堆的二手汽車零件、破爛腳踏車與摩托車。

除了一些霹靂辣椒（piri piri）辣醬、孜然與芫荽，全球化商業最後只把這些東西留給葡萄牙人嗎？這就是達伽馬從邪惡的穆斯林手中奪下貿易之路後，留給人民的寶貝？

幸好在達伽馬之後，有個不那麼野蠻、更有航海策略的後繼者。阿方索・德・阿爾布克爾克（Afonso de Albuquerque）在一五〇三年初次抵達印度洋。大約在此同時，最後的納卜漢尼家族，也就是我寫詩的祖先蘇萊曼・伊本・蘇萊曼・納卜漢尼（Sulayman ibn Sulayman al-Nebhani）在統治阿曼。納卜漢尼從葡萄藤間，聽聞異議分子不滿他統治阿曼，並悄悄與葡萄牙人交涉，想推翻他。謠言流傳不到一年，我納卜漢尼家族部落祖先三百五十年來在阿曼香料貿易港口的控制權瓦解了。這是早期的阿拉伯之春。[22]

一五〇七年，德・阿爾布克爾克封鎖荷莫茲灣，波斯與阿拉伯船隻無法輕鬆抵達印度。他再度切斷大西洋、地中海與紅海，以及另一邊波斯灣、印度洋與太平洋之間的香料之路，導致其他國家香料貿易停擺。他不像達伽馬那樣殺得血流成河，便從當地的阿曼穆斯林與猶太人手中，奪取馬斯喀特與索哈爾港的掌控權，也迫使朵法爾投降，簽訂條約。不到十年，他把印度洋變成封閉海域，葡萄牙人於是獨攬先前由突厥、拉特納猶太人與卡里米行會掌管的貿易。

德・阿爾布克爾克猛攻麻六甲──這是香料之島的中心港口，也是中國航海者抵達的最西之處──射殺幾頭大象，讓穆斯林蘇丹逃之夭夭。他派出大使到暹羅國與廣東，這是當時已知世界最遙遠之處。[23]大約在一三八〇年，鄂圖曼帝國封閉了遠東與中東穆斯林之間的陸上絲路，但還需要另一個世紀的時間，海上之橋才被拆除。我祖先數個世紀以來投入的跨洲香料交易，顯然畫下了句點。

但我最近得知，部分納卜漢尼家族成員在王朝崩潰前不久已從阿曼離開。在十四世紀，馬斯喀特與巴赫拉的納卜漢尼商人，帶著繼承的財產逃走，前往肯亞海岸外的拉穆群島，建立自己的國家。他是蘇丹·阿瑪德·阿布·巴卡·納卜漢尼（Sultan Ahmad Abu Bakar Nebhani），他把新的國度與香料貿易殖民地稱為帕泰（Akhbar Pate或Patta）。[24]

曾去過帕泰島的肯亞當地人與考古學家告訴我，帕泰時代的史前遺跡仍令人印象相當深刻。在島嶼東邊的上加（Shanga）遺跡，是一座建立在白色珊瑚礁上的城市，在十四世紀遭到遺棄。如今，這裡散落著許多陶片與半毀壞的雕像，考古學家詹姆斯·德·維爾·艾倫（James de Vere Allen）認為那是來自亞洲。[25]在遺跡中央是大型清真寺的廢墟，還有一處奇特的石塚，上面有凹槽的柱子以青瓷碗裝飾。類似的墳墓不僅在帕泰島上存在，也出現在肯亞與索馬利亞海岸等古代香料貿易港。在非洲東岸的兩大香料貿易城市馬林迪與蒙巴薩之間，一處有好幾個世紀的古老城鎮格德（Gedi），遺跡裡也找得到這種墳墓。

但在帕泰島上，比這些考古場址更有趣的，是目前居民的外表與風俗。帕泰島上有個漁村稱為巴准（Bajuni），一九三五年，人類學家奈羅·普齊恩（Nello Puccion）說他們「外表和這一區域的其他人截然不同。他們的膚色較淺，是淡淡的橄欖色，還可見到男人蓄鬍子；女人頭髮中分，編成兩條辮子。」[26]

雖然巴准族的多種族起源尚缺乏基因研究，但語言學家表示，他們殘存的方言可在索馬利亞與肯亞海岸找到，且這些語言的字彙與文法結構轉借自索馬利亞、阿拉伯、印度、波斯，可能還有東南亞語言。

從風俗和語言來看，上加的巴准族顯然是源自於許多種族。過去曾有學術研究推測，他們是從上海前來的，是早期中國的流離人口，[27]但目前的遺傳證據未能確認這一點。我認為可能性較高的假設為，這裡的人種乃是從海岸非洲民族與阿拉伯、波斯、印度與中國商人混血而來。這說法應該說得通，因為數千年來的香料貿易不只推動全球化的結構、道德（或缺乏道德）與文化，還引進不同的基因人口，演變為「彩虹」人類家族。我祖先六百年前居住的拉穆群島或許就像今天的夏威夷，居住許多來自各大陸的人，他們的基因不斷混合。拉穆群島正持續在水底探勘考古，挖掘一艘大約六百年前的中國沉船——那時我的納卜漢尼家族還在帕泰島上。探勘結果或許終能透露些許端倪，訴說關於那失落的混雜世界之往事。那或許是一處和平共存的島嶼，多元文化交流曾盛極一時。

第十二章
跨過海洋的吊橋

在一片迷茫的大海上，島嶼星羅棋布。一四九二年十月十二日凌晨兩點，這裡所發生的事情說來也真離譜。哥倫布率領艦隊往西遠征的事蹟，如今已成為眾人熟知的傳奇，他的資助者是積極排除異教的天主教狂熱分子斐迪南與伊莎貝拉。但是，第一個看見先前不為歐洲人所知的大地的人，並不是西班牙天主教徒，而是個改信者——羅德里哥．德．特里阿納。他的父親是西班牙摩爾低階貴族。沒有人知道，羅德里哥是自願皈依的新基督教徒（cristiano nuevo），也就是猶太人以希伯來文稱之為*meshummadin*、西班牙貶稱為瑪拉諾的人；或他其實是被迫改信，希伯來文稱為*anusim*的人。正如他的摩爾父親，他可能佯裝為基督教徒，才能繼承貴族爵位（hidalgo），這個詞是源自於*hijo de algo*，意思是「權貴之子」。不過，要能在一四九二年稍早登上哥倫布從帕洛斯港出發的船隻，這位一四九九年出生於賽維亞的羅德里哥，至少得假裝自己是基督教徒。

前幾天，他們看見可能是美洲金鴴與極北杓鷸的鳥蹤，表示船隻正朝著陸地前進。於是，特里阿納登上桅杆瞭望台，瞥見如今稱為巴哈馬的群島。他第一眼看見的陸地很快就命名為聖薩爾瓦多（San Salvador），而憑著一股信念，羅德里哥「發現」後來所稱的西印度群島與美洲。

沒錯，哥倫布在西班牙時認識的羅德里哥・德・特里阿納，原名是璜恩・羅德里哥・伯梅約・德・特里亞納。他會入選為西印度群島遠征的一員，是因為眼力好，又有很廣泛的訓練。但是在這十月的凌晨，哥倫布根本不把他放在眼裡，只管在日誌中寫下自己是第一個在前一天看見陸地證據的人，因此有資格領取一萬馬拉維地幣（maravedíes；中世紀的西班牙貨幣）——率先發現香料群島捷徑的人，可得到贊助者給予的這一大筆賞金。

羅德里哥後來發現司令捏造謊言，便離開天主教信仰，「即使他比其他船員先看到西印度群島，但哥倫布並未給他任何肯定，國王也沒有給他賞金。」[1]德・特里阿納相當不滿，返回西班牙之後並未皈依母親信仰的猶太教，反而改信伊斯蘭教。這趟遠征的記錄者德・奧維耶多（De Oviedo）指出，德・特里阿納立刻從伊比利半島搬到北非，或許住在摩洛哥海岸。[2]值得注意的是，有證據顯示，他與其他穆斯林在一五二五年航向真正的香料群島（摩鹿加群島），去世後依照穆達拉摩爾人（Mudarra）的穆斯林儀式下葬。他也是含恨告終，因為他的摩里斯科父親與猶太人做生意，遭到天主教處以火刑。

這些際遇提醒我們，在西班牙宗教審判展開之後，猶太人與穆斯林的命運是緊密交織的。雖然他們有時所得到的對待不盡相同，但這兩個族群在斐迪南與伊莎貝拉的不利政策下，屢屢遭到命令與判決的驅逐。哈佛大學心理學家戈登・歐波（Gordon W. Allport）與他的後進稱這現象為「對外在團體的排斥」。[3]八十到一百萬猶太人與穆斯林離開西班牙，逃避宗教審判，但他們並未和祖先一樣，偷偷躲到北非與中東度過餘生。相反地，他們有些人穿越大西洋，擴大香料交易網路，彷彿新的吊橋忽然穩穩落在美洲大地上。部分學者估計，在一五四五年之前，墨西哥至少有四分之一的歐洲定居者是為了逃離宗教審判的猶太人（無疑也有穆斯林）。[4]這些到美洲的移民鮮少直接參與香料交易，但肯定有許多人很思念故鄉的香氣與滋味。

穆斯林歷史學家索拉・佩維茲（Saulat Pervez）簡明扼要說：「哥倫布在一四九二年的遠征，恰好和格拉納達的陷落同時發生，那是穆斯林在西班牙最後的堡壘。這導致西班牙穆斯林（與猶太人）進入艱困年代，尤其在西班牙宗教審判最為嚴重。連番事件促成許多流離失所的穆斯林（與猶太人）先前往加納利群島再向新大陸前去，盼能重獲宗教信仰的自由。」[5]

簡言之，他們盡快遠離羅馬、馬德里、巴賽隆那、賽維爾與格拉納達。一四九七年，葡萄牙也開始驅逐國內的猶太人與穆斯林，一五〇六年展開宗教審判。由於加納利群島已人滿為患，因此逃到剛命名為「西印度群島」的地方似乎更吸引人。[6]根據估計，有五千名猶太人與數量不相上下的穆斯林，只要一有機會便逃到南美洲與中美洲。這是在哥倫布初次從西班牙前來的幾十年內發生的。[7]

美洲與加勒比海群島上的主要人口是信仰當地宗教的原住民，對於這群宗教與經濟難民來說不會造成立即威脅。他們不認為會有什麼事情，能比猶太與穆斯林社群近來遭遇的宗教迫害與經濟動盪更嚴重。先前提過，就像德・特里阿納一樣，路易斯・德・托雷斯是個猶太人，本名約瑟夫・本・哈・李維・哈弗里（Yosef ben Ha Levy Haivri），曾參與過哥倫布的第一次遠征。他離開西班牙之前的幾天改信基督教，之後留在伊斯帕紐拉島，成為新大陸第一個從猶太改信天主教的人。塞法迪猶太人與穆斯林曾參與埃爾南・科爾特斯（Hernán Cortés）第一次新西班牙的大陸遠征，在一五二一年幫西班牙得到墨西哥。在七年之內，一位名叫賀南多・阿隆索（Hernando Alonso）的商人因為改信猶太教，成為第一個科爾特斯遭處火刑的同伴。[8]

但是，這些猶太教徒與穆斯林是否在建立新舊大陸之間的香料交易上，扮演重要的角色？怪的是，我們知道哥倫布與水手在一四九二年末已擁有辣椒，而哥倫布在一四九三年一月一日初次寫下關於辣椒的紀錄，之後不到五十年，辣椒就從安地列斯群島與美洲傳入非洲、亞洲與歐洲，這過程究竟如何發生的，歷史學家莫衷一是。[9]在一四九二年之後的幾十年內，也沒有紀錄說明猶太或穆斯林商人，運送了辣椒、香草、多香果與可可豆。但，有沒有其他證據呢？

哥倫布從歐洲往西遠征，想尋找盛產黑胡椒的發源地，卻意外發現了辣椒。他會宣稱辣椒可能比「黑胡椒或天堂椒值錢」，應是採信身邊改信基督教的猶太人與穆斯林說法，那些人的家族已在香料交易的歷史上扮演了數個世紀，甚至數千年的重要角色。

辣椒　Chile Peppers

哥倫布初次遠征的目的是尋找東印度，以及黑胡椒等其他香料。他沒能達到目的地，卻無意間發現新大陸，意外找到辣椒。怪的是，五種馴化的辣椒屬植物（*Capsicum*）旋即超越黑胡椒，成為全世界最廣為栽培、可能也是最多人販售的辣味香料。

考古學家確認，哥倫布在伊斯帕紐拉島上找到兩種辣椒是在美洲大陸已馴化的品種。辣椒傳入現在的薩爾瓦多至少已有九百年，更比哥倫布至少早了一個世紀來到伊斯帕紐拉島，來源可能是透過猶加敦半島（Yucatán Peninsula）農民交易，或是南美洲北部海岸的航海者引進。我曾與遺傳學家、考古學家、語言學家和地理學家合作，確認辣椒的來源。我們推測，辣椒（*Capsicum annuum*）最初大約是在五千八百年前到六千五百年前，在墨西哥中部東馬德雷山脈馴化。我的語言學家同事賽西爾．布朗（Cecil Brown）分析，辣椒可能是史前奧托—曼格安語系（Oto-Manguean）的園丁與農人馴化的。那種語言是普埃布拉（Puebla）山區一帶的墨西哥原住民族群所使用。

最早栽培的辣椒並非蔬菜，而是用來搭配玉米等主糧的香料，而玉米至少比辣椒要早一千年馴化。但是把野生辣椒採收、保護與管理，當成乾燥香料、調味品、驅蟲劑與藥品，可能還要提早數百年。辣椒在墨西哥開始馴化之後，就與三腳石缽（molcajete）關係密切。把新鮮或乾燥的辣椒、鹽巴、土荊芥、野生奧勒岡、墨西哥酸漿（tomatillos）與洋蔥放進三腳石缽研磨，便成為莎莎醬的前驅。這香料味道辛辣，富含抗氧化物，若抹到肉上當成醃醬，能防止肉腐壞。

狄亞哥．阿瓦雷茲．尚卡（Diego Álvarez Chanca）是哥倫布第二次遠征新大陸時的隨行醫生，他可能是第一個將辣椒帶回舊大陸的歐洲人，並種植、研究其藥效。但在這之後，把辣椒這種香料帶回歐洲的正式紀錄就很少了，原因或許歐洲人覺得辣椒太辛辣，不適合用在食物中。法蘭德斯醫生與植物學家夏爾．德萊克呂茲（Charles de l'Écluse, 1526-1609）在一五六四年寫道，辣椒的強烈滋味令歐洲人大為驚奇，怕辣椒的「尖銳滋味會灼傷下顎好幾天。」

休達的柏柏爾人與阿拉伯人倒是很快採用辣椒，原因或許是他們已和西非交易天堂椒數個世紀，早已習慣辛辣風味。辣椒種子為什麼能在哥倫布遠征西印度群島後不久，就在一五一四年傳入摩洛哥，過程仍眾說紛紜。但我推測，暗中信奉穆斯林與猶太教的人（例如德．特里阿納），帶著辣椒種子或辣椒莢，逃離斐迪南、伊莎貝拉與哥倫布的暴虐統治。從里斯本與卡迪斯港口，大量的辣椒與種子混在船艙的壓艙物，走私到直布羅陀海峽對岸的休達。一到北非之後，辣椒就能輕鬆沿著阿拉伯與塞法迪猶太人的商路，傳入已經愛用辛辣香料的國家，包括阿爾及利亞、突尼西亞、埃及與敘利亞、葉門與土耳其、波斯與印度。

令人驚訝的是，辣椒早在一五四二年，就傳入印度的馬拉巴爾海岸。我已故的好友珍．安德魯斯（Jean Andrews）提出「辣椒之路」的假說：「這些最早的哥倫布（意即美洲）食物（包括辣椒），由於鄂圖曼帝國的商人接觸到遭驅逐的西班牙摩爾人或是流離失所的西班牙猶太人，於是把辣椒從西班牙帶入土耳其，並把這些食物傳遍整個北非，抵達埃及。」之後，辣椒即可靠著阿拉伯商隊，沿商路傳入印度。

不過，她還是比較喜歡另一種解釋——辣椒來到印度港口，沿著舊大陸的商路進入土耳其，再傳到歐洲絕大部分地區！安德魯斯倒是指出，這兩種推測有個相同元素：「無論是哪一條路，敘利亞的阿勒頗都是關鍵地點。在一六〇〇年，威尼斯在阿勒頗經營了十六個交易站與領事辦公處……歐洲商人很少離開這些沙漠邊緣以外的城市……商隊的範圍由穆斯林商人主導。」

阿勒頗辣椒（Halaby fulful）是舊大陸最早發展出的辣椒品種，最初是在阿勒頗一帶起源。或許是由阿勒頗（Halab）的塞法迪猶太香料商人與地中海岸附近的阿拉伯農人栽培，日曬粗磨的阿勒頗辣椒，今天仍備受大西洋兩岸廚師的讚譽。它的風味被稱為「美味、渾厚，有類似孜然的樸實與甜味」，且有「繁複、緩慢釋放的些微熱感」，接下來會出現「溫暖可口」或「持續散發出清新的酸甜滋味」。

亞洲、非洲與歐洲幾乎所有辣椒的名稱，都源自於過去原有的黑胡椒，或是各種椒類果實（天堂椒、蓽拔、蜀椒等等）。多數皆為同源詞：*pilpili*（斯瓦希里語）、*felfel*（波斯語）、*felfel*（馬爾他語）、*feferon*（克羅埃西亞語）、*biber*（西突厥語）、*berbere*（阿姆哈拉語）和*bghbegh*（亞美尼亞語）。但是在印度次大陸，就不再是這些同源詞了。我認為，這代表辣椒並非從馬拉巴爾海岸傳進土耳其和東歐：*mirch*（印度語）、*marichiphala*（梵語）、*marchum*（古吉拉特語）和*murgh*（普什圖語）。多數歐洲語言是*pimento*與*paprika*的變體，指的是日後栽培出來、味道較甜的蔬菜椒類，可用來製作味道較溫和的辣椒粉。

Andrews, Jean. “Around the World with the Chile Pepper: The Post-Columbian Distribution of Domesticated Capsicums.” *Journal of Gastronomy* 4 (1988): 21– 35.

——. “Towards Solving the ‘Anatolian’ Mystery: Diffusion of the Mesoamerican Food Complex to Southeastern Europe.” *Geographical Review* 83 (1993): 194– 204.

——. *The Pepper Trail: History and Recipes from Around the World.* Denton: University of North Texas Press, 1999.

Kraft, Kraig H., Cecil H. Brown, Gary Paul Nabhan, Eike Luedeling, José Luna Ruiz, Robert J.

Hijmans, and Paul Gepts. "Multiple Lines of Evidence for the Origin of Domesticated Chili Pepper, *Capsicum annuum*, in Mexico." Proceedings of the National Academy of Science (U.S.). Forthcoming.

Perry, Linda, et al. "Starch Fossils and the Domestication and Dispersal of Chili Peppers (*Capsicum* spp. L.) in the Americas." *Science* 315 (2007): 986–88.

Wright, Clifford A. "The Medieval Spice Trade and the Diffusion of the Chile." *Gastronomica* 7 (2007): 35–43.

哥倫布回到西班牙時，有些猶太人、阿拉伯人與柏柏爾人仍留在新大陸，建立殖民地，日後吸引了相同種族或信仰的人。雖然他們無疑是美洲的早期移民，但並不能保證他們重新架構香料交易或過去在歐洲、非洲與亞洲從事的類似行業。在香料貿易歷史上，鮮少有人提及這個問題：這些暗中信奉猶太教或伊斯蘭的人，會不會是把辣椒、巧克力與其他香料帶回舊大陸、並予以傳播的關鍵角色？若非如此，何以他們在墨西哥宗教審判時，會被扣上「巧克力與辣椒之罪」的大帽子？[10]

新西班牙的天主教神職人員指控，早期墨西哥與新墨西哥的猶太人在基督教齋戒日飲用「會使人醉」的巧克力飲料，又在基督十字架上掛著乾辣椒做成的花環。乍看之下，這種指控莫名其妙。但那些醜聞並不表示猶太與阿拉伯裔的移民，掌握了這些貨品的貿易。這只表示，他們使用辣椒與巧克力的方式，引起西班牙語系的天主教體制好奇，以及憤怒。要更深刻回答這個問題，得先確定猶太人、摩爾人與阿拉伯人的角色，而且不能僅探討他們在墨西哥與現今美國西南部的角色，連加勒比海與中南美洲都要納入討論範圍。我們也必須記得，早在西班牙與葡萄牙人抵達美洲之前的好幾個世紀，阿茲特克、托爾特克、馬雅與印加帝國，皆各自發展出料理帝國主義、稅務與進貢型態。阿茲特克人更是由其社會上的波其德卡（pochteca）商人，負責長途運送香料與其他芳香植物。顯然，移民到美洲的歐洲香料商人並非進入長途香料貿易的「處女地」；他們只是幫這些新熱帶植物（neotropical）產品開闢新市場，而那些產品早已有成熟的採收與加工方式（包括發酵）分布到產地之外，並經常消費。

確切地說，貿易網絡開始轉移。這時巡迴各地的商人，或擅長跨大陸香料貿易的猶太、摩爾與阿拉伯人家族後裔，悄悄隨著西班牙與葡萄牙船隻，進入新大陸。他們來到主要香料產地附近的港口，有些人開始扮演起商人的角色。塞法迪猶太人在一五七〇年代來到猶加敦半島、一六三〇年來到蘇利南，而阿什肯納茲猶太人（Ashkenazi Jews）可能早在一六五二年加入他們的行列。如今加勒比海地區尚在使用的最古老猶太會堂，是一六五一年成立於古拉索（Curaçao，位於加勒比海南部，為荷蘭海外領地）。我在機緣下，來到猶加敦半島的梅里達（Mérida），探索猶太與摩爾人（Mudejar）的影響。這裡既是墨西哥，又演臨加勒比海。早在一五七五年墨西哥宗教審判時，梅里達的摩爾式天主教教堂司鐸克里斯多波·德·米蘭達（Cristóbal de Miranda）就被指稱是猶太教徒。其他米蘭達的猶太人同夥，早已掌控把奴隸從猶加敦半島賣到西班牙的交易，引發梅里達經濟狀況不那麼好的天主教徒譴責（或說嫉妒）。也是在這麼早的時候，許多來自安達魯西亞的移民被指控仍在維持穆斯林信仰，以及飲食（或不吃某些飲食）的儀式。在一五七〇年代，猶加敦半島主教迭戈·德·蘭達·卡爾德隆（Diego de Landa Calderón）就因為宗教因素，下令對四千五百名男女施以酷刑，並對其他六千三百名有嫌疑的人施以鞭刑、罰款或公開羞辱。這些遭受懲罰的人許多都有猶太或穆斯林血統。這位主教也曾強迫馬雅人改信基督教，毀滅了他們數個世紀的法典。

我初次造訪梅里達時，德·米蘭達主教已去世四百三十年，不確定這城市一帶還有多少阿拉伯或猶太人留下的影響。我首先是注意的是猶加敦半島的自然美景，而不是探索過去跨文化衝突的陰影。

女兒蘿拉與我看著紅鶴在我們眼前飛奔，把墨西哥灣附近的古港口猶卡佩藤（Yucalpetén）回水處當成棲息處。二十哩外的梅里達，是一五四二年西班牙殖民的貿易中心，也是猶加敦州的首府。猶卡佩藤這座港口和熱帶墨西哥與加勒比海的諸多港口一樣，幾個世紀以來都見得到

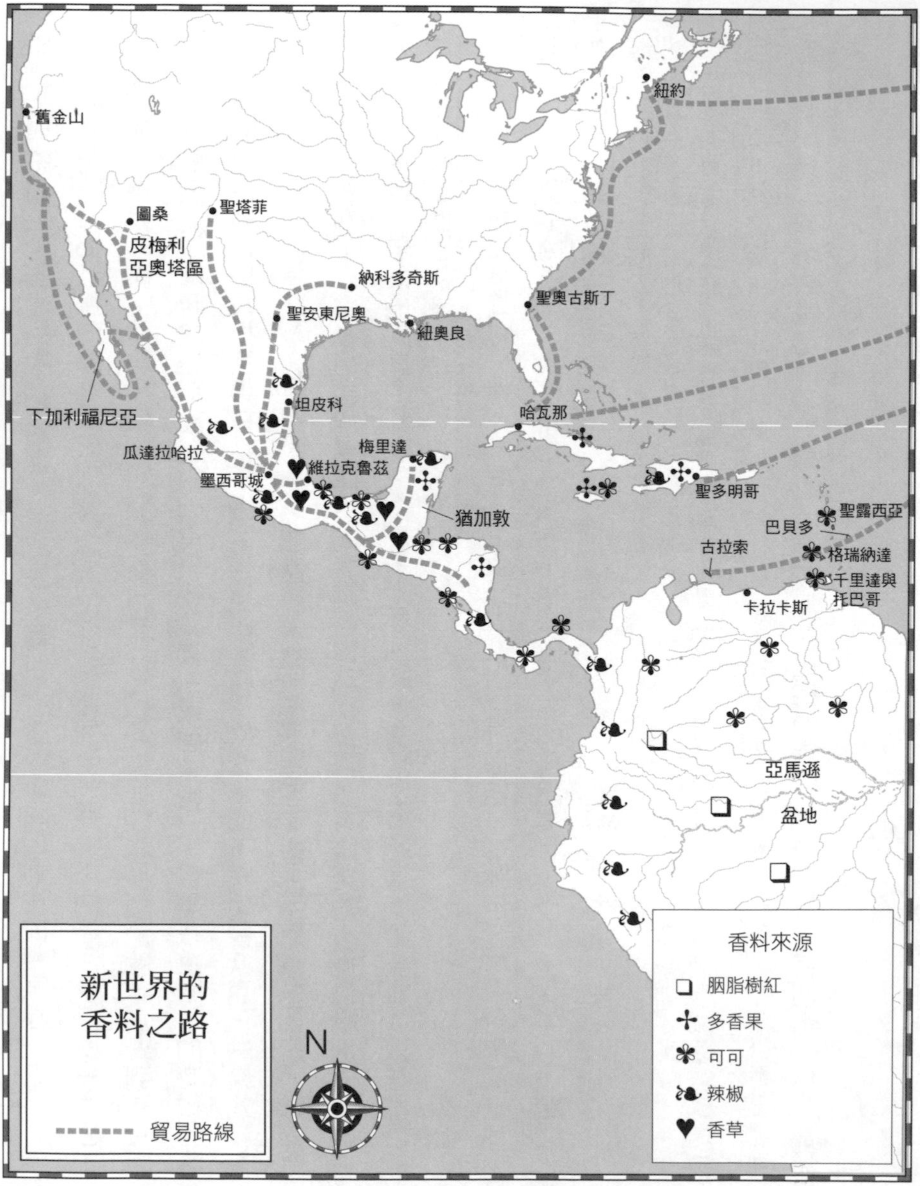
新世界的
香料之路
貿易路線
N
香料來源
胭脂樹紅
多香果
可可
辣椒
香草
舊金山
紐約
圖桑
聖塔菲
皮梅利
亞奧塔區
納科多奇斯
聖奧古斯丁
聖安東尼奧
紐奧良
下加利福尼亞
坦皮科
哈瓦那
瓜達拉哈拉
梅里達
維拉克魯茲
墨西哥城
聖多明哥
猶加敦
聖露西亞
巴貝多
古拉索
格瑞納達
千里達與
托巴哥
卡拉卡斯
亞馬遜
盆地

地圖四：新世界的香料之路

西班牙大帆船的蹤影，直到觀光業的利潤超過香料貿易，情況才改觀。我們前往普羅格雷索（Progreso），一處距離猶卡佩藤六公里的現代海灘小鎮。我們划獨木舟，逛逛附近的紅樹林潟湖，途中不斷遭到蚊子大軍攻擊，還得聞著臭氣熏天的鹹水與有硫磺味的爛泥。周圍是古老的曬鹽場遺跡，馬雅人過去便是以日曬的方式取得鹽巴，這重要礦物就像地質作用產生的香料。我似乎早已料到這裡的情況：極為潮溼，我分不出空氣中的細雨和浸濕我衣服的汗水。天氣十分悶熱，直到深紫色的雲釋放出雷雨，周圍的溫度才降到可忍受的程度。

我們搭巴士回到梅里達，市中心的房子呼應著摩爾人的傳統建築。[11] 我們造訪巨大的市場，馬雅小販在攤子上色彩繽紛的販賣香料與各式蔬果。他們也帶來本地的調味品，例如土荊芥、黃燈籠辣椒（habanero chile）、胭脂樹紅、巧克力與香草，還有外來的肉桂、丁香、孜然與萊姆汁。成堆的繁複香料混合物與醬料是莫雷醬與雷卡多醬，是將東西方的植物混合製作，裝在本地火雞湯的鍋子裡。

蘿拉和我順著蜿蜒的街道，來到阿拉米達大街（Alameda），這裡的馬雅攤販販售包著羊肉與蔬菜的捲餅，稱為「吉貝」（quibbe）。餐車周圍瀰漫著木柴、羊脂、烤洋蔥、肉桂、孜然與多香果的香氣。我問一個人什麼是吉貝，他說是猶加敦馬雅人常吃的東西。蘿拉與我彼此會心一笑，知道這東西和中東的淵源長達數百年。我們繼續走過幾個街區，來到賽克夫咖啡（Café Siqueff），這間餐廳是二十世紀的黎巴嫩移民開設的。餐廳的菜單看得出馬雅的影響，因為老闆豪賀・賽克夫・菲貝爾（Jorge Siqueff Febels）的家族除了黎巴嫩人，還有馬雅人。

在豪賀先生的菜單上，吉貝拼成「kibi」，肉派（fatayer）則拼成西班牙語化的*eftoyer*，而優格則恢復成古阿拉伯的名稱。賽克夫家族的招牌菜是墨西哥煎蛋早餐（huevos motuleños），最初是由莫圖爾（Motul）的「對手咖啡館」（Café La Sin Rival）發明。當初會製作這道早餐，是一九二四年，猶加敦州長菲利浦・卡瑞尤・普埃托（Felipe Carrillo Puerto）在去世前不久想「來點不同的」早餐。我看看原料：雞蛋、黑豆、火腿、捲餅、香蕉、豆子、乳酪與細香蔥。和我過去吃的菜色一樣，這是跨大陸的食材綜合而成，有時候也稱為是黎巴嫩馬雅料理。

我曾以為，猶加敦曾是西班牙殖民地，文化觀念會偏向帝國主義殖民者。但來到梅里達之後，就發現這假設不盡正確。許多在十六、十七世紀從伊比利半島前來此地的人，並不想強化西班牙帝國的勢力，反而唯恐避之不及。他們逃出西班牙帝國的勢力，飽受當時宗教審判嚴重威脅，只得孑然一身，遠走他鄉，前去德・特里阿納瞥見的新世界等地。而新來到美洲的島嶼或大陸之後，這些人會重操舊業，靠著家族在過去幾個世紀以來擅長的工作養家活口，例如買賣香料。

但首先，這些商人必須離開伊比利半島，逃往他鄉。所幸在宗教審判期間，要找一條出路也不太難，因為有同情心的基督教徒形成地下網絡，協助穆斯林與猶太人逃離半島。若某個西班牙主要港口有船隻前往加納利群島，大家都知道「無論誰想要買票前往西印度群島，都可以親自前往聖胡安與聖史蒂凡（San Juan y la de Santestevan）港口，在橋的盡頭尋找前往圖德拉

（Tudela）的路，之後到街上問神職人員法蘭西斯卡．布拉瓦（Francisca Brava）或尼可拉．羅薩達（Nicolás Losada），他們會賣你前往西印度群島的票。」[12]

到了十六世紀末，光是安達魯西亞合法從西班牙移民到美洲的人，就超過一萬九千名，還有些人帶著在加納利群島等地捏造的假名與證件悄悄抵達。[13]當然，安達魯西亞原本就是伊比利半島多數地下穆斯林與猶太教徒的居住之處。這些移民不僅有勞工，還包括許多有技能、受過教育的專業人員：醫師、律師、公證人、藥師、鞋匠、鐵匠、會計、販奴者及香料商人。

胭脂樹紅 Annatto, Achiote

胭脂樹紅種子周圍的果漿有豔紅的色素，滋味嚐起來芬芳樸實，而種子莢是多刺、豔紅色的心型。胭脂樹（*Bixa orellana*）是一種廣為分布的熱帶樹叢或小樹，種子莢成簇生長在寬大的指狀葉子上方。胭脂樹的種子有兩個名稱，其中*annatto*是源自於加勒比海的原住民語言，而*achiote*則是來自猶他—阿茲特克語系（Uto-Aztecan），後者又自納瓦特語（Nahuatl）的*achiotl*一詞衍生而來。胭脂樹據信源自於南美低地，可能在早期栽培者的協助下，往北分布到猶加敦半島與西印度群島。

胭脂樹種子是世界上最廣為使用的食用色素，泡水會釋出橘黃色與豔紅色色素，比番紅花、薑黃與辣椒粉更常用。猶加敦的居民還懂得把種子與調味料一起研磨，製成胭脂樹醬。拉丁美洲居民很常以胭脂樹油（manteca de achiote）烹飪，這是將胭脂樹紅種子與油或豬油一起加熱，讓油變成漂亮的橘紅色，之後再把種子撇除。

我第一次看見栽培的胭脂樹，是在厄瓜多亞馬遜流域。居民會在門口的院子種植胭脂樹，吉瓦洛（Jivaro）、查奇拉（Tsáchila）等部落，仍以胭脂樹種子製成的鮮豔染料來染髮，因此這些部落的名字暱稱為「科羅拉多」（Colorado），意思是「染成紅色」。阿茲特克人會把胭脂樹種子加入濃郁、有糖漿的巧克力飲品中，讓飲料更好喝。如今在加勒比海地區（尤其是牙買加），居民以胭脂樹子幫鱈魚餅增加風味與色彩。

早期移民到猶加敦半島的西班牙人、柏柏爾人、阿拉伯人與猶太人，會用橘黃色的胭脂樹代替薑黃與番紅花製作雷卡多醬。這種醃醬與醬料通常是將胭脂樹子及其他美味的辛香料，泡在醋、酸橙或萊姆汁裡。這種綜合醬汁是受到新移民的料理傳統影響，最後演變出的醬汁與抹醬，使得烤豬肉（cochi-nita pibil）與雞肉派（múkbil pollo）更繽紛。我在猶加敦半島所造訪的馬雅人村莊裡，胭脂樹朱紅、粉紅與綠色的輪廓，將家家戶戶的走道點綴得美不勝收，不僅能觀賞，還能端上桌。

最早把胭脂樹種子傳到舊大陸的，應該是曾協助殖民墨西哥、暗中信仰猶太教的香料商，因為胭脂樹傳入舊大陸的軌跡，和過去塞法迪猶太人及阿拉伯化的柏柏爾人所掌控的商路相同。馬丁尼克的商人顯然將胭脂樹子（annatto）傳入葡萄牙、法國與荷蘭殖民地，再傳入歐洲、非洲與亞洲，可能導致在舊大陸上，從*achiote*借來的同源詞，反而不如*annatto*和*bija*的同源詞常見。後二者皆衍生於加勒比海語族。*Urucul*是原住民對胭脂樹的另一種稱呼，起源可能是亞馬遜盆地，而古拉索的胭脂樹子油*ruku*，很可能就是源自*Urucul*。胭脂樹子油常與藍古拉索利口酒混合，調出飲品與醃醬。

今天，胭脂樹在整個熱帶都有分布，距離原生地很遠之處也見得到蹤影，例如中國、越南、印度和菲律賓。胭脂樹原本主要用途為染髮劑、壯陽藥與消化用藥，如今最常見的用途則是染料，應用到口紅、乳酪、太陽眼鏡、紅洋裝、披肩，甚至口香糖等琳琅滿目的產品中。

Green, Aliza. *Field Guide to Herbs and Spices.* Philadelphia: Quirk Books, 2006.

Hill, Tony. *The Contemporary Encyclopedia of Herbs and Spices.* Hoboken, NJ: John Wiley and Sons, 2004.

Katzer, Gernot. “Gernot Katzer’s Spice Pages.” http://gernot-katzers-spice- pages.com/engl/index.html. Accessed May 4, 2013.

許多安達魯西亞人先去葡萄牙或加納利群島，之後才到西印度群島。有些人之後設法抵達大小安地列斯群島、巴哈馬群島，最後抵達美洲大陸（其中由墨西哥進入美洲的人最多）。早早前往新大陸的猶太人與穆斯林人數甚多，證據在於西班牙政府設法阻礙時，已經太遲，也徒勞無功。一開始，西班牙官員建立了整套法律與規範，不讓穆斯林與猶太人進入美洲。葡萄牙也跟著制定許多反閃米人的法律與規範。即使葡萄牙在一四九二年七月之後的八個月，設立了上千處猶太庇護所，供逃出西班牙的猶太人使用，後來卻取消猶太人在伊比利半島或美洲殖民地合法生活與工作的權利，但為時已晚。這些新移民來到加勒比海地區或美洲大陸之後，無疑注意到新家園有香料、香草與其他芳香產品。他們最有興趣的，是多香果、胭脂樹、五種品種與諸多栽培種的辣椒、巧克力、多種奧勒岡、柯巴脂（copal）薰香，以及香草。

不出意料，這些香料多半循著猶太人與穆斯林流離到新世界的原路，送往世界各地。這些香料與其他物質，通常會經過墨西哥的維拉克魯茲與梅里達港、牙買加的西班牙鎮與羅亞爾港（Port Royal）、古巴的哈瓦那，以及小安地列斯群島、巴貝多、開雲、古拉索與馬丁尼克島上的港口，轉售到其他地方。大批名義上成為新基督教徒的地下猶太教與穆斯林，在逃離卡迪斯、赫雷斯（Jerez）、帕洛斯德拉夫龍特拉與里斯本後，就前往上述那些港口。[14] 一旦他們把乾燥的植物送到美洲或加勒比海港口，未必會把所有物品當成貨物來申報，反而當成船的壓艙物藏起。之後，這些東西被送到歐洲之前，先抵達加納利群島。這些東西很可能在港口輕鬆且幸運地卸下，塞進前往摩洛哥的船隻，並未送到西班牙。

他們不久就看出哪些植物可進入歐亞非，循著祖先使用過的相同商路前進。之後，他們會在地中海南邊沿岸，設法讓整套的新世界香料跨越海洋，進入那些道路。那麼，運送紀錄呢？得了吧，哪有走私者會留下紀錄呢？

一五二〇年，天主教會發現猶太與穆斯林移民如今不僅恢復信仰，還在新家園做起大生意。於是教會指派道明會教士佩德羅．德．科爾多巴（Pedro de Córdoba）成為西印度群島的第一任宗教審判者，墨西哥當然也落入他的掌管。他在一五二五年去世之後，就沒有新的宗教審判者被提名，只是接下來五十年，墨西哥主教通常掌有宗教審判權。到了一五三九年，西班牙政府收到殖民地代表的報告，開始提防起新基督教徒，並頒布命令，明文禁止「穆斯林或猶太子孫轉而前往西印度群島（包括墨西哥）」。區區四年，這些策略顯然沒能阻止剛轉信基督教的猶太與穆斯林前進新西班牙，於是查理五世（Charles V，神聖羅馬帝國的皇帝，一五一六—一五五六年在位的西班牙國王）下令驅逐這些人，尤其是住在美洲、原本是穆斯林的基督教徒。後來在一五七一年，佩德羅．莫亞．德．康特拉斯（Pedro Moya de Contreras）銜命成為新西班牙的第一任宗教審判者，著手調查已在維拉克魯茲與卡迪斯之間的港口做生意的知名商人。

多香果（牙買加胡椒） Allspice, Jamaica Pepper

多香果樹（*Pimenta dioica*）的棕色果實宛如種子一樣小（常稱為漿果），會散發出濃郁的香氣。一放進口中，會感受到強烈尖銳的味道，接下來會嚐到肉桂、丁香與肉蔻的調性——這令人陶醉的組合，令美國人認為是南瓜派的香料。多香果類似丁香的香氣與滋味，是果實精油內所包含的丁香酚、甲基丁香酚（methyl eugenol）與β丁香烯（beta-caryophyllene）化合物。雖然多香果常磨成香料粉使用，但在加勒比海的產地，其樹木的葉子與木材也一樣有用。多香果葉的丁香味不那麼濃，可用在醃醬或包在肉裡，而從樹上修剪下來的木材可當傳統烤肉燃料，會散發出迷人香氣。

在墨西哥猶加敦半島的馬雅低地，多香果、辣椒與香草常加在巧克力飲料中。我有機會喝到馬雅人加了多香果（但不含糖）的巧克力飲品時，很訝異這兩種滋味多麼合拍，或許比巧克力和香草還搭。

哥倫布在第二次前往西印度群島時，首度記下關於多香果的記載，但一直到十七世紀才在歐洲普遍。顯然避居於牙買加西班牙鎮與羅亞爾港的塞法迪猶太人，把多香果送到住在君士坦丁堡、威尼斯、熱內亞、阿姆斯特丹與倫敦等舊世界港口的猶太商人手上。多香果傳入倫敦後，英國人稱之為「新香料」（newspice），並成為舊世界中的多香果愛用者，不僅用在醃蔬菜，也用來幫燉菜調味。由於商業生產的大量多香果是從牙買加出口的，因此多香果到了新的區域之後，也稱為牙買加胡椒。其實，多香果在其他西印度群島也有種植，包括古巴與巴貝多。

多香果的天然生長範圍延伸到墨西哥的猶加敦半島海岸、貝里斯、瓜地馬拉，並往南進入中南美洲。我曾看過茂密的多香果樹長到五、六公尺高。我在猶加敦嚐到的多香果果實，滋味和牙買加果實大不相同，但風味絕不遜色。在墨西哥熱帶與乾燥副熱帶地區，多香果被稱為*pimiento gorda*或*pimienta de Tabasco*，而墨西哥也是多香果的交易大國。*Pimienta de Tabasco*名字可能是塔巴斯科椒（Tabasco pepper）的來源。後來在南北戰爭時，這個詞由南軍引進美國，卻把它誤用來指一種特殊的辣椒。

在牙買加辣醬（jerk paste）與抹在肉上的醬料中，多香果是主要原料，與黑胡椒、辣椒、肉桂、大蒜、檸檬汁與醋很對味。阿拉伯語系的摩里斯科、墨西哥與加勒比海的猶太改信者，似乎都曾參與多香果的貿易，它成為舊世界商路上的一種「椒」。事實上，多數語言族群在引介多香果時，都把多香果稱為椒（*piment*、*piperi*、*pjerets*、*pepe*、*Pfeffer*），在阿拉伯文稱之為甜辣椒（*filfil infranji halu*）、中文與廣東話稱為「甘椒」。阿爾及利亞的柏柏爾人稱之為「墨西哥椒」（*fulful mexik*），暗示它可能在早期是透過墨西哥出口到安達魯西亞與摩洛哥，之後進入馬格里布。保加利亞與喬治亞人把它當作另一種土耳其或阿拉伯引進的香料（bahar），適合加入巴哈拉特與拉斯哈諾等綜合香料中。

孟加拉與印度廚師把多香果當成抹在中式烤串的食材。烤串原本是透過絲路，與中國西部的穆斯林交流時傳入的，我黎巴嫩的堂兄弟也用多香果塗抹或醃製各種烤肉串（kebab、kibbe與kefta）。其實在中東許多地方，來自新大陸的多香果已完全融入地方料理，很容易讓人誤以為那是本土的東西。如今，多香果也出現在世界各地的番茄醬、滷肉汁、醃菜、蘭姆調酒與香料蛋糕中。

Gambrelle, Fabienne. *The Flavor of Spices.* Paris: Flammarion, 2008.

Green, Aliza. *Field Guide to Herbs and Spices.* Philadelphia: Quirk Books, 2006.

Hill, Tony. *The Contemporary Encyclopedia of Herbs and Spices.* Hoboken, NJ: John Wiley and Sons, 2004.

Katzer, Gernot. “Gernot Katzer’s Spice Pages.” http://gernot-katzers-spice-pages.com/engl/index.html. Accessed May 4, 2013.

Sortun, Ana, with Nicole Chaison. *Spice: Flavors of the Eastern Mediterranean.* New York: Regan Books, 2006.

到了那時，宗教審判者恐怕只能碰運氣，才能在美洲發現有哪個猶太人或穆斯林，敢明目張膽執行信仰儀式，更何況鄰居也不肯合作、驅逐他們。簡言之，他們多已融入新西班牙社會，在其中擔任商人、銀行家、醫生或是社群領導者。我們無法確知到底有多少穆斯林或猶太後裔，但在一四九二年之後的兩個世紀，至少有三分之一移民到猶加敦半島的「西班牙人」，是來自安達魯西亞的家庭。[15]塞法迪猶太人與說莫札拉布語的穆斯林（Mozarabic Muslim，這種語言是在穆斯林統治的伊比利半島上所發展的羅曼方言，主要使用者為受阿拉伯文化影響的基督教徒「莫札拉布」，以及皈依伊斯蘭的本土居民。）廣為分布在加勒比海與美洲，有些人已重新投入香料、香草與其他調味品的貿易。我猜想，他們不僅扮演樞紐角色，把辣椒、巧克力與香草運送到大西洋另一邊，與過去就有的商路結合，更讓住在美洲的歐洲人處理與買賣香料，而不是光讓這些香料由原住民掌控。只是這假設仍需要驗證。

十五、六世紀的歷史記載鮮少提及新大陸上祕密信仰猶太教與伊斯蘭的商人，究竟過著怎麼樣的生活，僅有少數例外。例如有個名叫泰瑞莎・阿吉雷拉・羅西夫人（Doña Teresa Aguilera y Roche）的猶太人，據說喜歡享樂，曾面臨宗教審判。[16]我們得知，一群被認為改信天主教的猶太人，在一五三〇年曾住在牙買加最初被命名為聖地牙哥・德拉維加（Santiago de la Vega）的港口，後來這裡又改稱為西班牙鎮。等這些商人搬到附近的羅亞爾港，他們的社群不僅欣欣向榮，且顯然又恢復信仰猶太教。他們出口牙買加的優質多香果果實，還把辣椒、可可、胭脂蟲紅

圖二十：可可樹在十七世紀末，成功移植到西印度群島。這張一九〇九年的圖片，說明可可豆莢的處理方式。（圖片來源：紐約公共圖書館，熊博格黑人文化研究中心大眾研究與參考部）

（cochineal）與香草從墨西哥送出。[17]他們和祖先一樣，成為能操多種語言的商人，只不過他們是在耶路撒冷舊城阿塔林香料市集西邊的六千八百哩，從事來回貿易。

香草和巧克力一樣，需求在原產地之外逐漸增加。到了一六五五年，牙買加猶太人已壟斷運送到歐洲的香草，也招募其他猶太人，收購加勒比海與其他南美洲東北海岸等地的巧克力或香草。到一六五八年，兩名改信基督教的猶太人約許亞・努內茲・內多（Josua Nuñez Netto）與約瑟夫・佩雷拉（Joseph Pereira）定居位於今天圭亞那的荷蘭農場殖民地波默倫（Pomeroon）。其他地下猶太教徒鼓勵他們在那裡定居，他們已學會波默倫河流域的部落的阿拉瓦克（Arawak）方言，發現如何從蘭花中萃取香草。其中一名會說阿拉瓦克語的猶太人索羅門・德拉羅許（Salomon de la Roche）觀看阿拉瓦克工人的做法，從中精通整套傳統的萃取方式，並與工人合作找出新方式，讓整個製程更現代化，提高收益。

其他能操多種語言的猶太人，開始幫德拉羅許的香草送出開雲港（Cayenne，位於今法屬圭亞那）與馬丁尼克，之後送到牙買加，再賣給阿姆斯特丹、漢堡、波爾多與巴約訥（Bayonne）的猶太商人與甜點商人。但德拉羅許生產出口的香草比例太高，因此他在一六八三年去世之後，香草貿易幾乎停擺。幸好，他有學徒繼承衣缽。

大約同時，另一名猶太人班雅明・達科斯塔・德・安德烈德（Benjamin d'Acosta de Andrade）在可可貿易上扮演同樣的關鍵角色。[18]過了一個半世紀，另一名猶太可可商人納桑・辛普森（Nathan Simpson）每三個月，固定從古拉索運送十五萬磅的巧克力。辛普森能操流利的荷語、希伯來語、葡萄牙語和意第緒語，在十五個月的期間就讓香料進出古拉索二十三次。[19]雖然許多猶太商人精通美洲生產的香料貿易，但有些人也買賣負責採收可可或香草的奴隸。這些商人的行徑殘忍，導致遭奴役的非洲人反抗，殺害蓄奴者。

新大陸的貿易商是多語言的銀行家與海上商人，因此在大西洋西邊的牙買加、巴貝多、聖湯瑪斯、維拉克魯茲、梅里達與古拉索地區，所有香料、調味品、顏料與蔗糖的流動都由他們統整。他們進一步與熱內亞、威尼斯、阿姆斯特丹、倫敦、君士坦丁堡，以及馬拉巴爾海岸的印度港口猶太人合作。科欽與其他馬拉巴爾港口的猶太人會接手這些貨物，送往東方。

香草 Vanilla

和多數商業蘭園不同，香莢蘭（*Vanilla planifolia*）園子散發出的香氣是淡淡的。不過，在狹長種子莢中的香草精及油亮的黑色種子，滋味卻相當濃郁，足以媲美番紅花，而香氣遠比小荳蔻繁複。發酵過的香草滋味甜美、有煙燻味、類似焦糖，雖然它味道重，且很神奇，只要在汽水中加一滴，就足以讓這飲料被稱為「香草口味」，提高販售價格。

香草是種熱帶藤蔓，早在前哥倫布時代的中部美洲就有記載其經濟價值，而在史前的墨西哥，香草莢是一種貨幣。西班牙征服者埃爾南·科爾特斯親眼看過阿茲特克的統治者要求托托納克人（Totonac）以香草莢繳稅——托托納克人是在墨西哥維拉克魯茲海岸一帶主要的香草莢採收者。香草藤蔓向來分布在墨西哥東部、瓜地馬拉、貝里茲、宏都拉斯與哥斯大黎加的潮濕熱帶森林，但這些地方在過去三個世紀森林遭到砍伐，林地日漸破碎與耗竭，野生香莢蘭甚至被列入瀕危物種。保育人士也擔憂，當地的野生蘭花蜂（Euglossa viridissima）是幫香莢蘭授粉的最大功臣，如今面臨生態危機，保育人士也相當擔憂。

率先管理與採收香莢蘭，並把乾燥豆莢當成高價值的料理與醫藥產品的，是墨西哥東部原住民，而不是中美洲原住民。托托納克人似乎最早把香莢蘭帶出雨林、處理豆莢，稱之為*xa'nat*。後來，香草由波奇泰卡（pochteca）這些長途商人賣給外地的阿茲特克人，因為商人看見納瓦特語系的特諾奇提特蘭（Tenochitlán）上流社會，在晚餐後品飲香草（tlilxochitl）和巧克力（kakaw）結合的飲料。

香草在菲利浦二世（Philip II）在位期間傳入西班牙，才有vanilla這個名稱，意指香莢蘭的細長豆莢（vainas）。舊世界最早關於香草的紀錄，稱之為黑花蘭。香草在一六五一年一份藥草自然史中出現，那是卡斯提爾宮廷醫生法蘭西斯柯．赫南德斯（Francisco Hernández）被派到西班牙，記錄當地植物，後來在他去世之後許久，才由其他人撰寫與出版。在赫南德斯造訪後的八十年，一位葡萄牙的猶太移民來到今天圭亞那的波默倫河盆地，向說阿拉瓦克語的原住民學習香草採收、萃取與乾燥的傳統技法，並著手把這過程現代化，提升利潤與品質。乾燥的香草莢之後被送到大西洋彼岸。幾十年來，促成這項跨洲交易的，部分是由墨西哥城、維拉克魯茲港、牙買加羅亞爾港的地下猶太教徒。他們與避居歐亞非主要貿易港口的塞法迪猶太難民取得聯繫。到了十八世紀末，香草與可可已定期從墨西哥與牙買加，送到舊大陸的烘焙甜點業者手上。

由於香草價值高、棲地特定、數量稀少，無怪乎園藝學家不久之後即設法在舊大陸栽培。雖然活體植物曾從非洲中部送回歐洲的花園與溫室，卻沒能立刻開花結果。一直到一八

○六至○七年，香草藤終於在英國人查爾斯．葛蘭威爾（Charles Grenville）的溫室開花，插枝被送到各地溫室，其中多數位於南歐。不過，最後送到留尼旺島的少數插枝，永遠改寫了香草的生產軌跡。一八四一年，在費黑羅．貝利耶—波蒙（Féréol Bellier-Beaumont）莊園，一位名叫艾德蒙．阿比厄斯（Edmond Albius）的奴隸，首度以快速可行的方式為香莢蘭人工交叉授粉，不需要靠蘭花蜂幫助香草莢生殖與完全發育。到了一八九八年，留尼旺群島、附近馬達加斯加島與科摩羅群島（Comoros Islands）所生產的香草莢，已遠超過墨西哥的產量。今天在大溪地還有獨特的香草園。雖然墨西哥仍持續生產香草，但香莢蘭園多半是義大利移民照顧，而不是當地的托托納克人。在原產地採收的香草，如今在全球市場上得與其他熱帶國家的純香草精，以及諸多模仿香草口味的調味品競爭。

Gambrelle, Fabienne. The Flavor of Spices. Paris: Flammarion, 2008.

Ecott, Tim. *Vanilla: Travels in Search of the Ice Cream Orchid.* New York: Grove Press, 2004.

Hill, Tony. *The Contemporary Encyclopedia of Herbs and Spices.* Hoboken, NJ: John Wiley and Sons, 2004.

Rain, Patricia. *Vanilla: The Cultural History of the World's Favorite Flavor and Fragrance.* New York: J. P. Tarcher, 2004.

不過，並非所有貨物都光明正大地運送。塞法迪猶太人的口傳歷史中暗示，許多物品藏在從美洲返航的船隻壓艙物中，進入西葡港口。一旦「官方」的物品卸下、多數船員解散之後，剩下的水手若與猶太或穆斯林商人有聯繫，就會把這些偷偷帶來的物品，走私到直布羅陀海峽對岸的摩洛哥。[20]我們知道，辣椒在一五一四年回到休達港，只比哥倫布的醫生親自帶回西班牙晚了十年。到了一五四二年，美洲辣椒的猶太供應商可能靠著塞法迪猶太人的商路，以及阿拉伯駱駝商隊，讓貨物一路延伸到果亞。當然，那時候辣椒也已透葡萄牙人之手送到印度。

舊大陸的香料也會反向而行。不久之後，牙買加與墨西哥的猶太人和穆斯林，也開始需要大西洋彼岸的黑胡椒、芫荽、大茴香、丁香、肉桂與芝麻等物品。加勒比與泰諾（Taino）原住民有時會把這些香料，和辣椒與多香果混合，抹在魚類、禽肉或野味上，之後放在剛砍下的木棍架子上煙燻，而這種木棍稱為科亞（coa）。後來牛肉、豬肉與羊肉傳進這個地區之後，也會以類似的方式烹調，於是巴巴科亞（barbacoa）這個詞就傳遍美洲，指醃製過的肉與魚在戶外用柴火炭烤。[21]

當今世上，新舊大陸的香料搭配得最對味的，大概就是莫雷醬。莫雷醬發源於墨西哥的普埃布拉（Puebla）與瓦哈卡一帶，最知名的應屬普埃布拉莫雷醬（mole poblano），但瓦哈卡也有七種毫不遜色的莫雷醬。有些食物歷史學家推測，莫雷醬源自於阿茲特克，只是沒有歷史證據能支持這項說法。[22]

巧克力 Chocolate

網路上有人玩笑道，巧克力是一位名叫卡克拉提（al-Khakolati）的阿拉伯穆斯林學者發現的。實際上，可可樹（*Theobroma cacao*）原生於美洲。多數野生的可可屬植物（*Theobroma*）可能都在南美洲的熱帶低地演化，只有可可樹往北擴張，生長範圍從亞馬遜盆地跨越中美洲，直抵墨西哥。有些植物學家認為，可可樹是自行抵達墨西哥東部與猶加敦半島的鄰近區域，有些人則說是透過文化傳播，與南美洲的品種是各自馴化的。

我的植物學家好友查爾斯・米克西齊克（Charles Miksicek）在貝里斯的奎略（Cuello）遺址，找到中部美洲最早的可可樹遺跡，估計至少有兩千九百年。可可樹製成的物品亦可追溯到西元前三一〇〇年位於宏都拉斯的考古植物學遺跡。

在史前時代的南美洲，這種富含可可鹼的漿果會被製成新鮮、有果味的飲料，或經過發酵，使之略帶酒精味。南美洲人最初選擇栽培的是含有果漿的品種，但中部美洲則是挑選種子較強的來栽培。在巴拿馬，可可漿仍用在發酵酒精飲料與醋，哥倫比亞人也是如此。描繪可可豆莢的祕魯陶罐，初步判定有兩千五百年之久。可可種子並未用來製作含咖啡因的飲料，原因可能是其他可做成飲料的南美洲植物含有更多咖啡因，例如巴拉圭冬青（yerba maté，瑪黛茶原料）、瓜拉納（guaraná）與優果（yoco，和瓜拉納為同屬植物）。

相對地，中部美洲人很重視史前四種可可品種中含有的咖啡因與可可鹼，都很受到重視。說納瓦特語的墨西哥部落使用其中三種豆莢較大的當作貨幣。在歐洲與非洲人抵達墨西哥之後，兩種可可基因庫開始雜交，於是栽培種擁有過去的野生種與半栽培種所缺乏的特質，果漿與種子皆可食。然而，中部美洲原住民構思出繁複的方式將可可種子發酵，從中萃取巧克力，深深影響今天可可的加工過程。

可可這種植物與產品最古老的名稱是Kakaw，顯然是源自古老的米克西—佐克（Mixe-Zoque）語言，如今在墨西哥的恰帕斯州（Chiapas）、瓦哈卡州（Oaxaca）、塔巴斯科州（Tabasco）與維拉克魯茲州仍使用這種語言。之後，Kakaw就融入許多語言，包括馬雅語族的諸多語言。Choko-atl是相當麻煩的納瓦特語彙，在十六世紀之前是找不到這個字的紀錄，在前哥倫布時代的中部美洲或許根本無人使用。沒有人確知巧克力何時成為肉類醬料的主要原料，並演化成莫雷醬。前文提過，莫雷醬是源自於這舊大陸的特殊做法與原料。

值得注意的是，近年的研究確認新墨西哥州查科峽谷的波尼托村（Pueblo Bonito）安納沙西遺址（Anasazi），在西元九〇〇到一三〇〇年之間的鼎盛時期曾是貿易中心，那時的人經常以馬雅風格的柱狀容器，盛裝巧克力飲料來喝。這個地方位於巧克力的自然棲地的北邊數千哩，表示巧克力可能在西元一〇〇〇到一一二五年間傳入美國西南部的料理，比當地使用馴化的辣椒（一四五〇年後）還早得多。

猶太人移居到墨西哥與中南美洲之後，便馬上明白巧克力的藥用與食用價值，甚至具有迷幻藥的效果。到了十七世紀，墨西哥與牙買加的猶太商人主要把可可送至阿姆斯特丹、倫敦與里斯本的其他猶太香料商人。墨西哥與牙買加猶太商人，也在巧克力加工的現代化與多元化扮演重要的角色。班雅明・達科斯塔・德・安德烈德就是個提出創新之舉的猶太人，他在葡萄牙出生，率先於十七世紀中期在小安地列斯群島的馬丁尼克興建巧克力加工廠。後來，在十八世紀的最後幾十年，亞倫・羅培茲（Aaron Lopez）與李維・索羅門斯（Levy Solomons）等美國猶太人（兩人都住在美國東北部），開發出巧克力加工方式，並與歐洲最成功的甜點商人做買賣，其中不乏在荷蘭最早投入製作巧克力的行家。

Crown, Patricia L., and W. Jeffrey Hurst. “Evidence of Cacao Use in the Prehispanic American Southwest.” Proceedings of the National Academy of Sciences 2009: www.pnas.org_cgi_doi_10.1073_pnas.0812817106.

Grivetti, Louis E., and Howard Yana-Shapiro. *Chocolate: History, Culture, and Heritage.* New York: Wiley & Sons, 2009.

MacNeil, Cameron L., ed. *Chocolate in Mesoamerica: A Cultural History of Cacao.* Gainesville: University of Florida Press, 2006.

Minnis, Paul E., and Michael E. Whalen. "The First Prehispanic Chile (Capsicum) from the U.S. Southwest/Northwest Mexico and Its Changing Use." *American Antiquity* 75 (2009): 245–58.

但是「莫雷醬」（mole）這個詞是源自於古納瓦特語的molli，阿茲特克與其他種族的人會以這個字，指用小研缽研磨的乾燥香料，或是壓碎新鮮辣椒與香草而製成的醬料。這種三腳石缽（molcajete，源自於納瓦特語的mulcazitl一詞）在今天墨西哥仍很常見，歷史可追溯回至少五千五百年前，從德州邊境延伸到普埃布拉州的東馬德雷山脈。普埃布拉與瓦哈卡的莫雷醬與酪梨醬長久以來，皆是以壓碎的香料、香草或水果製作，而猶加敦半島則以類似方式製作其他莫雷醬與雷卡多醬。猶加敦的醬料與醃醬中通常有一種原料，可看出與安達魯斯和北非的拉斯哈諾、巴哈拉特綜合香料有淵源：運用柑橘類的果汁（通常是萊姆或苦橙），「煮熟」使用了香料的肉類、魚或家禽。

除了辣椒，傳統莫雷醬的主要原料主要是舊大陸的香草與香料：杏仁、大茴香、月桂葉、肉桂、丁香、芫荽、孜然、大蒜、墨角蘭、洋蔥、胡椒、葡萄乾、百里香、芝麻與胡桃。當然，莫雷醬也會使用好些新大陸的香料，包括多香果、酪梨葉、巧克力、土荊芥、墨西哥胡椒葉（hoja santa）、花生、核桃、南瓜子，但不與舊大陸香料放在同一鍋。[23] 蘇菲與麥克・寇（Sophie and

Michael Coe）、瑞克・貝雷斯（Rick Bayless）等許多墨西哥飲食歷史學家說，辣椒、巧克力或南瓜子通常在任何莫雷醬中都是最明顯的風味，但在舊大陸綜合香料中只是額外增加的東西，畢竟舊大陸的香料融合歷史已超過兩千年，包括孜然、芫荽、黑胡椒、肉桂、大蒜、丁香與芝麻。

我開始有系統地把墨西哥的莫雷醬與雷卡多醬，和更古老的北非與中東拉斯哈諾與其他巴哈拉特式的香料加以比較之後，立刻注意到有些共同的關鍵元素。首先，兩者都有一種材料，讓整道菜呈現漂亮的顏色與滋味。在舊大陸的綜合香料中，通常是薑黃或番紅花，新大陸則可能是巧克力、辣椒、胭脂樹子或南瓜子。第二，通常都有油脂基體。舊大陸會使用芝麻、杏仁、胡桃、開心果或橄欖油，新世界則使用花生、巧克力或南瓜子。第三，會有一種辛辣刺激的巔峰滋味，可能來自黑胡椒、花椒、天堂椒、薑或辣椒。這些東西都以香草或香料的溫暖滋味為底韻，例如多香果、中國肉桂、丁香、錫蘭肉桂、芫荽、土荊芥與奧勒岡，讓整體混合物能和諧。最後，受到哥倫布大交換的影響，這些中美洲的「香料綜合物」的滋味，幾乎有舊大陸的洋蔥、大蒜、細香蔥或紅蔥頭的味道不斷湧出。總而言之，這些食物都標示著料理帝國主義以及美食全球化的重要元素，滋味隱含著血淚與創傷。

香料雞與綠南瓜子醬 Pollo en Mole Verde de Pepita

把這道料理與三二五頁的摩洛哥杏仁醬香料雞加以比較，便能看出複雜的摩洛哥、安達魯西亞與墨西哥醬料一脈相承。墨西哥知名飲食作家黛安娜·甘迺迪（Diana Kennedy）提醒過我們，在西班牙人抵達之前，各個馬雅群體都會採收南瓜子，再與辣椒、番茄和香料混合，當作火雞肉燉菜的調味料。不過，在普埃布拉與米卻肯州（Michoacán）的南瓜子莫雷醬（mole pipián），或是瓦哈卡的綠莫雷醬（verde de pepita），都呼應柏柏爾人的香料混合方式。如果把杏仁取代南瓜子，雞肉取代火雞或鴨肉，就會做出很類似費茲或馬拉喀什的塔吉鍋或大砂鍋燉菜。比起真正的南瓜種子，我更喜歡綠條紋中國南瓜的白種子。人們種植中國南瓜時，除了食用扎實的黃色果肉，也吃有肉感的種子。

若想製作配菜時，不妨把豆煮玉米和新鮮的嫩萊豆、紅椒丁、珍珠洋蔥、夏南瓜丁（例如飛碟瓜[pattypan]或櫛瓜）一起快炒，也可以加入剛摘下的玉米粒。四到六人份。

材料：

去骨雞腿／六支（約九百公克），切成五公分大小

白洋蔥／一大個，略切

大蒜／五小瓣，切丁，加上五個完整丁香
月桂葉／二片
乾燥的墨西哥奧勒岡或百里香／一小匙
海鹽
雞高湯／四杯
南瓜子／一杯半
塞拉諾辣椒（serrano）或墨西哥辣椒（jalapeño）／四根，略切
墨西哥酸漿（tomatillo）／十個，去皮洗淨，切成四分之一個
新鮮胡椒葉或酪梨葉／八片，略切或撕開
新鮮研磨孜然籽／三大匙
完整丁香／四個，研磨
多香果／四粒，研磨
黑胡椒／六粒，研磨
新鮮土荊芥／四枝含葉子，切碎
新鮮扁葉洋香菜／一小束，切碎
熱水／一杯

馬薩粉／六大匙

豬油或葵花油／二大匙

在大鍋中加入雞塊、一半分量的洋蔥、蒜末、月桂葉、奧勒岡、一撮鹽與雞高湯。以中火煨煮，將雞肉徹底煮熟變軟（大約十分鐘）。

以漏勺把肉塊撈到盤中，靜置一旁。用細網濾過高湯，把熬湯的料丟掉，保留高湯即可。應該有三杯半的量。

接下來烤南瓜子。以中火加熱乾的大炒菜鍋，再把南瓜子放進來烤。要時常翻動，以免烤焦，直到顏色變成金黃色，傳出種子的爆開聲（大約五分鐘）。把南瓜子放在紙巾上冷卻。保留半杯種子來裝飾。

在攪拌機或食物調理機中，加入剩下一杯的南瓜子、剩下的洋蔥、辣椒、墨西哥酸漿、整瓣大蒜、墨西哥胡椒葉、孜然、丁香、多香果、胡椒、土荊芥與洋香菜。把熱水與馬薩粉（masa harina，亦即玉米餅粉）放進碗中攪拌，使之呈現均勻糊狀，之後把它加入高湯中。加入一杯半高湯到攪拌機，打成均勻的粥狀。

在大炒鍋中，以中火加入酥油。把南瓜子糊倒入燉煮，持續攪拌，使之濃稠（大約十分鐘）。加入兩杯高湯攪拌燉煮，使之再度濃稠（大約二十分鐘）。

把糊倒回攪拌機，稍微冷卻之後再打勻一些。接下來倒回鍋中，加入雞肉塊，以鹽調味。在中火上煮滾，調整熱度，以小火煨煮，讓雞肉塊均勻沾到醬料，大約五至十分鐘。

以漏勺把雞肉塊放到盤子裡，把醬料舀到肉上。撒上剩下的南瓜子，即可食用。

Bayless, Rick, with Deann Groen Bayless and Jean Marie Brownson. *Rick Bayless's Mexican Kitchen: Capturing the Vibrant Flavors of a World-Class Cuisine.* New York: Scribner, 1996, p. 276 and pp. 316–17.

Kennedy, Diana. *The Art of Mexican Cooking.* New York: Bantam Books, 1989, pp. 226–27.

——. *The Cuisines of Mexico.* New York: Harper & Row, 1982, pp. 204–6.

*

某年夏天，我有機會來到墨西哥的「全國莫雷醬節」（Feria Nacional de Mole），親眼一睹廚師們自製醬料與啤酒。節慶地點是位於墨西哥城山上的聖佩德羅阿托克班（San Pedro Atócpan），一處說納瓦特語的村莊。露天廣場周圍的玉米田，可看見玉米和莧屬正綻放花朵，田野邊緣則有巨大的仙人掌與龍舌蘭，排列在石造露台的牆上。老婦人從一排排龍舌蘭之間蜿蜒而下，收集龍舌蘭蜜（aguamiel），正如新英格蘭人收集楓樹汁液做成楓糖漿。我跟著她們回農舍，製作龍舌蘭蜜，到市集上販售。但她們做的不是裝在瓶中的糖漿，而是發酵飲料普逵酒（pulque），並以香料或水果調味。

我幫婦人們把盆子與桶子搬到市集廣場。我們抵達時，棚子與帳篷剛搭好，而裝著普埃布拉莫雷醬、酪梨莫雷醬與五花八門醬料的燉鍋，剛在柴火上擺好。一旁的燉菜則有紫色的紅花菜豆，與土荊芥和孜然調味後，一同放在柴火上煮。這些濃稠美味的醬料裡經常還加了雞肉，也有古老品種的火雞肉，浸泡在芬芳濃郁的香草與香料調味料中。

我拿著小筆記本到處逛，想記下各式各樣的莫雷醬原料及混合順序。我訪談到墨西哥南部最棒的幾個家庭廚師，她們的先生會給我裝了普逵酒的陶杯，脫帽和我打招呼，請我喝酒。

黏而溫和的自釀酒杯杯下肚後，我醉意漸濃，吃力記錄著各式各樣的香料與辣椒。但列表越來越長，越來越難讀。我低頭看已沾了莫雷醬的筆記本，發現已模糊難辨。我索性放棄研究，好好在這裡多待兩個小時，繼續吃點莫雷醬，再吃豆子配捲餅，平衡方才被辣味灼傷的味蕾。

傍晚時分，我站在唯一一鍋尚未品嚐的普埃布拉莫雷醬前。我明白，莫雷醬的歷史根本無法寫，只能透過口鼻唇舌來感受。我已不在乎莫雷醬最早的製作紀錄出現在十七世紀，那是普埃布拉聖羅莎修女院（Santa Rosa）為了迎接主教，或某個達官貴人前來這城市時製作的。

我也不再煩惱莫雷醬究竟是安德莉雅修女（Sister Andrea）或帕斯庫雅神父（Brother Pascua）發明的。那時，他們的戶外廚房碰上暴風雨，二廚在一團混亂中不慎把所有的香料灑進打開的卡茲維拉濃湯（cazuela，我倒是記得 cazuela 一詞是來自於阿拉伯的 qasūla）。[24] 這些當地傳說一時間似乎都不足採信，也完全不重要。重要的是，每一鍋莫雷醬的香料能否對我說些什麼，可不可以暗示它過去從哪些地方與文化衍生而來。

我在向晚斜陽下瞇起眼，普逵酒餘威猶存，這時我嚐了最後滿滿一匙莫雷醬。它輕輕訴說一連串的地名與香料：牙買加的多香果、敘利亞的大茴香、普埃布拉與瓦哈卡的辣椒、墨西哥低地與巴西的巧克力、摩鹿加群島的丁香、斯里蘭卡的肉桂、埃及與蘇丹的芫荽、中國的蔥、巴西亞馬遜的花生，還有印度的芝麻。[25]

很久很久以前，某些遭到驅逐的穆斯林與猶太商人，把世上所有的風味與芳香幾乎全帶到墨西哥高地，之後又在這裡碰上其他風味與芳香，讓他們的香料藏寶箱臻至完善。阿茲特克人的後代非常喜歡他們聞到的與品嚐到的東西，乾脆開始自己動手製作。

後記

料理帝國主義與其他選擇

乍看之下，今天香料貿易的政治生態，與過去四千年來的其他時代大相逕庭。我在寫這本書時，南歐經濟陷入衰退，美國也不算太好，倒是中國似乎正在崛起，再度躍身為全球經濟強權。北非與中東部分國家在經過阿拉伯之春後，正苦苦等待下一個「季節」到來。雖然中東展現了精準的商業眼光與財富，但無論是以色列或哪個阿拉伯國家，都無法和當年的猶太與穆斯林社群一樣，成為世界貿易的推手。全首首富卡洛斯．史林．埃盧（Carlos Slim Haddad Helú，墨西哥電信大亨）是黎巴嫩後裔，但出生在墨西哥，顯然不是腓尼基或卡里米行會成員的直系後裔。

即使公海上海盜再度橫行，但各大陸之間的香料進出口仍多仰賴船運，或藉由鐵路、公路跨大陸運輸。從戈壁到撒哈拉沙漠，雖然仍可偶見駱駝在沙漠公路的邊緣巡遊，但牠們已經很少運送香料，只有在偏遠的採收地，以及把貨物送上卡車前的沙漠綠洲，能見到牠們的蹤影。如今，載運貨物的交通工具，皆可透過全球定位系統來追蹤動態，在電腦上呈現出位置。如果有任何潛在問題，導致原本預定的送貨時間可能延遲，都會透過電子郵件或簡訊立刻傳達。如果船、火車或卡車遭到自殺炸彈客鎖定，要無辜的當代香料商人陪葬，那麼世上六十到上百個國家、五、六種信仰的人民，也會立刻得知災難發生。

但無論身處於世上的哪個角落、虔誠信仰某宗教或沒有任何信仰，無論是積極從商，或深陷在街友庇護所，我們只要醒著，幾乎時時刻刻呼吸著全球化與料理帝國主義的氣息。這氣息的軌跡在我們周圍，且在工業革命之前已發展——早在四千年前，某個沙漠洞穴在燃燒薰香時即已展開。雖然駱駝商隊已不再運送孜然，阿拉伯帆船也不再載運丁香、肉豆蔻皮與肉豆蔻仁，我們依然受惠於美食全球化的影響，當然也無從逃脫。這個過程最初是靠著邁因人、納巴泰人、阿拉伯人、猶太人、腓尼基人、波斯人等騎乘駱駝，或是站在帆船甲板上的民族推動的。

本書宛如一條蜿蜒曲折的漫漫長路，帶領我們回到全球化的根源。諸如曼恩與費南德茲—阿梅斯托等優秀學者，皆曾提出我們今天所知的全球化、資本化社會是在何時發軔，但全球化早在他們主張的年代前三千年已經生根。那樣的世界不是在一四九二年左右「開始」的，而生態帝國主義的過程也並非在克羅斯比筆下知名的「哥倫布大交換」才展開。如果這趟曲折無常的旅程列出什麼時間順序，那就是這亦正亦邪、今天稱為「全球化」的過程，在地理大發現的好幾個世紀，甚至好幾千年便已浮現。那些歷史上記載的知名航海英雄哥倫布與達伽馬，只是借用塞法迪猶太人與阿拉伯穆斯林在數個世紀前累積的資產。

許多和全球化有關的社會經濟過程及生物文化行為，是經過住在沙漠的閃族文化親身嘗試才得來。他們在古早以前，最先嘗試「香料交易」。當然，其他文化也對全球化過程有重要貢獻，舉凡希臘人、羅馬人、埃及柏柏爾人、中國人、粟特人、波斯人、威尼斯人、突厥人、衣索比亞人、亞美尼亞人、葡萄牙人、荷蘭人與馬雅人都包括在內。曼恩、克羅斯比與費南德茲—阿梅斯托認為的「新起點」，只是多了兩個大陸香料的香料貿易，讓美食革命得以延伸，且運用的也是過去在其他大陸已採用的文化、經濟與生態過程。沒錯，諸如辣椒、巧克力、香草與多香果等嶄新香料被送進倉庫，而歐洲與非洲的作物和野草進入了美洲之後，也使得美洲的整體環境改變。但類似的環境與飲食衝擊過去也曾發生過，正如貿易商人在有意無意間，在其他文化、料理與生物群落留下痕跡。

史前羊肉香料奶酪飯　Prehistoric Mansaf

在本書即將告一段落之際，很適合回歸到最古老的食譜。這份食譜是在美索不達米亞地區的泥板上，以阿卡德語的楔形文字寫成，至今已有三千七百年的歷史。這份食譜提醒我們，時代再怎麼「進步」，然而從蒙古到墨西哥北部，仍找得到燉羊肉的蹤影。以下是從一份泥板上的紀錄加以調整的食譜，可能是貝都因的羊肉奶酪飯（mansaf）先驅，如今在約旦和巴勒斯坦人的廚房仍很普遍。*mansaf*這個阿拉伯詞，意味「滋味的爆發」。我的朋友塞席爾・胡朗尼（Cecil Hourani）說得好：「羊肉奶酪飯是約旦的國民料理，代表貝都因與鄉村料理的融合，這正是傳統約旦廚房的特色。」

考古學家尚恩・伯特霍（Jean Bottéro）是這些古老的料理在中東料理傳統找出文化脈絡的先驅。更近期的學者蘿拉・凱利（Laura Kelley）從語言學觀點抽絲剝繭，辨識出其中的植物食材。這份食譜可看出，在阿拉伯商人初次離開半島、前往小亞細亞的年代，人們已能純熟將肉類、蔬菜、堅果、發酵乳製品及香料整合起來。特別的是，這食譜用了脫水去脂的羊乳優格，是放在羊皮內發酵，之後加水還原成優格醬（jamīd makhīd）。醬料以巴哈拉特調味，這種綜合香料含有孜然、薑黃、肉桂與番紅花，而每個家庭還會自行加入其他香料。這道菜通常會加上切過的新鮮青菜。如今，這道料理會放在麵包、飯、布格小麥或庫斯庫斯上來吃。想在美國都會的環境重做這道菜或許不容易，因為小羊血和放在羊皮的脫水優格並不容易找。不過，在美國要找羊肉並不困難，採買食材也像一趟有趣的探險。

可搭配冰涼的亞力酒，酒裡面加點水與冰的新鮮無花果。六到八人份。

材料：

帶骨小羊肉／約一千一百公克，切成五公分肉塊

帶骨小羊腿肉／九百公克（或是小羊肉，去骨，除去多餘油脂，切成五公分的骰子肉塊，骨頭保留）

水／二千八百毫升，另外再多準備一、二杯水

羊提取脂肪／一杯（或是液體奶油）

珠蔥／兩根，去皮，不切

大蒜／一球，去皮，不切

粗磨杜蘭小麥粉／一杯

脫水羊奶優格／兩杯（或希臘優格三杯）

新鮮研磨孜然／一小匙

薑黃粉或番紅花絲／一小匙（可混合）

新鮮肉桂粉／一小匙

海鹽／一小匙

羊血／半杯（或一大匙玉米粉或一又四分之三小匙葛粉，與半杯冷水混合）

歐防風、蓮藕、蕪菁或紅蘿蔔／二、三根，去皮切塊

水田芥／一把，切好

新鮮大茴香或茴香葉／一把，切末

松子／一杯，烤過

扁麵包／六片（例如口袋麵包、黎巴嫩馬庫克[marquq]或薩吉[saj]烤餅）

做法：

把羊肉與小羊肉塊放進大鍋子，加入羊骨，再倒入二千八百毫升的水。以大火煮滾，撈去表面浮沫。加入羊脂，以小火燉煮。把珠蔥與大蒜放在乳酪濾布上，將角落收起，以廚房繩子緊緊捆著。再把這捆蔥與杜蘭小麥麵粉放入鍋中，攪拌均勻，讓麵粉融化。以小火煨煮，偶爾攪拌，使湯濃稠（約二十分鐘）。

同時，若使用脫水優格，在炒鍋中把優格與剩下兩杯水以小火加熱，攪拌，直到優格變鬆，稍微融合。離火靜置。如使用希臘優格，則把優格舀入碗中，再加一杯水攪拌均勻。

要製作巴哈拉特綜合香料，則把孜然、薑黃、肉桂與鹽拌勻，靜置一旁。

羊骨去除。把羊血或玉米粉、泡發的優格、歐防風與綜合香料加入肉中，拌勻，以小火煨煮，偶爾攪拌，直到肉變軟，整體湯料濃稠（約一小時）。把乳酪濾布包的蔥束撈起丟棄。

吃的時候，把燉菜放到深盤或淺碗中，撒上水田芥、大茴香葉與松子。扁麵包讓大家自行取用。

Bottéro, Jean. *The Oldest Cuisine in the World: Cooking in Mesopotamia.* Chicago: University of Chicago Press, 2004.

Hourani, Cecil. *Jordan: The Land and the Table.* London: Elliot & Thompson, 2006, p. 77.

Kelley, Laura. "Some Mesopotamian Ingredients Revealed." *Silk Road Gourmet,* March 16, 2010. www.silkroadgourmet.com/some-mesopotamian-ingredients-revealed.

*

貿易擴張的時候總有贏家，也有輸家。數個世紀以來，贏家都是閃語系的阿拉伯人、猶太人、腓尼基人、納巴泰人與邁因人；這些文化管控香料交易時，扮演不成比例的重要角色。世界上出現過六千八百種語言編碼的文化世界觀，為什麼只有少數能推動世界香料交易？或者說，為什麼猶太教、基督教與伊斯蘭這三種一神信仰，在文化、生態與飲食帝國主義上，扮演如此重要的角色？我對這些重大的問題沒有答案，那肯定要花很長的時間與心思才能解答。但我倒是深信，這三種一神教，以及從這些意識形態中所浮現的現代經濟結構，彼此差異並不那麼大，時至今日依然如此。

有趣的是，愛冒險的沙漠民族最先主動玩起全球賭局，把香料從人口稀疏、有植栽的偏荒之地，送進繁華富有的都市。他們訴說故事，把輕盈薰香、乾燥香草、磨成粉的香料與麝香的價值放大、為這些東西編出神話，或許是因為他們沒有其他資源可仰賴。在此同時，他們也不再受到地方的羈絆。他們不再仰賴祖先居住的特定環境中所包含的神聖性，或國族主權與根深柢固的信仰所包含的道德。這並不表示他們沒有懷鄉之情。他們仍想去造訪耶路撒冷、伯利恆、麥加或麥地那。不過他們的認同與對於聖地的感受，不會局限於所居住的某個地點。

如今在氣候變遷的影響下，有越來越高比例的人變成沙漠居民，而地緣政治的衝突也使更多人流離失所。但人自古以來，總是忽視歷史的教訓，堅信未來的遊戲規則會改變，認為舊有規範不適用於新的常態。然而，過去幾個世紀的香料交易仍有值得追溯的意義，我們越想假裝擺脫過去，就越將深陷於曾主宰過去人類的生態與社會後果。

關於全球化好處與負面後果的辯論，無疑從古早以前的某些族群就已展開。這些社群奮力應付來自其他地方的大量貨品，以及這些貨物對當地經濟與生態造成的威脅。這些進口貨物，以及為了取得這些貨物時的討價還價，就像惡魔交易，會威脅某文化與地方獨有的特色。

若將已故的大詩人海約翰（John Hay, 1838-1905，曾任美國國務卿）的名言加以詮釋，人類浩瀚的歷史可如此總結：我們把某個地方變得和其他地方一樣。以料理為例，結合了各地特色的捲餅（wrap），取代了墨西哥薄餅（tortilla）、印度麵餅（chapatti）、中東口袋餅，通常讓某種快餐多多少少和其他一樣。

我的朋友伍迪．塔什（Woody Tasch）是慢錢運動（Slow Money）的創辦人，他提醒道，資本、文化與料理全球化的過程越來越錯綜複雜，且人類在這過程中跨過許多門檻，不僅僅是本書談到的一四九二年前的三千年所發生的事：

> 人類每兩百年左右，就會來到資本與文化的歷史臨界點。在一六〇〇年，阿姆斯特丹有兩個人站在運河上方的橋，構思出合資公司，把資本風險降到最低，並鼓勵人把投資用來探索、征服與出口……在一八〇〇年，在新阿姆斯特丹有兩個人站在牧牛小道的樹下，構思出股票交易。那條小道成了華爾街，兩人創造出無可計量的金融流動，讓資本流動去支持探索、開採與生產……在二〇〇〇年，我們進入了急迫的後工業、後馬爾薩斯的時期，凡事都須重新評估與偵查。我們來到新的臨界點，在持續加速的資本市場上與科技創新中，到處都看得到系統性的非永續訊號……我們必須負責設計出新系統：創造出新的中介型態，使促成開採與消費的商業，變成保存與復原的商業。[1]

塔什與許多人都表示，如今大家都不能袖手旁觀、自暴自棄，認命以為全球化是不可阻擋的過程，任何個人或組織恐怕都無力回天，改變全球化的方向。但只要大家一起努力，仍有許多方式可以力挽狂瀾，一同改變全球化的軌跡。這麼一來，全球化會更具人性，更能回應眾多文化的需求。其中一種方式，是重新思考與創造中介的型態，那正是數千年前的香料商人及與他們志同道合的人做過的事。慢食運動的創辦人佩屈尼說過，我們必須想出更具道德的全球化型態，促成「講求正義的真正商業，幫助小農」[2]、香料與薰香採集者、漁夫與牧人，而不是讓中間的盤商對生產者任意榨取。我們必須以紀律、毅力與道德勇氣，追求這目標；鄭和、澤亞布、葛蕾西亞・納西與伊本・巴圖塔都是典範。我們必須鍥而不捨，緊追目標不放。

我們必須覺醒，聞聞空氣中的薰香——瀰漫在生活周遭、在我們關愛者身邊的香氣。

謝詞

首先感謝我的女兒蘿拉・羅斯（Laura Rose）與妻子蘿莉・孟提（Laurie Monti），她們不僅在我寫作期間陪我實地考察，並跟我分享洞見與觀點。蘿拉・羅斯走訪猶加敦半島時，不僅完成自己關於黎巴嫩與阿拉伯影響的考察，也在梅里達半島引導我，還陪我前往黎巴嫩與埃及。蘿莉陪我到中國西部與海岸、哈薩克、塔吉克、黎巴嫩、阿曼、埃及、義大利與西班牙，尤其注意香料的藥用與食用用途。我敬佩她們對這世界無止境的好奇、卓越的語言能力，在嚴苛的沙漠環境也堅持前行。此外，我的良師益友、亞利桑納州圖森市的安涅絲・賀瑞（Agnese Haury），是近東研究學者，也是人權倡議人士，提供我許多觀察、參考資料、線索與資源，幫助我的書開花結果。我永遠感謝這三位女子，她們的貢獻應該得到最大的肯定。

近東地理學家麥克・波寧（Michael Bonine）不久前與世長辭，但過去三十年來不斷鼓勵我，提供許多知識。我也要感謝華恩・伊斯塔凡・亞賀蘭諾（Juan Estevan Arellano），他是新墨西哥州里奧阿里巴郡的優秀歷史學家與農夫，以淵博的學識涵養，鼓勵我踏上這條路。感謝我長期以來的友人與編輯布雷克・艾德加（Blake Edgar），他從一開始便鼓勵我，給我許多點子，但總是耐心等待，讓我把一條條的線索編織成連貫的故事。世界上找不到其他出版社能像加州大學出版社（University of California Press），幫助我們了解香料的歷史與文化意涵。能成為出版社作家與攝影師社群的一員，實在榮幸。特別感些優秀的編輯朵兒・布朗（Dore Brown）與雪倫・希爾瓦（Sharon Silva）給予精闢見解。

旅途中，不少人陪我實地考察，還在我旅行時提供支援。特別感謝舊金山克利斯坦森基金會的黛安・克利斯坦森（Diane Christensen）與肯・威爾森博士（Dr. Ken Wilson）、愛荷華大學國際寫作計畫（International Writing Program）的克里斯・梅里爾（Chris Merrill）、美國大使館中東文化計畫的卡莉瑪・達伍德・雅克谷（Kareema Daoud Akguc）、羅馬國際生物多樣性研究中心（Bioversity International）主任艾米爾・佛利森博士（Dr. Emile Frison）。我在露天市集與香料生長區，得到許多人的幫助，包括加州大學柏克萊校區的潔絲・華森（Jesse Watson）、阿曼尼茲瓦大學（University of Nizwa）的蘇萊曼・康嘉里博士（Dr. Sulaiman Al-Khanjari）、阿曼蘇丹卡布斯大學（Sultan Qaboos University）的阿里・馬蘇德・蘇比（Ali Masoud Al-Subhi）、種子保留交換會（Seed Savers Exchange）的大衛・卡瓦那羅（David Cavagnaro）、沙漠基金會（Desert Foundation）的大衛・丹尼神父（Father David Denny）、塔吉克沙漠研究中心（Desert Research Institute of Tajikistan）的歐甘納札・阿克納札羅夫（Ogonazar Aknazarov）、康乃爾大學的卡林—

艾里・卡薩姆（Karim-Aly Kassam）、原為加州大學戴維斯校區、現為尼加拉瓜大自然保育協會（The Nature Conservancy）的克雷格・克拉夫（Kraig Kraf）；愛荷華河谷美食雜誌（*Edible Iowa River Valley*）的主廚科特・弗里斯（Kurt Friese）、西比利（Shibley）、諾曼（Norman）與道格拉斯・納卜漢（Douglas Nabhan）、拉斐爾（Rafael）、卡寧（Kanin）與科迪・羅斯頓（Cody Routson）。以下人士的著作對我的影響特別深：我在亞利桑那大學的同事莫哈姆德・哈吉・法拉（Mohamud Haji Farah）、托馬斯・亞坦奇歐（Tomás Atencio）、麥可・克朗德（Michael Krondl）、史坦利・霍德斯（Stanley Hordes）、克里福・萊特（Clifford Wright）、葛諾・凱澤爾（Gernot Katzer）、瑞克・巴雷斯（Rick Bayless）、黛安娜・甘迺迪（Diana Kennedy）、莉莉亞・札亞利（Lilia Zaouali）、查爾斯・佩瑞（Charles Perry）、保羅・布瑞爾（Paul Buell）、吉蘇・賈西亞（Jesus Garcia）、恩里克・拉瑪德里（Enrique Lamadrid）、主廚摩許・貝松（Moshe Basson）、艾比・羅斯納（Abbie Rosner）、主廚安娜・索頓（chef Ana Sortun）、塞席爾・胡朗尼（Cecil Hourani）、珍妮・利普曼・賈可布斯（Janet Liebman Jacobs），以及我的摯友與旅伴、已故的瓊恩・安德魯斯（Jean Andrews）。

這些年來，我有幸獲得以下機構的慷慨贊助：西南研究中心（Southwest Center）的安涅絲・賀瑞獎助金（Agnese Haury Fund）、家樂氏基金會（W. K. Kellogg Foundation）、克利斯坦森基金會、ＣＳ基金會（C S Fund）、國際慢食運動、愛荷華大學國際寫作計畫、美國大使館巴勒斯坦文化與科學交流計畫的相關計畫與常駐研究。十分感謝上述機構的付出與慷慨。

沒有任何香料植物，在本書寫作過程中受傷。

注釋

引言　香料的起源，以及遍布天涯海角的香料貿易

1. Charles C. Mann, “The Dawn of the Homogenocene: Tracing Globaliza-tion Back to Its Roots,” *Orion* magazine 30 (May/June 2011): 16-25.
2. Alfred W. Crosby, *The Columbian Exchange: Biological and Cultural Consequences of 1492* (Westport, CT: Greenwood Press, 1973), and *Ecological Imperialism: The Biological Expansion of Europe, 900-1900* (New York: Cambridge University Press, 1986).
3. Gary Paul Nabhan, *Arab/American: Landscape, Culture, and Cuisines in Two Great Deserts* (Tucson: University of Arizona Press, 2008), 32.
4. Felipe Fernández-Armesto, *1492: The Year Our World Began* (London: Bloomsbury Books, 2009).
5. William J. Bernstein, *A Splendid Exchange: How Trade Shaped The World from Prehistory to Today* (New York: Atlantic Monthly Press, 2008); see pp. 20-21 for copper, pp. 58-59 for spice and incense.
6. Walter W. Skeat, *An Etymological Dictionary of the English Language* (Oxford: Oxford University Press/Clarendon Press, 1946).
7. Adina Hoffman and Peter Cole, *Sacred Trash: The Lost and Found World of the Cairo Geniza* (New York: Nextbook Schocken, 2011).

8. Paul D. Buell and Eugene N. Anderson, eds., A *Soup for the Qan: Chinese Dietary Medicine of the Mongol Era as Seen in Hu Szu-Hui's Yin-Shan Cheng-yao* (London and New York: Kegan Paul International, 2000).
9. Cleofas M. Jaramillo, *New Mexico Tasty Recipes* (Layton, UT: Gibbs Smith, 2008).
10. Stanley Hordes, *To the End of the Earth: A History of the Crypto-Jews of New Mexico* (New York: Columbia University Press, 2005).
11. Darío Fernández-Morera, "The Myth of the Andalusian Paradise," *The Intercollegiate Review* 41, no. 2 (Fall 2006): 23-31.

第一章　來自乾荒之地的芳香

1. Herodotus, in George Rawlinson, *Histories* (London: Wordsworth Classics, 1996), bk. 1, chap. 17.
2. Gary Paul Nabhan, *Desert Terroir: Exploring the Unique Flavors and Sundry Places of the Borderlands* (Austin: University of Texas Press, 2011).
3. Lilia Zaouali, *Medieval Cuisine of the Islamic World: A Concise History with 174 Recipes,* trans. M.B. DeBevoise (Berkeley: University of California Press, 2007), 145.
4. Beta diversity is the rate at which species accumulate as a plant or animal collector moves in a straight line away from any particular point. See Michael L. Rosenzweig, *Species Diversity in Space and Time* (New York: Cambridge University Press, 1995), 33.
5. Anya H. King, "The Musk Trade and the Near East in the Early Medieval Period" (PhD diss., Bloomington: Indiana University, 2007).
6. Patricia Crone, *Mecca Trade and the Rise of Islam* (Princeton, NJ: Princeton University Press, 1987).
7. Francesco di Balduccio Pegolotti, "The Practice of Commerce," trans. from Italian, in *Medieval Trade in the Mediterranean*

World: Illustrative Documents, ed. Robert S. Lopez and Irving W. Raymond (New York: Columbia University Press, 2001), 109-14.

8. Pliny the Elder, *Natural History,* trans. H. Rackham (Cambridge, MA: Harvard University Press/Loeb Classic Library, 1942), vol. 10, bk. 43, p. 64.
9. Mohamud Haji Farah, "Non-Timber Forest Product (NTFP) Extraction in Arid Environments: Land-Use Change, Frankincense Production and the Sustainability of *Boswellia sacra* in Dhofar (Oman)" (PhD diss., University of Arizona, 2008), 45.
10. Ibid., 45-46.
11. Gary Paul Nabhan, *Singing the Turtles to Sea: The Comcaác (Seri) Art and Science of Reptiles* (Berkeley: University of California Press, 2003).
12. William J. Bernstein, *A Splendid Exchange: How Trade Shaped the World from Prehistory to Today* (New York: Atlantic Monthly Press, 2008), 53; and R.P. Evershed, P. F. van Bergen, T.M. Peakman, E.C. Leigh-Firbank, M.C. Horton, D. Edwards, M. Biddle, B. Kjølbye-Biddle, and P.A. Rowley-Conwy, "Archaeological Frankincense," *Nature* 390 (December 18, 1997): 667-68.
13. James P. Mandaville, *Bedouin Ethnobotany: Plant Concepts and Uses in a Desert Pastoral World* (Tucson: University of Arizona Press, 2011).
14. Lamees Abdullah Al Taie, *Al-Azaf: The Omani Cookbook* (Muscat: Oman Bookshop, 1995).
15. Caroline Singer, "The Incense Kingdoms of Yemen: An Outline History of the Southern Arabian Spice Trade," in *Food for the Gods: New Light on the Ancient Incense Trade,* ed. David Peacock and David Williams (Oxford, UK: Oxbow Books, 2007), 20-21; and Bernstein, *A Splendid Exchange,* 62-64.
16. Hilde Gauthier-Pilters and Anne Innis Dagg, *The Camel: Its Evolution, Ecology, Behavior, and Relationship to Man* (Chicago: University of Chicago Press, 1981).

第二章 商隊離開阿拉伯福地

1. Peter Matthiessen, *The Tree Where Man Was Born* (New York: Collins / Picador, 1972).
2. "Land of Frankincense," UNESCO, whc.unesco.org/list/1010/; and "Al Baleed 2009," Lilian and Jan Schreurs, www.home.kpn.nl/~janm_schreurs/ AlBaleed.htm. Both accessed April 21, 2011.
3. George Fadlo Hourani, *Arab Seafaring in the Indian Ocean in Ancient and Early Medieval Times* (Beirut, Lebanon: Khayats, 1963), 6.
4. William J. Bernstein, *A Splendid Exchange: How Trade Shaped the World from Prehistory to Today* (New York: Atlantic Monthly Press, 2008), 26-28.
5. Stelios Michalopoulus, Alireza Naghavi, and Giovanni Prarolo, "Trade and Geography in the Economic Origins of Islam: Theory and Evidence," Working Papers 700, Department of Economics (Bologna, Italy: University of Bolo-gna, 2010), www.feem.it/userfiles/attach/2010631044NDL2010-075.pdf.
6. Hourani, *Arab Seafaring,* 4-5.
7. Paul Shepard, *Nature and Madness* (San Francisco: Sierra Club Books, 1982), 51.
8. Abraham Joshua Heschel, *The Sabbath: Its Meaning for Modern Man* (New York: Farrar, Strauss and Young, 1951), 4 and 16.
9. Patricia Crone, *Mecca Trade and the Rise of Islam* (Princeton, NJ: Prince-ton University Press, 1987).
10. Caroline Singer, "The Incense Kingdoms of Yemen: An Outline History of the South Arabian Spice Trade," in *Food for the Gods: New Light on the Ancient Incense Trade,* ed. David Peacock and David Williams (Oxford, UK: Oxbow Books, 2007), 12-13.
11. Ibid., 11.
12. Vicenzo M. Francaviglia, "Dating the Ancient Dam of Mar'ib (Yemen)," *Journal of Archaeological Science* 27, no. 7 (July 2000): 645-53.

13. Ibid.
14. Albert Hourani, *A History of the Arab Peoples* (Cambridge, MA: Harvard University Press, 2010).
15. John Noble Wilford, "Ruins in Yemeni Desert Mark Route of Frankincense Trade," *New York Times,* January 28, 1997.

第三章　探索沙漠中隱藏的村落

1. Berta Segall, "The Lion-riders from Timna," in *Archaeological Discoveries in Southern Arabia,* ed. Richard LeBaron Bowen and Frank P. Albright (Baltimore: Johns Hopkins Press, 1958), 155-75.
2. John Lloyd Stephens, *Incidents of Travel in Egypt, Arabia, Petræa, and the Holy Land* (New York: Harper and Brothers, 1837), 241.
3. Ezra Marcus, "Early Seafaring and Maritime Activity in the Southern Levant from Prehistory through the Third Millennium BCE," in *Egypt and the Levant: Interrelations from the 4th through the Early 3rd Millennium B.C.E.,* ed. Edwin C.M. van den Brink and Thomas Evan Levy (London: Leicester University Press, 2002), 403-17.
4. Jane Hornblower, *Hieronymus of Cardia* (Oxford: Oxford University Press, 1981).
5. Stanley Mayer Burstein, ed., *Agatharchides of Cnidus on "the Erythraean Sea,"* Hakluyt Publications, 2nd ser. (London: Hakluyt Society, 1989), 172.
6. Ofra Rimon, preface to *The Nabateans in the Negev,* by Renate Rosenthal-Heginbottom et al. (Haifa: Hecht Museum, 2003). Exhibition catalog.
7. Charles Perry, foreword to *Medieval Cuisine of the Islamic World: A Concise History with 174 Recipes,* by Lilia Zaouali, trans. M.B. DeBevoise (Berkeley: University of California Press, 2007), xi.
8. Diodorus Siculus, *Library of History,* bk.2, trans. Charles Henry Oldfather (Cambridge, MA: Harvard University Press, 1935).

9. Walter M. Weiss and Kurt-Michael Westermann, *The Bazaar: Markets and Merchants of the Islamic World* (London: Thames and Hudson, 1998), 27.
10. Herodotus, cited in Andrew Dalby, *Dangerous Tastes: The Story of Spices* (Berkeley: University of California Press, 2002), 113.
11. Nelson Glueck, *Rivers in the Desert: A History of the Negev* (London: Weidenfeld and Nicolson, 1959).
12. Stephens, *Incidents of Travel in Egypt, Arabia, Petræa, and the Holy Land,* 237.
13. Michael Evenari, Leslie Shanan, and Napthali Tadmor, *The Negev: The Challenge of a Desert,* 2nd ed. (Cambridge, MA: Harvard University Press, 1982), 23.
14. Douglas Comer,"Monumental Tether: Why Nomads Built Petra, One of the Greatest Monuments in the World," unpublished manuscript cited in Douglas C. Comer, ed., *Tourism and Archaeological Heritage Management at Petra: Driver to Development or Destruction?* (New York: Springer, 2013).
15. Charles Perry, foreword to *Medieval Cuisine of the Islamic World,* xi.
16. Chris Arsenault, "Glencore: Profiteering from Hunger and Chaos," *Al-Jazeera News,* May 9, 2011, www.aljazeera.com/indepth/features/2011/05/ 20115723149852120.html.
17. Edward Henry Palmer, *The Desert of the Exodus: Journeys on Foot in the Wilderness of the Forty Years' Wanderings* (Cambridge, UK: Cambridge University Press, 1871).
18. Nelson Glueck, *Rivers in the Desert* (London: Weidenfeld and Nicholson, 1959).
19. Berel Aisenstein, "The 'Kahrez,' An Ancient System of Artificial Springs," *Journal of the Association of Engineers and Architects of Palestine* 8, no. 5 (1947).
20. Evenari, Shanan, and Tadmor, *The Negev,* 178.
21. Jack D. Elliot Jr., "The Nabatean Synthesis of Avraham Negev: A Critical Appraisal," in *Retrieving the Past: Essays on*

Archaeological Research and Methodology in Honor of Gus. W. Van Beek,* ed. Joe D. Seger (Winona Lake, IN: Eisenbraums, 1996), 47-60.

22. Charles Perry, foreword to *Medieval Cuisine of the Islamic World,* x.
23. William J. Bernstein, *A Splendid Exchange: How Trade Shaped the World* (New York: Atlantic Monthly Press, 2008), 62.
24. Jack Turner, *Spice: The History of a Temptation* (New York: Vintage, 2004), 58-67.
25. Ibid., 79-80.
26. Brent Landau, *Revelation of the Magi: The Lost Tale of the Wise Men's Journey to Bethlehem* (New York: HarperOne, 2010), 118-19.

第四章　阿曼：文明的搖籃

1. Aruna Shaji, "Seafaring and Trade in Omani History: The Call of the Sea," *Oman Observer,* February 17, 2002.
2. Gary Paul Nabhan, *Arab/American: Landscape, Culture, and Cuisine in Two Great Deserts* (Tucson: University of Arizona Press, 2009).
3. Vincenzo M. Francaviglia, "Dating the Ancient Dam of Ma'rib (Yemen)," *Journal of Archaeological Science* 27, no. 7 (July 2000): 645-53.
4. Albert Hourani, *A History of the Arab Peoples* (Cambridge, MA: Harvard University Press, 2010).
5. Shaji, "Seafaring and Trade in Omani History."
6. H.D. Miller, "The Pleasures of Consumption: The Birth of Medieval Islamic Cuisine," in *Food: The History of Taste,* ed. Paul Freedman (Berkeley: University of California Press, 2007), 136.
7. John Larner, *Marco Polo and the Discovery of the World* (New Haven, CT: Yale University Press, 1999).

8. George Fadlo Hourani, *Arab Seafaring in the Indian Ocean in Ancient and Early Medieval Times* (Beirut, Lebanon: Khayats, 1963), 16.

第五章　麥加，以及穆斯林與猶太商人的遷徙

1. Adam Davidson, "Company's Takeover of U.S. Ports Raises Security Concerns, National Public Radio, February 14, 2006, www.npr.org/templates/story/ story.php?storyId=5205334.
2. Daniel Peterson, *Muhammad: Prophet of God* (Grand Rapids, MI: Wm.B. Eerdmans Publishing, 2007), 15.
3. Hugh Kennedy, *The Great Arab Conquests: How the Spread of Islam Changed the World We Live In* (Philadelphia: Da Capo Press, 2007), 43-44.
4. Peterson, *Muhammad: Prophet of God,* 16.
5. Ibid.
6. James P. Mandaville, *Bedouin Ethnobotany: Plant Concepts and Uses in a Desert Pastoral World* (Tucson: University of Arizona Press, 2011).
7. Patricia Crone, *Meccan Trade and the Rise of Islam* (Princeton, NJ: Princeton University Press, 1987).
8. George Fadlo Hourani, *Arab Seafaring in the Indian Ocean in Ancient and Early Medieval Times* (Beirut, Lebanon: Khayats, 1963), 53.
9. Peterson, *Muhammad: Prophet of God,* 17.
10. Lilia Zaouali, *Medieval Cuisine of the Islamic World: A Concise History with 174 Recipes,* trans. M.B. DeBevoise (Berkeley: University of California Press, 2009).
11. Peterson, *Muhammad: Prophet of God,* 43.

12. Ibid., 44.
13. Michael Hamilton Morgan, *Lost History: The Enduring Legacy of Muslim Scientists, Thinkers, and Artists* (Washington, D.C.: National Geographic Society, 2007), 9.
14. Peterson, *Muhammad: Prophet of God,* 106.
15. Ibid., 93.
16. Ahmad Ghabin, *Hisba, Arts and Crafts in Islam* (Wiesbaden, Germany: Harrassowitz, 2009).
17. W.N. Arafat, "New Light on the Story of the Banu Qurayza and the Jews of Medina," *Journal of the Royal Asiatic Society of Great Britain and Ireland* 15 (1976): 100-107.
18. M.J. Kister, "The Market of the Prophet," *Journal of the Economic and Social History of the Orient* 8 (1965): 272-78; quotation is from p. 273.
19. This poem fragment is my free translation. For a more conventional translation into English, see Karen Armstrong, *Muhammad: A Western Attempt to Understand Islam* (London: Orion Publishing, 1991), 182.
20. Peterson, *Muhammad: Prophet of God,* 108.
21. Stelios Michalopoulos, Alireza Naghari, and Giovanni Prarolo, "Trade and Geography in the Economic Origins of Islam: Theory and Evidence" (draft dated May 22, 2010), 2; http://ssrn.com/abstract=1613303.
22. Peterson, *Muhammad: Prophet of God,* 159-60.
23. Karen Farrell et al., TED Case Studies 5: "Arab Spice Trade and Spread of Islam" (June 1996): 4, www1.american.edu/ted/spice.htm.
24. Natalie Zemon Davis, *Trickster Travels: A Sixteenth-Century Muslim Between Worlds* (New York: Hill and Wang, 2007).
25. Ross E. Dunn, *The Adventures of Ibn Battuta: A Muslim Traveler of the Fourteenth Century* (Berkeley: University of California Press, 2005).

26. Hugh Kennedy, *The Great Arab Conquests: How the Spread of Islam Changed the World We Live In* (Philadelphia: Da Capo Press, 2007), x-xi.
27. S.M. Ghazanfar, “Capitalist Tradition in Early Arab-Islamic Civilization,” History of Economics Society Conference (Exeter, UK: University of Exeter, 2007).
28. Nigel Cliff, *Holy War: How Vasco da Gama's Epic Voyages Turned the Tide in a Centuries-Old Clash of Civilizations* (New York: Harper, 2011).
29. Kennedy, *The Great Arab Conquests,* 217.
30. Marc Eliany, “A Brief Social History of the Jews in Morocco: A Synthesis of Oral and Documented Accounts,” in *Mind and Soul: Jewish Thinking in Morocco,* www.artengine.ca/eliany/html/mindandsoulinjewishmorocco/ historyofjewsinmorocco.html.
31. Kennedy, *The Great Arab Conquests.*
32. Ibn Abd al-Hakam, “The Mohammedan Conquest of Egypt and North Africa,” trans. Charles Cutler Torrey, in *Biblical and Semitic Studies,* vol. 1 (New York: Charles Scribner’s Sons, 1901), 279-330; and Ahmad ibn Yahya al-Baladhuri, *The Origins of the Islamic State* [Kitāb futāh al-Buldān], vol. 1, trans. Phillip Khuri Hitti (London: P.S. King & Son, 1916).

第六章　香料之路與絲路的交會與整併

1. Christopher I. Beckwith, *Empires of the Silk Road: A History of Central Eurasia from the Bronze Age to the Present* (Princeton, NJ: Princeton University Press, 2009).
2. Hugh Kennedy, *The Great Arab Conquests: How the Spread of Islam Changed the World We Live In* (Philadelphia: Da Capo Press, 2007), 63.

3. Kennedy, *The Great Arab Conquests,* 61.
4. Beckwith, *Empires of the Silk Road.*
5. V.V. Bartold, "Tajiks: Historical essay," in Korzhenevsky, N.L., ed., (1925) *Tadzhikistan: sbornik stateĭ* (*Tajikistan:*) Obshchestvo dlia izucheniia Tadzhikistana i iranskikh narodnosteĭ za ego predelami, Tashkent, pp. 113-150, OCLC 21620342, in Russian; republished in a revised version as A.A. Semenov and V.V. Bartold (1944) *Material'nye pamiatniki iranskoĭ kul'tury v Sredneĭ Azii* Gosizdat pri SNK Tadzhikskoĭ SSR, Stalinabad, OCLC 30576295, in Russian.
6. Beckwith, *Empires of the Silk Road.*
7. Subhi Y. Labib, "Capitalism in Medieval Islam," *Journal of Economic History* 29, no.1 (1969): 79-96.
8. Lilia Zaouali, *Medieval Cuisine of the Islamic World: A Concise History with 174 Recipes,* trans. M.B. DeBevoise (Berkeley: University of California Press, 2007); and Tamim Ansary, *Destiny Disrupted: A History of the World through Islamic Eyes* (New York: PublicAffairs, 2009).
9. Charles Perry, foreword to Zaouali, *Medieval Cuisine of the Islamic World,* xiv.
10. Ibid., and Zaouali, *Medieval Cuisine of the Islamic World,* 188n52.
11. Ansary, *Destiny Disrupted,* 80.
12. Beckwith, *Empires of the Silk Road.*
13. R. Ji, P. Cui, F. Ding, J. Geng, H. Gao, H. Zhang, J. Yu, S. Hu, and H. Meng, "Monophyletic Origin of Domestic B Camel (*Camelus bactrianus*) and Its Evolutionary Relationship with the Extant Wild Camel (*Camelus bactrianus ferus*)," *Animal Genetics* 40, no. 4 (2009): 377-82.
14. Daniel Potts, "Bactrian Camels and Bactrian-Dromedary Hybrids," in "The Silk Road," ed. Daniel Waugh, *Silk Road Journal* 3, no. 1 (2005).
15. Beckwith, *Empires of the Silk Road.*

16. Edward H. Schafer, *The Golden Peaches of Samarkand: A Study in T'ang Exotics* (Berkeley: University of California Press, 1963).
17. Beckwith, *Empires of the Silk Road.*
18. Sally Hovey Wriggins, *The Silk Road Journey with Xuanjang* (Boulder, CO: Westview Press, 2004).
19. Ibid., 38.
20. Edward W. Said, *Orientalism* (New York: Vintage, 1994).
21. Ansary, *Destiny Disrupted,* 81.
22. Zaouali, *Medieval Cuisine of the Islamic World,* 37.

第七章　伊比利半島的跨文化合作蓬勃發展

1. Gernot Katzer, "Pomegranate (*Punica granatum* L.)," http://gernot-katzers-spice-pages.com/engl/Puni_gra.html. Accessed May 18, 2013.
2. Richard Fletcher, *Moorish Spain* (Berkeley: University of California Press, 1993), 28; and María Rosa Menocal, *The Ornament of the World: How Muslims, Jews and Christians Created a Culture of Tolerance in Medieval Spain* (Boston: Little, Brown, 2002), 6.
3. Ulrich Deil, "Vegetation Cover and Human Impact: A Comparison of the Almarchal Region (Campo de Gibraltar, Spain) and the Tangier Hinterland (Morocco)," *Lagascalia* 19.1-2 (1997): 745-58.
4. Menocal, *The Ornament of the World,* 28 and 6.
5. Mahmud Ali Makki, "Balance global de la cultura de al-Andalus y su contribución universal," in *Al-Andalus Allende el Atlántico,* ed. Mercedes García-Arenal, Jerónimo Páez López, Federico Mayor, Camilo Alvarez de Morales y Ruiz-Matas,

UNESCO, Legado Andalusí (Granada, Spain: El Legado Andalusí, 1997).

6. Menocal, *The Ornament of the World,* 64.
7. Ibid., 9, 64.
8. My adaptation of a passage presented in D. Fairchild Ruggles, *Gardens, Landscape, and Vision in the Palaces of Islamic Spain* (Philadelphia: University of Pennsylvania Press, 2008), 17.
9. Ahmad ibn Mohammed Maqqari, *The History of the Mohammedan Dynasties in Spain,* ed. Pascual de Gayangos, vol. 1 (London: W.H. Allen, 1849), 387.
10. D. Fairchild Ruggles, *Gardens, Landscape, and Vision in the Palaces of Islamic Spain* (Philadelphia: University of Pennsylvania Press, 2008), p. 17.
11. Alnoor Dhananik,"Andalusia: The Shrine of the Revealed Faiths," *Ismaili Magazine USA,* 2003, www.iis.ac.uk/view_article.asp?ContentID=105848. Accessed May 20, 2011.
12. Jonathan Lyons, *The House of Wisdom: How the Arabs Transformed Western Civilization* (New York: Bloomsbury, 2009).
13. Toufic Fahd, "Agricultura y botánica en al-Andalus y sus aportes al nuevo mundo," in *Al-Andalus Allende el Atlántico,* ed. Mercedes García-Arenal et al. (Granada, Spain: El Legado Andalusí, 1997), 181-205; and Thomas F. Glick, introduction to *Obra de agricultura* (1513) by Gabriel Alonso de Herrera (Valencia, Spain: Artes Gráficas Soler, S.A., 1979), 21.
14. Juan Estevan Arellano, introduction in Gabriel Alonso de Herrera, *Ancient Agriculture: Roots and Application of Sustainable Farming* (Salt Lake City: Gibbs Smith, 2006).
15. Expiración García Sánchez and Esteban Hernández Bermejo, eds., *Libro de agricultura, su autor el Doctor excelente Abu Zacaria Iahia* (Córdoba, Spain: Ministerio de Agricultura, Pesca y Alimentación de Andalusia, 1988).
16. Herrera, *Obra de agricultura,* 58.
17. Fletcher, *Moorish Spain,* 43-44.

18. Menocal, *The Ornament of the World,* 32-33.
19. Robert W. Lebling Jr.,"Flight of the Blackbird," *Saudi Aramco World,* 2004, www.saudiaramcoworld.com/issue/200407/flight.of.the.blackbird.compilation; and Lucie Bolens, *La cuisine andalouse, un art de vivre: XIe-XIIIe siècle* (Paris: Albin Michel), 28-31.
20. H.D. Miller, "The Pleasures of Consumption: The Birth of Medieval Islamic Cuisine," in *Food: The History of Taste,* ed. Paul Freedman (Berkeley: University of California Press, 2007), 145.
21. Lilia Zaouali, *Medieval Cuisine of the Islamic World: A Concise History with 174 Recipes,* trans. M.B. DeBevoise (Berkeley: University of California Press, 2004), 42.
22. Sally Schneider, "From the Saffron Fields of Spain," *Saveur,* March 23, 2007, www.saveur.com/article/Travels/From-the-Saffron-Fields-of-Spain.

第八章　和平共存瓦解、跨國行會興起

1. Fletcher, *Moorish Spain,* 92.
2. Anya H. King, "The Musk Trade and the Near East in the Early Medieval Period" (PhD diss., University of Indiana, 2007).
3. William J. Bernstein, *A Splendid Exchange: How Trade Shaped the World* (New York: Atlantic Monthly Press, 2008), 128.
4. S.D. Goitein, "New Light on the Beginnings of the Karimi Merchants," *Journal of Economic and Social History of the Orient* 1 (1958): 182-83.
5. Michael Krondl, *The Taste of Conquest: The Rise and Fall of the Three Great Cities of Spice* (New York: Ballantine Books, 2007), 115.
6. Subhi Y. Labib, "Capitalism in Medieval Islam," *Journal of Economic History* 29.1 (1969): 93-94.

7. S.M. Ghazanfar, "Capitalist Traditions in Early Arabic-Islamic Civilization," http://muslimheritage.com/topics/default.cfm?ArticleID=1029.
8. Fletcher, *Moorish Spain,* 160; and Menocal, *The Ornament of the World,* with maps on p. 38 and p. 48.
9. Felipe Fernández-Armesto, *1492: The Year the World Began* (New York: HarperOne, 2009), 38.
10. Translation adapted from Fernández-Armesto, *1492: The Year the World Began,* 40.
11. Janet Liebman Jacobs, "Women, Ritual and Secrecy: The Creation of Crypto-Jewish Culture," Society for Crypto-Jewish Culture (2000), www.cryptojews.com/WomenRitual.htm; see also Janet Liebman Jacobs, *Hidden Heritage: the Legacy of the Crypto-Jews* (Berkeley: University of California Press, 2002).
12. Colette Rossant, *Apricots along the Nile: A Memoir with Recipes* (Cairo: American University of Cairo, 2000).
13. Andrée Aelion Brooks, *The Woman Who Defied Kings: The Life and Times of Doña Gracia Nasi, a Jewish Leader during the Renaissance.* (St. Paul, MN: Paragon House, 2002).
14. Fernand Braudel, *The Mediterranean and the Mediterranean World in the Age of Phillip II* (New York: Harper & Row, 1972), 578.
15. H.P. Salomon and Aron de Leone Leoni, "Mendes, Benveniste, de Luna, Micas, Nasci: The State of the Art (1532-1558), *Jewish Quarterly Review* 88.3-4 (1998): 185-211.
16. Brooks, *The Woman Who Defied Kings,* 62.
17. Michael Krondl, *The Taste of Conquest.*
18. Brooks, *The Woman Who Defied Kings,* 55.
19. Ibid., 164.
20. Cecil Roth, *The House of Nasi: Doña Gracia* (New York: Greenwood Press, 1948), 21.
21. Florence Edler de Roover, "The Market for Spices in Antwerp, 1538-1544," in *Revue Belge de Philogie et d'Histoire* 17.1-2

(1938): 214.

22. Edler de Roover, "The Market for Spices in Antwerp," 218.
23. Fayne Ericon, back cover of Brooks, *The Woman Who Defied Kings.*
24. Brooks, *The Woman Who Defied Kings,* 359.
25. Cecil Roth, *The House of Nasi,* 44.
26. Brooks, *The Woman Who Defied Kings,* 179.
27. Toufic Fahd, "Agricultura y Botánica en al-Andalus y Sus Aportes en el Nuevo Mundo," in *Al-Andalus Allende el Atlántico,* ed. Mercedes Gracia-Arenal et al., 181-205.
28. Gary Paul Nabhan, "Fruit Comes from the Archbishop for the Table and the Soul," *El Palacio* 117 (winter): 60-65; and Emily J. McTavish, Jared E. Decker, Robert D. Schnabel, Jeremy F. Taylor, and David M. Hills, "New World Cattle Show Ancestry from Multiple Independent Domestication Events," *Pro-ceedings of the National Academy of Sciences of the United States of America,* March 25, 2013, www.pnas.org/content/early/2013/03/19/1303367110.abstract.

第九章　搭起大陸與文化的橋梁

1. Ralph Kauz, *Aspects of the Maritime Silk Road from the Persian Gulf to the East China Sea* (Weisbaden, Germany: Harrassowitz Verlag, 2010).
2. Angela Schottenhammer, *The Emporium of the World: Maritime Quanzhou 100-1400* (Leiden, Germany: Brill, 2001).
3. Chen Da-sheng, "Chinese-Iranian Relations. VII. Persian Settlements in Southeastern China during the T'ang, Sung, and Yuan Dynasties," *Encyclopaedia Iranica,* www.iranicaonline.org/articles/chinese-iranian-vii; accessed July 9, 2013.
4. Ross E. Dunn, *The Adventures of Ibn Battuta: A Muslim Traveler of the Fourteenth Century* (Berkeley: University of California

Press, 2005), and Chen Da-sheng, "Chinese-Iranian Relations."

5. Kauz, *Aspects of the Maritime Silk Road from the Persian Gulf to the East China Sea.*
6. Dru C. Gladney, "Muslim Tombs and Ethnic Folklore: Charters for Hui Identity," *Journal of Asian Studies* 43.3 (1987): 495-513.
7. Marco Polo, *The Travels of Marco Polo,* trans. Ronald Latham (London: Penguin Classics, 2005).
8. Chen Da-sheng, "Chinese-Iranian Relations."
9. Louise Levathes, *When China Ruled the Seas: The Treasure Fleet of the Dragon Throne 1405-1433* (New York: Oxford University Press, 1991), 201.
10. Dunn, *The Adventures of Ibn Battuta,* and Xiao Jia Go, "Muslims of Quanzhou," *New Statesman,* December 18, 2006, www.newstatesman.com/ node/155179.
11. Jacob D'Ancona, *City of Light: The Hidden Journal of the Man Who Entered China Four Years before Marco Polo,* trans. David Selbourne (New York: Citadel Press, 2003).
12. Chen Da-sheng, "Chinese-Iranian Relations."
13. Dru C. Gladney, *Muslim Chinese: Ethnic Nationalism in the People's Republic* (Cambridge: Council of Eastern Asian Studies, Harvard University Asian Center/Harvard University Press 1996).
14. Chen Da-sheng, "Chinese-Iranian Relations."
15. Gladney, *Muslim Chinese.*

第十章　航行於從中國到非洲的海上絲路

1. Gavin Menzies, *1421: The Year China Discovered the World* (London: Bantam Press, 2003).

2. Louise Levathes, *When China Ruled the Seas: The Treasure Fleet of the Dragon Throne 1405-1433* (New York: Oxford University Press, 1994).
3. Edward L. Dreyer, *Zheng He: China and the Oceans in the Early Ming Dynasty, 1405-1433* (New York: Pearson-Longman, 2007), 11.
4. Levathes, *When China Ruled the Seas,* 61-63.
5. Dreyer, *Zheng He,* 23.
6. Levathes, *When China Ruled the Seas,* 20.
7. Dreyer, *Zheng He,* 88, 186.
8. Ibid., 8, 51.
9. Giles Milton, *Nathaniel's Nutmeg: How One Man's Courage Changed the Course of History* (London: Hodder & Stoughton, 1999).
10. Paul Lunde, "The Admiral Zheng He," *Saudi Aramco World* 56.4 (July/ August 2005), www.saudiaramcoworld.com/issue/200504/the.admiral.zheng. he.htm.
11. Ibid. For a more extensive inventory, see Ma Huan, *Ying-Yai Sheng-Tai: The Overall Survey of the Ocean's Shores* (1433), ed. J.V.G. Mills (Cambridge: Cambridge University Press for the Haklyut Society, 1970).
12. Menzies, *1421: The Year China Discovered the World.*
13. Dreyer, *Zheng He,* 182. 14. Ibid., 176-82.
15. Rosey Wang Ma, "Chinese Muslims in Malaysia: History and Development," in *Chinese Studies of the Malay World: A Comparative Approach,* ed. Ding Choo Ming and Ooi Kee Bey (Singapore: Eastern Universities Press, 2003).
16. Tan Yeok Seong, "Chinese Element in the Islamisation of Southeast Asia," in *Admiral Zheng He and Southeast Asia,* ed. Leo Suryadinata (Singapore: Institute of Southeastern Studies and International Zheng He Society, 2006,) 70.

17. Samuel Taylor Coleridge, *Complete Poems,* ed. William Keach (New York: Penguin Publishing, 1997), 498-99.
18. Dreyer, *Zheng He,* 65.
19. Lilian Swee Lian Chua, "Agarwood (*Aquilaria malaccensis*) in Malaysia," NDF Workshop Case Studies (Mexico D.F.: CONABIO, 2008).
20. Dreyer, *Zheng He,* 64-65.
21. Yusuf Chang quoted in "The History of Ming" (Beijing: China Scientific Book Services, n.d), www.hceis.com/ChinaBasic/History/Ming/htm. Stanley Hordes, *To the Ends of the Earth: A History of the Crypto-Jews of New Mexico* (New York: Columbia University Press, 2005).
22. Janet Liebman Jacobs, "Women, Ritual and Secrecy: The Creation of Crypto-Jewish Culture," Society for Crypto-Jewish Culture (2000), www.cryptojews.com/WomenRitual.htm.
23. Levathes, *When China Ruled the Seas,* 198-200.
24. Chen Da-sheng, "Chinese-Iranian Relations. VII. Persian Settlements in Southeastern China during the T'ang, Sung, and Yuan Dynasties," *Encyclopaedia Iranica,* www.iranicaonline.org/articles/chinese-iranian-vii; accessed July 9, 2013.

第十一章　達伽馬，全球化的新推手

1. Jack Turner, *Spice: The History of a Temptation* (New York: Vintage, 2005), 14-15.
2. Louise Levathes, *When China Ruled the Seas: The Treasure Fleet of the Dragon Throne 1405-1433* (New York: Oxford University Press, 1994), 148-49.
3. Ronald Watkins, *Unknown Seas: How Vasco da Gama Opened the East* (London: John Murray, 2003).
4. Felipe Fernández-Armesto, *Near a Thousand Tables: A History of Food* (New York: Free Press, 2002), 158.

5. Levathes, *When China Ruled the Seas,* 21.
6. Nigel Cliff, *Holy War: How Vasco da Gama's Epic Voyages Turned the Tide in a Centuries-Old Clash of Civilizations* (New York: HarperCollins, 2011).
7. E.G. Ravenstein, ed., *A Journal of the First Voyage of Vasco da Gama, 1497-1499* (London: Hakluyt Society, 1898), 28.
8. K.G. Jayne, *Vasco da Gama and His Successors 1460-1580* (New York: Barnes and Noble, 1910).
9. Cliff, *Holy War.*
10. Sanjay Subrahmanyam, *The Career and Legend of Vasco da Gama* (Cambridge: Cambridge University Press, 1997).
11. Vinod K. Jose, "The Emperor Uncrowned: The Rise of Narendra Modi," *The Caravan,* March 1, 2012.
12. Watkins, *Unknown Seas,* 229-30.
13. Cliff, *Holy War.*
14. Alison Stark Draper, *Vasco da Gama: The Portuguese Quest for a Sea Route to India* (New York: Rosen Publishing Group, 2003).
15. Fernão Lopes de Castanheda, quoted in 2:346-347 of *A General His-tory and Collection of Voyages and Travels,* ed. Robert Kerr (Edinburgh, Scotland: William Blackwood, 1811).
16. Cliff, *Holy War.*
17. Gaspar Correia, quoted in *Lendas da India,* ed. R.J. de Lima Felner (Lisbon: Archivos Real, 1858-1864).
18. Sanjay Subrahmanyan, *The Career and Legend of Vasco da Gama.*
19. Cliff, *Holy War,* 505.
20. Gaspar Correia, quoted in R.J. de Lima, ed., *Lendas da India.*
21. Cliff, *Holy War,* 505.
22. Hasan M. al-Naboodah, "The Banu Nabhan in the Omani Sources," in *New Arabic Studies,* ed. G. Rex Smart, J.R. Smart, and

B.R. Pridham (Exeter: University of Exeter Press, 1997), 181-98.

23. Cliff, *Holy War.*
24. Gary Paul Nabhan, *Arab-American: Landscape, Culture and Cuisine in Two Great Deserts* (Tucson: University of Arizona Press, 2008), 80-81.
25. Levathes, *When China Ruled the Seas*, 201.
26. Nello Puccioni, "Anthropological Studies of the Bajuni," *Giuba o Oltre-giuba: Itinerary of the Mission of the Italian Academy, 1935* (Florence: Sansoni-Editore, 1937), 110.
27. Levathes, *When China Ruled the Seas,* 198-203. See also Menzies, *1421.*

第十二章　跨過海洋的吊橋

1. J.M. Carrillo Castillo, ed., *Gonzalez Fernandez de Oviedo: Oviedo on Columbus* (Turnhout, Belgium: Brepols, 2000).
2. Ibid.
3. Gordon Willard Allport, *The Nature of Prejudice* (New York: Basic Books, 1979).
4. Seymour B. Liebman, *The Jews in New Spain: Faith, Flame, and the Inquisition* (Coral Gables, FL: University of Miami Press, 1970).
5. Saulat Pervez, "Latin America: Historical Legacy," www.whyislam.org/ muslim-world/latin-america-historical-overview; accessed July 9, 2013 (brack-eted interpolations mine). See also Habeeb Salloum, "Arabs in Latin America: Cuba's Disappearing Arab Community," *Alminbar* 14 (1987): 14.
6. Luis Alberto Anaya Hernández, *Judeoconversos e Inquisición en las Islas Canarias* (Las Palmas de Gran Canaria: Universidad de Las Palmas de Gran Canaria, 1996).

7. Pamela Grau Twena, *The Sephardic Table* (New York: Houghton-Mifflin, 1998), 17.
8. Norman Finkelstein, *The Other 1492: Jewish Settlement in the New World* (New York: Charles Scribner's Sons, 1989).
9. Clifford A. Wright, "The Medieval Spice Trade and the Diffusion of Chile," *Gastronomica* 7 (2007): 35-43.
10. Frances Levine, "'So Dreadful a Crime': Doña Teresa Aguilera y Roche Faces the Inquisition for the Sin of Chocolate Consumption," *El Palacio* 117 (Winter): 52-59.
11. Rafael López Guzmán, *Mudéjar Hispano y Americano: Itinerarios Culturales Mexicanos* (Granada, Spain: Fundación El Legado Andalusí, 2002).
12. My translation from Spanish of material from Lourdes Diaz-Trechuelo Lopez-Spinola, ed., *La emigración Andaluza en America, Siglos XVII y XVIII* (Seville: Junta de Andalucia, 1990), 21.
13. Lopez-Spinola, ed., *La emigración Andaluza en America, Siglos XVII y XVIII,* 27.
14. David M. Gitlitz and Linda Kay Davidson, *A Drizzle of Honey: The Lives and Recipes of Spain's Secret Jews* (New York: St. Martin's Press, 1999); and Joyce Goldstein, *Saffron Shores: Jewish Cooking of the Southern Mediter-ranean* (San Francisco: Chronicle Books, 2002).
15. Mercedes Garcia-Arenal et al., ed., *Al-Andalus Allende el Atlántico* (Granada: El Legado Andalusi, 1997).
16. Levine, "So Dreadful a Crime," 55-56.
17. "Jews in Jamaica," *Wikipedia,* http://en.wikipedia.org/wiki/Jews_in_ Jamaica, last accessed September 4, 2011. See also Liebman, *The Jews in New Spain.*
18. Patricia Rain, *Vanilla: The Cultural History of the World's Favorite Flavor and Fragrance* (New York: J.P. Tarcher, 2004), 56-58.
19. Louis Grivetti and Howard Yana-Shapiro, *Chocolate: History, Culture and Heritage* (Hoboken: John Wiley, 2009), 34.
20. Joyce Goldstein, *Saffron Shores.*

21. Gary Nabhan, introduction to *The Slaw and the Slow Cooked,* ed. James R. Veteto and Edward McLain (Nashville, TN: Vanderbilt University Press, 2011).
22. Sophie D. Coe and Michael D. Coe, *The True History of Chocolate* (London: Thames and Hudson, 2006), 216-17.
23. Diana Kennedy, *Oaxaca al Gusto: An Infinite Gastronomy* (Austin: University of Texas Press, 2010), 50, 151, 243; and Rick Bayless with Deann Groen Bayless and Jean Marie Robinson, *Rick Bayless's Mexican Kitchen: Capturing the Vibrant Flavors of a World-Class Cuisine* (New York: Scribner's, 2006), 276-84.
24. Camilo Alvarez de Morales, "Medicina y alimentación: Andaluces y Moriscos," in *Al-Andalus Allende el Atlantico,* ed. Mercedes Garcia-Arenal et al. (Granada, Spain: El Legado Andalusi, 1997).
25. Adapted from Ricardo Trujillo, "Mexican Mole Poblano: A Culinary Clash of Cultures," *Articles Base,* May 5, 2008, www.articlesbase.com/food-and-beverage-articles/mexican-mole-poblano-a-culinary-clash-of-cultures-404435.html, accessed March 4, 2013. See also Aliza Green, *Field Guide to Herbs and Spices* (New York: Quirk Books, 2006).

後記　料理帝國主義與其他選擇

1. Woody Tasch, *Inquiries into the Nature of Slow Money* (White River Junction, VT: Chelsea Green Publishing, 2008), 3-4.
2. Amanda Hesser interview with Carlo Petrini, "Endangered Species: Slow Food," *New York Times,* July 26, 2003, www.mindfully.org/Food/2003/Slow-Food-Carlo-Petrini26July03.htm.

國家圖書館出版品預行編目資料

香料漂流記：孜然、駱駝、旅行商隊的全球化之旅／蓋瑞．保羅．那卜漢（Gary Paul Nabhan）著；呂奕欣譯. -- 二版. -- 臺北市：麥田出版, 城邦文化事業股份有限公司出版：英屬蓋曼群島商家庭傳媒股份有限公司城邦分公司發行, 2022.02
面；　公分. --（歷史選書；66）
譯自：Cumin, camels, and caravans : a spice odyssey
ISBN 978-626-310-172-2（平裝）

1. 國際貿易　2. 香料

558.32　　110021716

歷史選書66

香料漂流記
孜然、駱駝、旅行商隊的全球化之旅
Cumin, camels, and caravans : a spice odyssey

作　　者／蓋瑞．保羅．那卜漢（Gary Paul Nabhan）
譯　　者／呂奕欣
校　　對／吳美滿
責任編輯／林怡君

國際版權／吳玲緯
行　　銷／何維民　吳宇軒　陳欣岑　林欣平
業　　務／李再星　陳紫晴　陳美燕　葉晉源
編輯總監／劉麗真
總 經 理／陳逸瑛
發 行 人／凃玉雲
出　　版／麥田出版
10483臺北市民生東路二段141號5樓
電話：(886)2-2500-7696　傳真：(886)2-2500-1967
發　　行／英屬蓋曼群島商家庭傳媒股份有限公司城邦分公司
10483臺北市民生東路二段141號11樓
客服服務專線：(886) 2-2500-7718、2500-7719
24小時傳真服務：(886) 2-2500-1990、2500-1991
服務時間：週一至週五09:30-12:00．13:30-17:00
郵撥帳號：19863813　戶名：書虫股份有限公司
讀者服務信箱E-mail：service@readingclub.com.tw
麥田網址／https://www.facebook.com/RyeField.Cite/
香港發行所／城邦（香港）出版集團有限公司
香港灣仔駱克道193號東超商業中心1/F
電話：(852)2508-6231　傳真：(852)2578-9337
馬新發行所／城邦（馬新）出版集團Cite (M) Sdn Bhd.
41-3, Jalan Radin Anum, Bandar Baru Sri Petaling, 57000 Kuala Lumpur, Malaysia.
電話：(603)9056-3833　傳真：(603)9057-6622
讀者服務信箱：services@cite.my

封面設計／兒日設計
印　　刷／前進彩藝有限公司

■2017年11月1日　初版一刷
2023年11月22日　二版二刷

Printed in Taiwan.

定價：499元

ISBN 978-626-310-172-2

城邦讀書花園
www.cite.com.tw
書店網址：www.cite.com.tw